本书系上海市本科重点建设课程、同济大学精品通识课程、
同济大学创新创业优质课程教材

同济大学社会科学丛书
SOCIAL SCIENCE SERIES OF TONGJI UNIVERSITY

门洪华　主编

中国战略十二讲

Twelve Lectures on Chinese Strategy

门洪华　编

中国社会科学出版社

图书在版编目（CIP）数据

中国战略十二讲／门洪华编．—北京：中国社会科学出版社，2021.3（2023.11重印）

（同济大学社会科学丛书）

ISBN 978−7−5203−7783−6

Ⅰ.①中⋯ Ⅱ.①门⋯ Ⅲ.①国家战略—研究—中国 Ⅳ.①D60

中国版本图书馆 CIP 数据核字（2021）第 019266 号

出 版 人	赵剑英	
策划编辑	白天舒	
责任编辑	王　斌	
责任校对	乔镜蕈	
责任印制	王　超	

出　　版	中国社会科学出版社	
社　　址	北京鼓楼西大街甲 158 号	
邮　　编	100720	
网　　址	http://www.csspw.cn	
发 行 部	010−84083685	
门 市 部	010−84029450	
经　　销	新华书店及其他书店	
印　　刷	北京明恒达印务有限公司	
装　　订	廊坊市广阳区广增装订厂	
版　　次	2021 年 3 月第 1 版	
印　　次	2023 年 11 月第 5 次印刷	
开　　本	710×1000　1/16	
印　　张	17.5	
插　　页	2	
字　　数	253 千字	
定　　价	98.00 元	

凡购买中国社会科学出版社图书，如有质量问题请与本社营销中心联系调换
电话：010−84083683
版权所有　侵权必究

"同济大学社会科学丛书"
编委会名单

主　编：
　　门洪华（同济大学政治与国际关系学院院长、特聘教授）

编辑委员（姓氏拼音为序）：
　　程名望（同济大学经济与管理学院副院长、教授）
　　蒋惠岭（同济大学法学院院长、特聘教授）
　　李　舒（同济大学国家现代化研究院副院长、特聘教授）
　　门洪华（同济大学政治与国际关系学院院长、特聘教授）
　　徐　蓉（同济大学马克思主义学院院长、特聘教授）
　　吴　赟（同济大学外国语学院院长、特聘教授）
　　朱雪忠（同济大学上海国际知识产权学院副院长、特聘教授）

导　　言

　　战略是对历史的总结、当前的把握、未来的选择。战略是人类经过重大抉择的千锤百炼所造就的思想、理论与实践的结合，是人类智慧的象征。在每一个历史阶段的起点上，国家、民族乃至个人都面对着多种可能的选择，决定这种选择的就是战略。人类历史不是一条平缓的直线，而是由于战略选择正确与否而形成上升和下降的波浪式曲线。在关键时刻，战略选择得当，就会事半功倍，取得战略优势；一旦错过良机或战略失当，则会事倍功半，乃至铸成千古遗恨。所以才有欧阳修的治世名言流传："盛衰之理虽曰天命，岂非人事哉！"（《五代史·伶官传序》）。

　　战略概念古已有之，中国古代称之为庙算、谋、猷、谋略、韬略、方略、兵略等。最初，"战"与"略"是分别使用的，前者指的是战斗、交战、战争，后者指的是筹略、策略、谋划等。《左传》已经直接使用"战略"一词，西晋历史学家司马彪在公元3世纪末撰写的《战略》是中国历史上第一部以"战略"为名的著作，惜乎该书已经散佚。现今保存最完整的、以"战略"为名的著作是明代茅元仪所著的《廿一史战略考》。成书于南北朝时期的《宋书》有"授以兵经战略"之语，这是"战略"第一次作为概念使用。而据《词源》考察，"战略"一词出现在唐代，并以高适"当时无战略，此地即边戎"的诗句为证。"战略"这一概念出现得晚，并不意味着战略思想出现得晚。中国古代军事家孙子被美国战略学者约翰·柯林斯（John Collins）称为"古代第一个形成战略思想的伟人"，他提出以战略为轴心的完整的战略理论（"上兵伐谋"），他所谓的"庙算"就是战略层次的筹划和决策。从"庙算"的提出到战略概念的完善发展，从"经之以五"的提出到今天的综合国力评估，从"安国保民"的战略目标到今天的和平发展战略，从"不战而屈人之兵"到今天的人类命运共同体思想，中国战略思想发展无不体现着《孙子兵法》的继承与创新。

战略观念的沿革与征战、角逐的磨砺直接相关，中国目录录存的兵书2000多部，其中流传下来的有500部左右。《武经七书》系宋神宗时期精选确定的七部武学经典，分别是《孙子兵法》《吴子兵法》《司马法》《黄石公三略》《尉缭子》《六韬》《唐太宗李卫公问对》，集中体现了中国古代战略思想的精华。梳理历史，古人多把战略视为智慧的运用，称之为"谋"，故战略为斗智之学、伐谋之学。另，中国很早就注意区分战略与战术，南宋陈亮就曾指出，"审敌情，料敌势，观天下之害，识进取之急缓，彼可以先，此可以后，次第取之，此所谓略；运奇谋，出奇兵，决机于两阵之间，此所谓术也，……治国有大体，谋敌有大略。立大体而后纪纲正，定大略而后机变行，此不易之道也。"有鉴于此，中国古代把战略称为"兵学"，但并不自限于军事领域。《孙子兵法》就强调"上兵伐谋，其次伐交，其次伐兵，其下攻城。"当前，战略概念在许多领域得到广泛借用，已经成为宏观思维、整体把握、深谋远虑的代名词，《辞海》载明"战略泛指对全局性、高层次的重大问题的筹划与指导，如大战略、国家战略、国防战略、经济发展战略等。"第一次世界大战以来，狭隘的战略观念不能适应大规模战争的需要，专家学者开始从政治、经济、社会、心理学等角度研究战略。随着科技和现代工业的发展，军队日益机械化，战争的前方和后方联系日益紧密，战略家对战争的思考在空间和范畴上更加扩大，战略研究开始进入经济、政治等领域，大战略（grand strategy）概念应运而生，有的学者认为大战略是国家运用政治、经济、心理、外交和军事手段实现国家安全目标的艺术，更多学者认为强调大战略不仅包括实现国家安全，还有国家发展等目标，大战略在实质意义上等同于国家战略（national strategy）。

国际战略是中国领导人提出并在中国逐步完善的一个概念，是战略由军事领域向非军事领域扩展的过程中带有浓厚中国色彩的概念，目前在国际上得到共鸣，美国、英国等学者也逐渐使用这一术语。毛泽东同志将战略从军事领域发展到政治领域，常常用"世界战略"来论述中国对世界格局的看法和整体战略部署。鉴于国际环境对中国的巨大影响，党和国家领导人逐渐把"国际"与"战略"结合起来看待中国面临的国际环境问题，国际战略这一概念应运而生。据考证，王稼祥在1962年报送中共中央的《关于人民团体在国际会议上对某些国际问题的公开提法》的文件中，将争取建设社会主义的国际和平环境称为"毛泽东同志一贯的国际战略思想"。1978年中国实行改革开放政策，国际因素在中国总体国家战略设计中的份量加重，国际战略的重要性进一步得到重视，并成为中国领导人面对发展道路的重大选择之时经常使用的概念。邓小平同志在1979年3月30日党的理论工作务虚会上论及毛泽东制定的关于划分三个世界的战略称为"国际战略原则"，此后国际战略一词成为党和国家领导人经常采用的一个术语。尤其是，1979年年底中国国际战略学会成立，国际战略从政治术语走向学术界，中国战略研究开始走向正规化，从既有的军事研究传统开始向政治、经济、文化、国际关系乃至生态等领域全面扩展，推动战略研究"飞入寻常百姓家"。

历代战略家都关注战略研究之道，并视之为战略研究的主要内容。孙子强调"经之以五而校之以计"，"一曰道，二曰天，三曰地，四曰将，五曰法"，即从政治、天、地理、将才、法令制度等方面进行战略剖析。鬼谷子提出了量权、揣情的战略评估之道："古之善用天下者，必量天下之权，而揣诸侯之情。量权不审，不知强弱轻重之称；揣情不审，不知隐匿变化之动静。何谓量权？曰：度其大小，谋于众寡，称货财有无之数，料人民多少、饶乏，有余不足几何？辨地形之险易，孰利孰害？谋虑孰长孰短？揆君臣之亲疏，孰贤孰不肖？与宾客智慧，孰多孰少？观天时之祸福，孰吉孰凶？诸侯之交，孰用孰不用？百姓之心，去就变化，孰安孰危？孰好孰憎？反侧孰辨？能知如此者，是为量权。"这些真知灼见为我们进行战略研究提供了宝贵的借鉴。

中国战略研究的大潮正起。中国崛起与世界转型相辅相成，推动一个新的战略时代展开，世界进入百年未有之大变局，中国处于近代以来最好的发展时期，中华民族伟大复兴迎来关键时刻。此际，中国战略研究的重要性不言而喻。本书是笔者长期从事中国战略研究的结晶，秉持古今中外的战略视角，基于中国国家战略体系建构，深入探讨中国国家发展战略与地区战略、全球战略的密切关联，全方位剖析新时代中国战略走向，为读者提供统筹国内国际两个大局的战略视野，与读者共同探索中国国家理想（中华民族伟大复兴）与世界理想（人类命运共同体）的实现路径，展现新时代中国与世界关系的多彩图景。

目　　录

第一讲　新时代中国的国际战略研究与教学 ……………………（1）
　　一　国际战略研究的议题 …………………………………（2）
　　二　新时代中国国际战略的展开 …………………………（6）
　　三　加强新时代中国的国际战略研究与教学 ……………（11）

第二讲　百年变局与中国战略机遇期的塑造 ……………………（19）
　　一　百年变局与中国的互动 ………………………………（19）
　　二　百年变局视角下的中国战略机遇期 …………………（24）
　　三　应对百年变局、塑造中国重要战略机遇期 …………（30）

第三讲　国家定位与中国大战略的框架 …………………………（36）
　　一　制度定位：新型社会主义大国 ………………………（37）
　　二　经济社会定位：发展中大国 …………………………（40）
　　三　文化定位：传统资源丰富的文化大国 ………………（43）
　　四　政治定位：负责任大国 ………………………………（46）
　　五　战略定位：具有重大世界影响的亚太大国 …………（49）
　　六　战略设计：建构中国国家战略体系 …………………（52）
　　七　战略走向：中国大战略的主导理念 …………………（54）
　　八　中国大战略需要关注的几个重点 ……………………（57）

第四讲　百年变局与中国外交创新 ………………………………（61）
　　一　百年变局与中国外交创新 ……………………………（62）

二　中国外交理论的创新与发展 …………………… (65)
　　三　中国外交实践创新的体现 …………………… (69)

第五讲　推动中国对外开放进入新时代 ……………… (79)
　　一　中国对外开放的思想创新 …………………… (80)
　　二　中国对外开放的战略重点 …………………… (86)
　　三　推动中国对外开放进入新时代 ……………… (96)

第六讲　总体国家安全观与中国特色国家安全道路 …… (106)
　　一　中国国家安全面临的机遇与挑战 …………… (107)
　　二　中国国家安全的阶段性目标 ………………… (109)
　　三　中国国家安全观念的创新 …………………… (111)
　　四　创设中央国家安全委员会，完善顶层设计 … (115)
　　五　完善中国国家安全战略，奉行底线思维 …… (117)

第七讲　应对全球治理危机与变革的中国方略 ……… (121)
　　一　全球治理危机应对：历史与理论 …………… (122)
　　二　当前全球治理危机及其应对 ………………… (128)
　　三　中国应对全球治理危机的战略举措 ………… (133)
　　四　中国推动全球治理转型发展的战略取向 …… (143)

第八讲　四大力量博弈与中国东亚秩序战略 ………… (147)
　　一　东亚的重要性 ………………………………… (148)
　　二　四大力量博弈与东亚秩序演变 ……………… (150)
　　三　中国东亚战略的演进 ………………………… (156)
　　四　中国东亚秩序战略的核心目标 ……………… (159)
　　五　中国东亚秩序战略的原则 …………………… (161)
　　六　中国东亚秩序战略的路径 …………………… (164)

目录

第九讲 "一带一路"与中国—世界互动关系 (168)
一 新时代中国与世界互动的新特征 (169)
二 中国迎来塑造新战略机遇期的关键时刻 (173)
三 "一带一路"建设塑造中国新战略机遇期 (178)
四 "一带一路"建设与中国国家发展布局 (180)
五 "一带一路"建设与中国—全球互动关系 (184)
六 "一带一路"建设与中国—地区互动关系 (187)

第十讲 新时代的中国对美方略 (191)
一 中国经济实力与国际影响力增长的战略效应 (192)
二 中美进入战略竞争的新时代 (196)
三 对中美关系走向的战略判断 (199)
四 中国对美方略的基本框架 (202)

第十一讲 化竞争为协调的新时代中日关系 (209)
一 中日关系走进新时代 (210)
二 新时代中国对日战略指针 (215)
三 安倍治下的日本对华战略取向 (220)
四 新时代中日关系的基础、困境与挑战 (225)
五 筑牢中日战略互惠关系的思考 (231)

第十二讲 中国的世界理想及其实现维度 (237)
一 大国崛起与世界理想 (237)
二 西方大国世界理想的实现路径 (240)
三 古代中国的世界理想及其实现维度 (246)
四 中国新世界理想的形成 (251)
五 构建人类命运共同体的路径探索 (259)

第一讲　新时代中国的国际战略研究与教学

战略是对历史的总结、当前的把握、未来的选择。战略的重要性在于其关键时刻的决定性作用，无论是对个人还是民族和国家而言，战略选择都在很大程度上影响其成败荣辱，乃至决定其生存。正如习近平总书记指出的："战略问题是一个政党、一个国家的根本性问题。战略上判断得准确，战略上谋划得科学，战略上赢得主动，党和人民事业就大有希望。"①

战略是思想、理论与实践相结合的产物，经受过重大选择关头的考验，代表着人类智慧的结晶。因此，战略思想、战略文化、战略传统里潜藏着个人荣辱、国家兴亡的密码，战略选择考验着决策者的智慧和能力，战略历史值得我们一再回顾。随着人类行为空间的扩展和相互交往的加深，战略视野必然要越出部族与国界，走向更加广阔的国际空间，国际战略应运而生、应时而发展。尤其是，伴随着国家与世界互动的愈加密切和深入，国际战略的重要性愈加突出，统筹国内国际两个大局来思考和谋划国家发展，成为决策者们的必然选择。汹涌蓬勃的全球化浪潮对人类思维局限产生着持续而深刻的冲击，随之而来的地区一体化带来了更加丰富和辩证的选择，国际战略的视野不再仅仅局限于全球作为，也必须有深刻的地区考虑。建构以国家发展战略为基石，以全球战略和地区战略相辅相成为视野的国家战略体系，是国家进行顶层设计与战略谋划的主

---

① 《习近平谈治国理政》（第二卷），外文出版社2017年版，第10页。

线。基于此，国际战略不再仅仅是一种辅助，而成为越来越发挥关键性作用的要素。放眼古今中外，适宜的国际战略均是造就、维系大国之世界重要地位的核心要素。

中国崛起与其国际战略选择密切关联，改革开放政策是统筹国内国际两个大局的重大战略选择，坚定融入国际社会造就了当今的中国全面崛起。进入21世纪第二个十年以来，世界进入百年未有之大变局，中国崛起被视为引动国际变革、推世界转型的重要力量，二者的密切互动为中国提供了更为广阔的国际空间，也给中国带来全方位的挑战与严峻的考验。在此关键时刻，如何在统筹国内国际两个大局的基础之上，谋求中华民族的伟大复兴与世界和平发展成为中国面临的重大战略议题。[1] 中华民族伟大复兴联结二者，其使命在于实现中国自身的复兴，推动世界社会主义的复兴，展现中国的国际贡献与全球影响力。[2] 党的十八大以来，以习近平同志为核心的党中央统筹国内国际两个大局，观大势、谋大事，加强顶层设计和战略谋划，推动中国进入社会主义建设新时代。中国致力于统筹协调国内国际两个大局，在时代潮流中把握主动和赢得和平发展，新时代中国的国际战略创新得以深入展开。

一　国际战略研究的议题

中国素有战略传统，从战略角度和高度思考问题是中国哲学思维所向，立足于全局、着眼于长远研判内外情势、确定目标与方向、进行战略布局是中国战略思维的集中体现。随着中国与世界互动的进一步深入，如何判断国际形势并确定应对之策就成为中国最高决策层必须思考和研究的重要内容。正是在国内外风云激荡的冲击下，国际战略的概念、思想与理论在中国应运而生、应时而起。

---

[1] 门洪华：《两个大局视角下的中国国家认同变迁（1982—2012年）》，《中国社会科学》2013年第9期。

[2] 李景治：《中国特色社会主义道路在世界社会主义发展中的历史地位》，《科学社会主义》2013年第2期。

第一讲 新时代中国的国际战略研究与教学

毛泽东同志是中国杰出的思想家和战略家，他善于从中国战略传统中汲取丰富的营养，将战略思维从传统的军事领域发展到政治领域。当时中国深受国际形势变革的影响，从救亡图存到社会主义改造和建设，中国领导人高度关注战略的国际维度，并逐步提出国际战略的概念，形成了丰富的国际战略思想，国际战略思维成为中国决策者渗透在骨血里的智慧。据考证，王稼祥是中国使用国际战略比较早的领导人，他在1962年报送中共中央的《关于人民团体在国际会议上对某些国际问题的公开提法》的文件中，将争取建设社会主义的国际和平环境称为"毛泽东同志一贯的国际战略思想"。[①] 1979年3月30日，中共中央理论工作务虚会议在京召开，邓小平对毛泽东的"三个世界思想"进行了深入的分析，并将之概括为中国的"国际战略原则"，[②] 此后国际战略一词成为党和国家领导人经常采用的一个术语。

1978年，中国实行改革开放政策，开始拥抱经济全球化，打开国门的中国必然要接受方方面面的国际冲击，国际战略因而受到领导人越来越积极的重视。决策系统的变化影响乃至引导着学界的关注和偏好。1979年年底，由军方主导的中国国际战略学会应运而设。与此同时，部委所属研究机构也加强了相关研究，高校更是在教学和科研两个方面都进行了努力，促使国际战略从军事术语、政治术语走向学术话语，推动国际战略研究走向正规化。20世纪八九十年代，中国国际战略演变和领导人的国际战略思想研究成为热点，《环球同此凉热——一代领袖们的国际战略思想》（中央编译出版社1993年版）堪称界标。与此同时，西方战略著述的引介渐成热潮，中国军事科学院和国防大学成为推进相关研究的重要力量。这是中国国际战略研究的第一波高潮。进入21世纪，大战略研究成为引领国际战略研究的前锋，推动形成了中国的国际战略研究新高潮，学术界和政策研究界对中国和其他大国国际战略的剖析愈发深入，与之相关的是，国际战略理论与实践相结合的探究逐步展开，国际战略研究的黄金时代拉开帷幕。

---

① 《王稼祥选集》，人民出版社1994年版，第46—47页。
② 《邓小平文选》（第2卷），人民出版社1994年版，第160页。

随着研究的逐步深入，学术界在国际战略的内涵与外延方面逐步取得共识，尤其是逐步将国际关系一般性问题剔除，更加专注于从战略、全局的角度思考对外关系并进行顶层设计与谋划。唐永胜认为："国际战略是指主权国家在对外关系领域较长时期、全局性的谋划，是主权国家在国际斗争中运用国家实力谋求国家利益的筹划与指导，其表现形态是主权国家的对外战略。国际战略不是凭空产生的，它从军事战略扩展而来，是国家在发展对外关系中、在谋求国家生存和发展的过程中，从过于偏重纯军事领域向政治、经济、军事、文化诸领域扩展而带来的必然结果。"[1] 李景治则指出："国际战略谋划的是国家在对外关系领域内那些具有长期性和全局性的问题，它以参与国际竞争为出发点，并在国际竞争中使用国家力量以实现国家利益的谋略。国际战略的基本主体为主权国家，其基本表现形态为主权国家的对外战略。"[2] 王家福作为长期研究国际战略的专家，着重强调国际战略的学科意义。他指出，国际战略学是国家运用各种力量为达到长远、根本、全局的目标和利益，高智能地设计与最大限度地运用国内外战略势能的科学与艺术。国际战略学研究设计的最高目标为最具创意的理论探讨与实际应用的最佳组合。国际战略学研究者是以通才为基础，以文理交叉为生长点，以"意志自由"开掘出巨大的内在力量，运筹走向世界远方的综合性探索。[3]

综合学界对国际战略研究的基本认识，我们认为，国际战略研究的主要对象是主权国家，其研究内容则是从战争到平时，从安全领域到所有重要领域。统筹国内国际两个大局的战略思维决定了，唯有密切关注国家发展战略，秉承国内战略与国际战略相辅相成的思想意识，才有可能把握好国际战略的真谛。

国际战略必然有其时空条件的依托和限制，它立足于国家，又需要放眼全球，有其战略支点；它着眼于国家发展的全局，又必须关注

---

[1] 唐永胜：《国际战略的内涵》，《国际政治研究》2007年第4期。
[2] 李景治等：《国际战略学》，中国人民大学出版社2003年版，第5—6页。
[3] 王家福、徐萍：《国际战略学》，高等教育出版社2005年版，"序言"。

整体与局部的关系；它关注眼前，又摆脱不开历史制约，更需要关注未来。与此同时，国际战略还需要关注实际成效，而不仅仅是着眼于顶层设计，有着明确的效用诉求。有鉴于此，国际战略研究的内容非常丰富，无论是国际战略思想、国际战略目标，还是国际战略环境、国际战略手段、国际战略模式、国际战略制定、国际战略实施、国际战略评估、国际战略调整等均属其重点关注的范畴。当然，国际战略服务于国家利益，因而国家利益的认识与划定是国际战略的依归，而其基础在于对国家综合国力的清醒认识（包括国家实力的优势与劣势所在），国际环境评估是至为关键的外在条件，而国家战略目标与国际战略谋划之间有着密不可分的关系，战略手段的选择更是战略谋划的关键内容，战略目标、战略谋划、战略手段三者构成国际战略的内在要素，战略评估与战略调整则是战略研究的进程性因素，国际战略永远都不是静止的，而是在变动中调整。为完成战略目标而持续谋划和实施，上述因素均可视为国际战略的核心内容。国际战略的成功有赖于战略目标与战略手段之间的平衡。国际战略的目标不能超越国家实力的可能，古今中外许多国际战略的失败就在于目标超过国家实力的允许而造成灾难，国际战略的目标必须有相应的政策和策略配套，且各种手段协调一致、形成合力。

全球化浪潮激荡，使得世界连为一体，国内—国际互动更趋频繁密切，这样的时代背景决定了国际战略的重要性，凸显出加强战略思维、增强战略定力的必要性。党的十九大报告对新时代的国际战略倍加重视，强调互利共赢与正确义利观的基本价值，确立世界和平建设者、全球发展贡献者和国际秩序维护者的角色定位。新时代的中国政治、经济、军事实力和国际影响力显著增强，中华民族伟大复兴前景光明，随着中国国家战略利益向全世界的延伸，作为国家实力与世界地位之间的桥梁，国际战略谋划的重要性日趋突出，加强国际战略研究恰逢其时。

国际战略研究有着跨学科、交叉学科的基因。从中国文化上看，中国素有胸怀天下的战略传统，其战略研究来自于政治理想的现实表达，有着深厚的哲学基础和深远的历史渊源，有着对人性的深入思考、对现实的冷静判断和对前景的精准谋划。可以说，这是中国国际战略最深厚的基础所在，国际战略概念为中国所提出并逐步为国际社会所接受，其缘由也在于此。从当代发展上看，任何一个学术领域的发展，都不再自困于单一学科，而是积极寻求其他学科的营养，并不局限于哲学、社会学、历史学等通识专业对人性的深入考察，还将其触角伸向临近学科，甚至从自然科学研究中寻求思想启示和研究工具。国际战略研究缘起于安全研究和国际问题研究的交叉探索，自然离不开哲学、历史学、政治学、社会学等学科的滋养，并积极寻求与经济学、管理学等的学科交叉，反过来也推动着这些学科的深入发展。与之相关的，国际战略的研究工具也是多元化的，无论是历史研究还是比较研究，无论是定性分析还是定量分析，无论是归纳推理还是演绎推理，无论是个案分析还是综合研究，国际战略研究总能呈现纵横捭阖、气象万千的局面，其哲学性令人遐思，其理论性令人着迷，其现实性令人冷静，跨学科、交叉学科的魅力在国际战略研究上得到了全面体现。

二 新时代中国国际战略的展开

党的十八大以来，中国特色社会主义进入新时代。一方面，新时代使中国发展站在更高层级的新历史方位上，中国日益走近世界舞台中央，进入为人类做出重要贡献的时代。另一方面，我们必须清醒地认识到，新时代中国社会的主要矛盾已经转化为人民日益增长的美好生活需要和不平衡不充分的发展之间的矛盾。解决这个社会主要矛盾，需要客观冷静地从社会主义初级阶段的基本国情出发。社会主要矛盾的变化并没有改变我们对中国社会主义所处历史阶段的冷静判断，"全党要牢牢把握社会主义初级阶段这个最大国情，牢牢立足社会主义初级阶段这个最大实际"。① 概言之，我们必须从辩证的观点

---

① 习近平：《决胜全面建成小康社会 夺取新时代中国特色社会主义伟大胜利——在中国共产党第十九次全国代表大会上的报告》，人民出版社2017年版，第12页。

出发，深刻认识中国的历史方位，统筹国内国际两个大局进行战略谋划，为实现中华民族伟大复兴、为推动人类命运共同体建设和共创人类美好未来而努力。

新时代是充满希望的时代，也是不断迎接和应对挑战的时代。从国际角度看，在世界进入大变革大调整之际，中国日益走近世界舞台中央，国际环境变革蕴含着新机遇，中国与世界的关系面临着深刻的转型。一方面，世界面临着开放与保守、合作与封闭、变革与守旧的重要抉择。国际社会维护和平的呼声进一步增强，推进变革的潮流更加强劲，国际力量对比朝着更趋均衡的方向发展；与此同时，世界经济复苏缓慢，地区格局演变加速，国际局势动荡多变，各种意外频频发生，恐怖势力蔓延扩散，"逆全球化"思潮日益显现，导致中国国际战略环境发生巨大变化，随之而来的是，中国面临的国际疑虑、担心、困难和挑战在增多。另一方面，中国国内平衡性发展（balanced development）困难重多，经济增速换挡、结构调整阵痛、动能转换困难相互交织，深化改革殊为不易。有鉴于此，如何清醒判断国际局势，有效应对国际风险、把握和善用国际机遇，具有重大而迫切的现实意义和理论价值，推动中国国际战略的优化势在必行。

习近平总书记指出，认识世界发展大势，跟上时代潮流，是一个极为重要并且常做常新的课题。我们看世界，不能被乱花迷眼，也不能被浮云遮眼，而要端起历史规律的望远镜去细心观望。[①] 在党的十九大报告中，习近平总书记对国际形势做了更具哲理性的概括："我们生活的世界充满希望，也充满挑战。"实践证明了这一判断的高瞻远瞩。进入2018年，中美经贸摩擦的硝烟弥漫，全世界为之注目。中美经贸摩擦升级是两国在新产业革命上的战略竞争，甚或是一场决定在未来的经济发展中谁居世界主导地位的战略性贸易竞争，[②] 其影

[①] 《中央外事工作会议在京举行》，《人民日报》2014年11月30日第1版。
[②] 参见佟家栋《中美战略性贸易战及其对策研究》，《南开学报》（哲学社会科学版）2018年第3期；张幼文《中美贸易战：不是市场竞争而是战略竞争》，《南开学报》（哲学社会科学版）2018年第3期。

响必然是全世界性的。中美经贸摩擦是中国面临国际环境发生重大变化的关键信号，如何重塑战略机遇期成为中国必须深入思考和应对的头号国际战略议题。

中国与世界的关系并不因中美经贸摩擦而彻底改弦更张，中国的发展离不开世界，世界的发展也离不开中国，如何对接机遇、共迎挑战、妥善应对分歧、实现互利共赢是一项重要的国际战略议题，值得我们深入思考。我们必须正视中国崛起给世界带来的经济、货币、国际规则、价值理念和发展道路的冲击，[①] 深入思考积极的应对方式。新时代的中国不仅要给世界提供机遇、贡献智慧与方案，还要给世界提供和平发展的信心。从这个意义上讲，日益走近世界舞台中央的中国确实要不断为人类做出更大贡献。坚持和平发展道路，推动形成全面开放新格局，致力于新型国际关系和人类命运共同体的构建，应是新时代中国国际战略的主线。

党的十八大以来，以习近平同志为核心的党中央面对深刻变革的国内外情势，以巨大的政治勇气、非凡的远见卓识和强烈的责任担当，聚焦治国理政的核心命题，提出一系列新理念新思想新战略，统筹推进"五位一体"总体布局、协调推进"四个全面"战略布局，在深化改革和推进社会主义现代化建设诸方面都取得重大进展，外交布局全球深入展开，为应对国内外挑战、实现中华民族伟大复兴目标打下了坚实的基础。在面向 21 世纪中叶前景的战略规划中，党的十九大报告提出了新的"三步走"战略：在 2020 年决胜全面建成小康社会的基础上，2020 年到 2035 年基本实现社会主义现代化；2035 年到本世纪中叶实现社会主义现代化强国。决胜全面建成小康社会、开启全面建设社会主义现代化国家的新征程就是新时代中国的核心战略任务和目标。

推动构建新型国际关系和人类命运共同体是党的十九大报告提出的两项国际目标和任务，也可以视为中国国际战略理念与思想的核心

---

① 张宇燕：《统筹国内国际两个大局积极参与全球治理》，《政治经济学评论》2016 年第 4 期。

表达。新时代中国的国际战略，以塑造相互尊重、公平正义、合作共赢的新型国际关系为核心目标，而构建新型国际关系，以人类命运共同体为世界理想。人类命运共同体思想体现了中国国际合作理论的创新，塑造人类命运共同体，建设持久和平、普遍安全、共同繁荣、开放包容、清洁美丽的世界，需要我们致力于构建新型国际关系，秉持正确义利观，开启以"共同利益""互利共赢""大国责任"为核心的中国新外交时代。[①] 以此为基础，中国全面推进其全球战略的拓展，推动与主要大国关系的调整，稳定和深化周边关系，创新发展中国家的战略理念与合作平台，进而提出"一带一路"倡议并重点推动与沿线国家的全方位合作，实现了中国国际战略在各重大领域的全覆盖和深入发展，中国国际战略的全球视野和地区重心均有着深刻的体现。具体地说，中国以亲诚惠容为指引，稳定并持续发展周边关系；以新型大国关系为抓手，塑造总体稳定、均衡发展的大国关系框架；以义利兼顾、政经并举为核心，创新发展中国家关系；以共同利益为诉求，推进"一带一路"深入布展。以此为基础，中国国际战略强调顶层设计、共同利益和国际合作，一种崭新的世界大国路径得以开辟，一种崭新的战略境界得以展开。新时代中国的国际战略体系展现出开放包容的大国气度，展示了中国决策者立足基本国情、把脉世界潮流、直面内外挑战、抓住国际机遇、实现持续发展的战略谋划能力，以及通过和平、发展、合作、共赢的方式塑造世界未来的政治智慧。上述新时代中国国际战略体系是习近平新时代中国特色社会主义思想在国际和外交领域的具体表现，直接或间接回应了"历史终结论""文明冲突论""西方中心论"和"中国威胁论"，不仅是理论创新与超越，更是实践指引与突破。

新时代中国国际战略体系丰富，内容涉及方方面面，就当前情势而言有如下三个核心要素需要高度关注。

第一，妥善处理好中美关系。传统的"一山二虎论"不足以概括

---

① 门洪华：《构建新型国际关系：中国的责任与担当》，《世界经济与政治》2016年第3期。

中美关系的全部，也不足以说明中美关系的实质。中美关系是世界上最复杂的双边关系，也是最具挑战性的双边关系。中美关系是左右国际关系大势、决定人类走向和平与否的重要关系，处理得好是世界之福，反之则是世界之祸。① 在未来相当长一段时间内，美国仍将是世界上最强大的国家，拥有相对于中国的军事、技术、国际制度等众多而全面的优势。即使中国的经济规模在 20 世纪二三十年代有望超过美国，但与美国的综合国力差距绝非短期所能弥合。当前中美关系站在决定双边关系乃至世界未来的十字路口。如何管控好两国明显上升的战略竞争与摩擦，防止爆发全面的贸易争端、严重的台海军事安全危机和全面对抗，保持中美关系的相对稳定，是摆在中国面前的重大战略挑战。

第二，稳健推进"一带一路"建设。"一带一路"倡议是中国走进新时代的对外开放举措，体现了中国对新型地区合作机制和中国塑造国际规则体系的追求，代表着中国迈向新型世界大国的现实路径。"一带一路"倡议强调中国开放、地区合作、全球发展的有机结合，统筹国内、地区和全球，是推进中国与世界良性互动的重要抓手。党的十九大报告指出，要以"一带一路"建设为重点，坚持引进来和走出去并重，遵循共商共建共享原则，加强创新能力开放合作，形成陆海内外联动、东西双向互济的开放格局。② "一带一路"倡议是中国迈向新时代的核心设计，攸关中国改革开放的成败，身系世界和平与发展的前景。

第三，全力打造伙伴关系的全球网络。打造全球伙伴关系网络是中国构建新型国际关系的基础条件，也是中国国家利益全球延伸的重要抓手。从 1993 年与巴西建立战略伙伴关系开始，中国伙伴关系战略逐步形成并走向发展和完善，迄今已经与 100 多个国家和国家集团（包括东盟、欧盟等）建立了不同形式的伙伴关系。作为一项基于双

---

① 门洪华：《关键时刻：美国精英眼中的中国、美国与世界》，《中国社会科学》2012 年第 7 期。

② 习近平：《决胜全面建成小康社会 夺取新时代中国特色社会主义伟大胜利——在中国共产党第十九次全国代表大会上的报告》，人民出版社 2017 年版，第 60 页。

边而遍及全球的战略部署，中国伙伴关系战略对维护国际战略平衡、促进世界和平发展、推动建立新型国际关系都有着不可忽视的作用。全球伙伴关系网络是大国与大国之间、大国与小国之间互动的范例，进一步发展和深化这种以共赢主义为指向的新型国际关系，对实现中国国际战略目标具有重要的意义。

三　加强新时代中国的国际战略研究与教学

党的十八大是中国国际战略创新的关键起点。面对急遽的国际风云变幻，以习近平同志为核心的党中央立足战略创新，创造性地提出新型国际关系、人类命运共同体、正确义利观等引领世界发展潮流的新理念和新思想，并积极运筹战略布局，推动"一带一路"倡议的深入实施，实现了中国国际战略布局的新发展。中国在世界经济治理、国际金融秩序、全球基础设施建设和东亚全面合作等领域发力，积极参与二十国集团的顶层设计，主导创设亚洲基础设施投资银行（AIIB），采取灵活务实的态度大力推动各类自由贸易区谈判，支持和推进"区域全面经济伙伴关系协定"（RCEP）谈判，为中国—东盟自由贸易区升级版的打造插上翅膀。中国战略引领者的新角色为国际社会所高度关注。与国家整体发展态势相关联，中国国际战略研究开始全面铺展开来。

恩格斯指出，"每一个时代的理论思维，都是一种历史的产物，在不同的时代具有非常不同的形式，并因而具有非常不同的内容。"[1]中华民族伟大复兴是牵动世界的重大命题，中国成长为世界大国的战略设计必然体现理论创新价值，系统开展国际战略研究与教学具有关键性的意义，事关中国特色社会主义的发展前景。国际战略思维事关新时代的谋篇布局。唯有全面加强国际战略思维，站在统筹国内国际两个大局的高度进行思考，方能深入把握中国新时代的历史方位，真正做到与党中央保持高度一致，全力推进中国特色社会主义建设事

---

[1] 《马克思恩格斯选集》（第3卷），人民出版社1995年版，第465页。

业；方能深入把握国际社会发展变化的脉搏，发挥引领世界潮流的战略作用。

当前，中国国际战略研究初成体系，正在向成熟的学科建设迈进。经过改革开放40余年波澜壮阔的风云涤荡，中国国际战略研究大开大合的格局已经形成，无论是对中国国际战略历史演变的探讨，还是中国领导人国际战略思想的分析，或是中国国际战略的国际比较，都堪称中国国际战略研究的核心内容，成果丰硕。可以说，国际战略研究在中国的发展，与政策性诉求有着不可分割的关联。当然，在上述分析研究的基础之上，中国学术界也加强了对国际战略的内涵、要素、研究议程的深入探讨，开始尝试总结提出国际战略理论，初步形成和建立了独立的国际战略学学科，专门的国际战略研究机构和学位教育也陆续建立并完善起来。在某种意义上，或许可以认为"战略化"是当代中国国际关系研究最重要的进展方向之一。[1] 与之相关的，或者说，构成国际战略学科建设之雄厚基础的，就是一批国际战略研究骨干单位接续成立，逐渐成长为研究重镇和中外交流的学术平台。在时代诉求的促动之下，国际战略研究的跨学科、交叉学科属性得到了高度的重视，哲学、历史学、政治学、经济学、法学等主要社会学科为国际战略研究提供了重要支撑，多学科的杂糅和跨学科的视野，使得中国国际战略研究越来越体现出综合性，多种研究方法并用成为国际战略研究的常规方案，国际战略学科建设水平有了稳步的提升。国外研究的借鉴、中国学界的创新、政府对高等教育的超常规投入、智库发展等成为推动中国国际战略研究进步的重要动力。[2] 中国决策系统对智库建设的高度重视更是推动着中国国际战略研究的全面铺展。当然，中国国际战略研究也存在诸多需要完善和改进之处，这包括理论创新不够，对重要议题的重视不够，对相关战略的评估不够，对相关研究的总结评述不够，跨学科合作研究甚少，科学方

---

[1] 《当代中国的国际战略研究：进展与创新——唐永胜教授专访》，《国际政治研究》2015年第6期。

[2] 杨洁勉：《中国国际战略研究的成就和不足》，《国际政治研究》2007年第4期。

第一讲 新时代中国的国际战略研究与教学

法应用不足,学科建设力度甚微等,尤其是,相比国际战略研究本身所肩负的重任,我们还存在着较大差距。[1]

进入新时代,中国在国际社会积极作为,中国国际战略的议题数量随之迅速增长,无论是全球性议题还是地区性议题和国别性议题,国际战略研究面临着越来越多、越来越深入的诉求。深入研究党的十八大以来的顶层设计和十九大报告体现的创新性战略部署,应是中国国际战略研究的核心内容。我们需要秉持一种全局性的研究思路,站在统筹国内国际两个大局的高度,从国际角度深入研究习近平新时代中国特色社会主义思想,积极应对中国和平发展进程中的国际难题,着眼于破除中国崛起的外在困境,前瞻性地规划中国崛起之后的国家利益拓展,以理念创新和思想创新为指引,构建并完善面向21世纪中叶世界大国前景的中国大战略框架,并就具体的国际战略议题提出具有针对性的政策建议,为实现"两个一百年"的战略目标、为谋划中华民族伟大复兴之路提供扎实的学理支撑。与此同时,抓住中国崛起与世界转型并行推进进程中最为关键的战略议题进行深入研究,是中国国际战略研究能否实现理论创新、推动理论与实践密切结合的核心因素。有鉴于此,我们认为,如下议题亟须深入研究:其一,世界潮流,浩浩荡荡,顺之者昌。必须加强对世界发展潮流和全球发展趋势的研究。中国正在从全球大国向世界大国迈进,唯有深刻认识和深入把握世界发展潮流,才能不畏波诡云谲,做到顺势而为;其二,大国兴衰是常态,如何持盈保泰是任何一个新兴大国必须密切关注的课题。中国必须深入研究大国崛起的规律,包括中国不同历史阶段(如周朝、汉朝、唐朝等)的崛起与兴盛,以及不同历史阶段世界主要大国(如罗马帝国、大英帝国、美国、德国、俄罗斯、日本等)的崛起战略,乃至当前新兴大国印度等的崛起战略,加强比较研究,关注其国际作为,从中寻求对中国顺利实现全面崛起的启示;其三,

---

[1] 门洪华:《中国国际战略导论》(第二版),格致出版社2017年版,第一章;杨洁勉:《中国国际战略研究的成就和不足》,《国际政治研究》2007年第4期;孙建中:《中国国际战略研究方向之探索》,《国际政治研究》2007年第4期。

大国崛起是诉求，而崛起之后的战略作为却是一个为学界所忽视的重大议题。有鉴于此，我们应该加强对大国崛起之后的战略研究，包括周朝、汉朝、唐朝崛起之后的战略作为，尤其要关注英国、美国、德国、俄罗斯、日本等国在崛起之后的战略作为，从中寻求经验教训与启示；其四，深入开展国家实力的评估研究。理性客观评估国家实力的优劣之处，是制定和实施适宜国际战略的前提所在。国家实力的评估，不仅要关注经济、军事等硬实力，还要关注文化、国际形象等软实力，唯有理性评价为基础，才能做到精当运用；其五，加强大国和周边重要国家的国际战略比较研究，结合中国加强对区域与国别研究密切关注的新趋势，深入研究重点国家的国际战略趋向并进行比较研究，为中国国际战略的深入实施提供重要的参考；其六，加强对中国当前重大现实战略问题的研究，深入研究对外开放战略、全球治理战略、地区一体化战略、科技战略、生态战略等具体问题领域，实现国际战略理论与实践的有机结合。中国的国际战略研究比较集中在宏观和微观两个层面上，长期战略研究和具体对策研究都比较发达，而中观层面的研究甚为缺乏，加强5—10年中期国际战略目标及其相应措施、策略的研究，[1] 尤其是具体领域（如能源战略、生态战略等）的国际战略研究甚为迫切。此外，还有两个方面应得到长期的重视，这就是夯实战略研究的哲学研究，加强国际战略理论创新。国际战略研究应建立在深厚的哲学基础之上，否则就难以支撑起一个大国的长治久安，以及探寻出一条不同于传统权力政治的和平崛起之路。[2] 有鉴于此，加强战略哲学和中国战略哲学研究具有深远的理论意义。新时代呼唤新理论，加强中国国际战略研究的理论深度有其必要性和迫切性，超越对西方理论的借鉴，以古今中外的包容视野审视既有理论，着眼于原创性理论构建，是中国国际战略研究取得实质性进展的重要路径。

---

[1] 李景治等：《国际战略学》，中国人民大学出版社2003年版，第49页。
[2] 《当代中国的国际战略研究：进展与创新——唐永胜教授专访》，《国际政治研究》2015年第6期。

第一讲 新时代中国的国际战略研究与教学

中国国际战略研究界推进相关理论研究不甚用力,在教学和人才培养方面乏善可陈,而热衷于政策咨询牵扯了学者们的主要精力,这一现象值得我们深思。中国崛起与世界转型相辅相成,推动中国日益走近世界舞台的中央,对推进国际战略理论体系建设提出了迫切的时代要求。与之相关的是,我们需要大力促进专业人才培养和研究机构建设,提高中国国际战略学术研究和理性决策的水平。[①] 有鉴于此,通过强化国际战略教学与人才培养,加强战略思维的全民教育与精英培育,对中国全面崛起而言具有基础性的意义。

改革开放以来,国际战略研究与教学基本上同步展开。1979年底在北京成立的中国国际战略学会促进了国际战略研究的开展,学术界开始对国际战略一般理论问题进行学理性分析,国际战略学应运而生。具有标志性意义的是,20世纪80年代,国务院学位办公室把战略学作为社会科学的一个专门学科,国际战略学作为战略学的一个门类,为其发展提供了最为重要的学科依据。到90年代中期左右,比较完善和系统的国际战略学学科建设和理论体系逐步形成。[②] 20世纪80年代末90年代初,冷战的结束和中国全面融入国际社会,极大地推动了中国国际战略研究的深入展开,学术界密切关注世界风云变幻,深入剖析大国战略调整,对中国国际战略的走向展开激烈的讨论,一时间颇显百家争鸣迹象,与之相关的是,学者们开始关注国际战略的理论问题,借鉴西方安全研究和战略研究的既有成果,探讨国际战略理论框架,通过编写国际战略教材等基础性努力,推动国际战略学科发展。进入21世纪,随着中国与世界密切互动的加强,国际战略研究逐步成为显学,其政策咨询功能也伴随着智库建设而高度凸显。

国际战略学在中国诞生之后,逐步走进大学课堂,国际战略教学

[①] 吴志成、王亚琪:《国际战略研究的历史演进及其当代启示》,《世界经济与政治》2016年第10期。

[②] 唐永胜、彭云:《中国的国际战略研究》,载王逸舟主编《中国国际关系研究(1995—2005)》,北京大学出版社2006年版,第255—289页;王明进:《战略概念的拓展与国际战略学的创立》,《国际安全研究》2018年第1期。

在军事院校和普通高校同步开展。值得一提的是，吉林大学王家福教授筚路蓝缕，开风气之先。他自 1980 年起开始设计国际战略的教学提纲，1981—1983 年赴美留学，其间对其《国际战略学》提纲几经完善。1984 年 8 月，他推动国际战略学首次进入课堂教学，为吉林大学政治学专业和国际政治专业的硕士研究生主讲此课；1986 年，他推动国际战略学教学进入本科生课堂，其教材《国际战略学》正式出版；1996 年，他开始培养国际战略学方向的博士生，次年其教材《国际大战略》由吉林大学出版社出版。[1] 随后，国防大学、军事科学院、国际关系学院等高校开设国际战略课程，一批最早的教材应运而生，[2] 西方的相关研究著作也迅速译介到国内，形成国际战略教学和人才培养的第一波高潮。21 世纪初，国际战略研究开始全面展开，中共中央党校、北京大学、中国人民大学等成为推动国际战略教学的新旗手，一批新的教材脱颖而出。[3] 与此同时，关于中国传统战略的研究成为新热点，台湾地区学者钮先钟的战略著作在大陆出版带来了一股研究战略的新热潮，对西方战略研究的经典著作引进成为时尚，门洪华主编的北京大学出版社"大战略研究丛书"、时殷弘主编的世界知识出版社"国际关系学名著系列·国家大战略卷"和王缉思主编的上海人民出版社"北京大学国际战略研究丛书"成为战略研究领域最为知名的丛书系列，有力地推动了中国战略研究的深入发展。

党的十八大以来，中国国际战略研究如火如荼展开，国际战略教

---

[1] 王家福、徐萍：《国际战略学》，高等教育出版社 2005 年版，"序言" 第Ⅶ—Ⅷ页。

[2] 例如王家福《国际战略学》，黑龙江出版社 1986 年版；陈忠经《国际战略问题》，时事出版社 1987 年版；高金钿、顾德欣主编《国际战略学概论》，国防大学出版社 1995 年版；王家福《国际大战略》，吉林大学出版社 1997 年版；余起芬《国际战略论》，军事科学出版社 1998 年版。

[3] 例如高金钿主编《国际战略学概论（第 2 版）》，国防大学出版社 2001 年版；李景治等《国际战略学》，中国人民大学出版社 2003 年版；王家福、徐萍《国际战略学》，高等教育出版社 2005 年版；康绍邦等《马克思主义国际战略理论》，九州出版社 2006 年版；李少军主编《国际战略学》，中国社会科学出版社 2009 年版；康绍邦、宫力等《国际战略新论》，解放军出版社 2010 年版。

学有了较大的扩展。据统计,目前已有100多所高校开设了国际战略研究和中国国际战略的课程。但遗憾的是,相关教材建设却未能有效推进,目前各高校使用的国际战略学教材老化已成突出现象。与此形成鲜明对照的是,高校所设立的国际战略研究机构如雨后春笋般增长,尤其是各高校新设立的高等研究院大多纳入了国际战略研究的内容,使得国际战略研究的跨学科属性得到更大发挥,国际战略研究的报告、论文、著作层出不穷,但仔细梳理发现,除少数关注基础理论研究、区域国别研究的机构外,各机构的研究内容大同小异,诸多研究机构热衷于跟风式的对策研究,研究重点不甚突出,研究特色更不鲜明,对国际战略教学和人才培养的支撑显然不够。

新时代中国国际战略研究与教学相辅相成,应积极为战略思维强化和战略人才培养服务。战略思维是一种全局性思维,其重要价值在于通过对事物的宏观把握、综合统筹,以求全局之利和全局之效,有胸怀全局的思想站位、通观全局的广阔视野、领略全局的广见博识。[1] 战略思维的重要性应得到更大重视,正如邓小平同志指出的,"有些事从局部看可行,从大局看不可行;有些事从局部看不可行,从大局看可行。归根结底要看全局。"[2] 习近平总书记强调,各级领导干部要不断提高善于审时度势、进行战略思维的本领。[3]

加强战略人才的培养事关国本、事关中国的未来。战略思维的强化、战略分析能力的锤炼、国际战略学科建设的促进既是中国国际战略研究与教学的核心内容,也是其软肋所在。毛泽东同志指出:"一个正确的认识,往往需要经过由物质到精神,由精神到物质,即由实践到认识,由认识到实践这样多次的反复,才能够完成。"[4] 有鉴于此,战略思维的全民教育和精英培育是百年大计,战略人才的培养更

---

[1] 秦保中:《把握战略思维特点提高战略思维能力》,《中国党政干部论坛》2012年第11期。
[2] 《邓小平文选》(第2卷),人民出版社1994年版,第82页。
[3] 中共中央文献研究室:《十七大以来重要文献选编(上)》,中央文献出版社2009年版,第214页。
[4] 《毛泽东文集》(第8卷),人民出版社1999年版,第320—321页。

非一朝一夕之功。新时代的中国将迎来国际战略思想、理论和实践上的更多创新,对这些创新进行总结,从古今中外视角进行比较研究,促使其进入课堂并成为国际战略教学的重要内容,事关新时代中国战略人才培养的质量,是强化战略思维、提升战略分析能力、促进国际战略学科建设的关键之所在。

第二讲　百年变局与中国战略机遇期的塑造

　　冷战结束尤其是进入21世纪以来，全球转型与中国崛起相互促进、相互影响，大发展大变革大调整成为时代主调，推动世界迎来"百年未有之大变局"，中国迎来近代以来最好的时期，中华民族伟大复兴迎来关键时刻。迈入21世纪第三个十年，三个"百年"深刻交集。在第一个"百年"目标2020年全面小康社会即将建成之际，如何积极应对"百年未有之大变局"，为实现第二个"百年"奋斗目标打下坚实的基础，是我们必须深入思考的重大战略议题。正如习近平总书记所指出的，要"胸怀两个大局，一个是中华民族伟大复兴的战略全局，一个是世界百年未有之大变局，这是我们谋划工作的基本出发点"。[①]

　　世界一直处于不断变化的历史长河之中，而百年未有之大变局具有其独有的内涵，尤其是对中国有着深刻而广远的影响，不仅给中国和平发展带来了难得的机遇，也必然带来严峻的挑战。有鉴于此，中国是否仍处于重要战略机遇期引发了战略学界的高度关注乃至热烈争论，中国如何抓住、用好、维护、延长、塑造战略机遇期，更被视为中国应对百年变局的核心议题。

一　百年变局与中国的互动

　　变局是世界之常态，而习近平总书记提出的百年变局命题具有特定

[①] 《习近平总书记江西考察并主持召开座谈会微镜头》，《人民日报》2019年5月23日第2版。

含义。冷战结束以来，中国决策者高度关注世界格局变化，强调世界处于深刻变革和调整之中，密切关注全球变革对中国的影响，并以此为重要外部条件来调整国际战略布局。进入 21 世纪的第二个十年，世界发生更为深刻复杂的变化，党的十九大报告全面论述"世界正处于大发展大变革大调整时期"。习近平总书记站在人类历史演进的高度，深刻把握时代风云，做出了"百年未有之大变局"的战略判断。在 2017 年 12 月 28 日驻外使节工作会议上，他首次提出"我们面对的是百年未有之大变局"。① 在 2018 年 6 月中央外事工作会议上，习近平系统阐述了对百年变局的深刻认识。他指出，"我国处于近代以来最好的发展时期，世界处于百年未有之大变局，两者同步交织、相互激荡。……当今世界是一个变革的世界，是一个新机遇新挑战层出不穷的世界，是一个国际体系和国际秩序深度调整的世界，是一个国际力量对比深刻变化并朝着有利于和平与发展方向变化的世界"，"我们要深入分析世界转型过渡期国际形势的演变规律，准确把握历史交汇期我国外部环境的基本特征，统筹谋划和推进对外工作"。② 在 2018 年 7 月金砖国家工商论坛上，他指出："未来 10 年，将是世界经济新旧动能转换的关键 10 年，是国际格局和力量对比加速演变的 10 年，是全球治理体系深刻重塑的 10 年。"③ 在 2018 年 11 月亚太经合组织工商领导人峰会上，他强调指出，"当今世界的变局百年未有，……人类又一次站在了十字路口"④。在 2019 年 1 月中央军委军事工作会议上，他强调，"当今世界正面临百年未有之大变局，我国发展仍处于重要战略机遇期，同时各种可以预料和难以预料的风险挑战增多"。⑤ 在

---

① 张蕴岭：《百年大变局：变什么（上）》，《世界知识》2019 年第 12 期。
② 习近平：《坚持以新时代中国特色社会主义外交思想为指导 努力开创中国特色大国外交新局面》，《人民日报》2018 年 6 月 24 日第 1 版。
③ 《习近平出席金砖国家工商论坛并发表重要讲话》，《人民日报》2018 年 7 月 26 日第 1 版。
④ 习近平：《同舟共济创造美好未来——在亚太经合组织工商领导人峰会上的主旨演讲》，《人民日报》2018 年 11 月 18 日第 2 版。
⑤ 《习近平在中央军委军事工作会议上强调 在新的起点上做好军事斗争准备工作坚决完成党和人民赋予的使命任务》，《人民日报》2019 年 1 月 5 日第 1 版。

2019年十九届四中全会上，他明确指出，"当今世界正经历百年未有之大变局，我国正处于实现中华民族伟大复兴关键时期。顺应时代潮流，适应我国社会主要矛盾变化，统揽伟大斗争、伟大工程、伟大事业、伟大梦想，不断满足人民对美好生活新期待，战胜前进道路上的各种风险挑战"。① 综上所述，习近平总书记高度关注百年变局带来的难得机遇与深刻挑战，并以此为重要依据谋划中国整体战略布局，推进对外工作。

百年变局的到来，与冷战结束以来的国际风云变幻密切相关，与大国兴衰、发展中大国群体性崛起密切相关，与2008年国际经济危机催生的西方蜕变密切相关，与新一轮科技革命加速重塑世界密切相关。② 百年变局是世界新旧力量博弈的演进过程，其变革广度与深度前所未有，其中影响最大的主要体现在：力量对比大变局，包括大国间力量对比，发达国家与发展中国家群体对比，国家与非国家行为体对比的巨大变化；③ 发展范式的转变，主要是由传统工业化发展范式向可持续发展范式的转变，气候变化带来的危险巨变；新科技革命带来的转变，主要是具有替代特征的人工智能、物联网大发展。④ 笔者认为，百年变局最根本的动力是科技产业革命与大国兴衰的加速。新一轮科技革命加速重塑世界，技术突飞猛进既是百年变局的基本内容也是导致百年变局的基本推动力量。⑤ 以人工智能、大数据、互联网、

---

① 《中共中央关于坚持和完善中国特色社会主义制度 推进国家治理体系和治理能力现代化若干重要问题的决定（2019年10月31日中国共产党第十九届中央委员会第四次全体会议通过）》，《人民日报》2019年11月6日第1版。

② 笔者曾用"权力转移、问题转移、范式转移"概括冷战结束以来的世界转型。参见门洪华《权力转移、问题转移与范式转移——关于霸权解释模式的探索》，《美国研究》2005年第3期。

③ 约瑟夫·奈认为，21世纪正在发生两种关键的权力更替，一种是由西方国家向东方国家的权力转移（power transition），另一种是全球信息化革命影响下，由政府到非政府行为体的权力扩散（power diffusion），而权力更替使得全球政治复杂性不断增加。参见约瑟夫·奈《美国世纪结束了吗？》，北京联合出版公司2016年版，第70—82页。

④ 张蕴岭：《对"百年之大变局"的分析与思考》，《山东大学学报》（哲学社会科学版）2019年第5期。

⑤ 张宇燕：《理解百年未有之大变局》，《国际经济评论》2019年第5期；朱锋：《近期学界关于"百年未有之大变局"研究综述》，《人民论坛·学术前沿》2019年第7期。

太空技术、生物技术、量子科技为代表的新科技革命正在全面酝酿，推动新产业、新业态、新模式的巨大发展，[1] 新科技革命和产业变革引发经济、社会和军事力量革命性增长，改变着国力增强方式、国际竞争内涵和传统战争形态，全面拉动全球化在广度和深度上的延展，是导致世界大变局的根本驱动力量。[2] 百年变局最具有根本作用的动力是大国兴衰。进入 21 世纪，世界经济增长的增量部分主要来自发展中国家群体，这是世界发展近代史上一个重大转变，促使世界政治经济格局告别单极化。[3] 总体而言，现在的变局是从西方中心到非西方中心，或者是西方中心和非西方并列的大变局，目前正处于全球化发展调整期、世界权力结构转移期和科学革命发展孕育期叠加出现的阶段，这个变局刚刚开始，还要很长时间才能完成。[4] 值得关注的是，当前除中国、印度等少数国家经济表现尚属亮丽之外，新兴市场国家作为一个整体正在经历从群体性崛起到群体性衰落或群体性转型的痛苦过程。[5] 与之相关，百年变局最深刻的体现是世界充满不确定性。[6] 面对世界大变局，各主要力量加紧内外战略调整，抢占战略制高点，力争在博弈中占据优势，[7] 导致国际形势加速深刻演变，不确定性不稳定性凸显。单边主义、保护主义持续上升，国际多边秩序和全球治理体系遭到挑战。世界面临单边与多边、对抗与对话、封闭与开放的重大选择，处于何去何从的关键十字路口。[8] 更值得关注的是，百年

---

[1] 罗建波：《在世界百年未有之大变局中把握战略机遇期》，《科学社会主义》（双月刊）2019 年第 3 期。

[2] 裴援平：《世界大变局中的时与势》，《国际战略研究简报》第 78 期（2019 年 3 月 20 日）第 1—4 页。

[3] 张蕴岭：《对"百年之大变局"的分析与思考》，《山东大学学报》（哲学社会科学版）2019 年第 5 期。

[4] 黄仁伟：《如何认识百年未有之大变局》，《东亚评论》2019 年第 1 辑，第 4—5 页。

[5] 孙哲：《百年变局与中国担当》，《人民论坛》2019 年第 17 期。

[6] 王毅：《坚持以习近平外交思想为指引 谱写中国特色大国外交新篇章》，《时事报告》2019 年第 1 期。

[7] 中国现代国际关系研究员课题组：《世界大变局深刻复杂》，《现代国际关系》2019 年第 1 期。

[8] 杨洁篪：《倡导国际合作，维护多边主义，推动构建人类命运共同体》，《国际问题研究》2019 年第 2 期。

第二讲 百年变局与中国战略机遇期的塑造

变局最能动的因素是思想观念激烈变革。面对百年变局，任何一个国家，无论多么强大，既不可能独善其身，也成不了救世主，各国唯有携手合作、共同应对，① 有鉴于每个国家处理自身问题都需要联合其他国家共同行动，② 国际合作比任何时候都显得弥足珍贵。然而，由于国家实力对比的显著变化，美国及其他西方国家"逆全球化"民粹思潮蔓延，③ 新一轮贸易保护主义、逆全球化思潮乃至新孤立主义在美国这一世界中心国家兴起，④ 大国战略竞争趋于激烈。笔者认为，世界尚处于百年变局前期，国际体系变革接近临界点，在全球化发展调整期、世界权力结构转移期和科学革命发展孕育期三个历史长周期叠加之际，世界站到了新的十字路口，各国出现诸多分歧、迷茫和忧虑势在必然。

百年变局最耀眼的表现，莫过于中国从过去在世界舞台的边缘走近世界舞台中心，成为最具影响的因素之一。⑤ 中国发展速度之快，影响之深远百年未有，处于由大国迈向强国的关节点上，中国战略构想与动向举世瞩目。在世界各国普遍陷入迷茫之际，中国紧紧抓住时代发展的脉搏，积极推动构建新型国际关系和人类命运共同体，推动全球治理体系朝着更加公正合理的方向发展，成为世界乱象中的中流砥柱。⑥ 正如习近平在省部级主要领导干部学习贯彻党的十八届五中全会精神专题研讨班上讲话指出的，"20 年前甚至 15 年前，经济全

---

① 阮宗泽：《构建人类命运共同体 助力中国战略机遇期》，《国际问题研究》2018 年第 1 期。
② 史志钦：《百年未有之大变局与中国身份的变迁》，《人民论坛·学术前沿》2019 年第 7 期。
③ 柴尚金：《百年大变局中的世界社会主义》，《人民论坛·学术前沿》2019 年第 16 期。
④ 权衡：《"百年未有之大变局"：表现、机理与中国之战略应对》，《科学社会主义》（双月刊）2019 年第 3 期；贾康：《中国"现代化冲关期"须防两大陷阱》，《参考消息》2019 年 4 月 5 日第 11 版。
⑤ 张蕴岭：《百年大变局下的中日关系》，《亚太安全与海洋研究》2019 年第 1 期；胡鞍钢：《牢牢把握并主动创造我国重要战略机遇期》，《新疆师范大学学报》（哲学社会科学版）2019 年第 3 期。
⑥ 王毅：《2018 中国外交：乘风破浪砥砺前行》，《国际问题研究》2019 年第 1 期。

球化的主要推手是美国等西方国家,今天反而是我们被认为是世界上推动贸易和投资自由化便利化的最大旗手,积极主动同西方国家形形色色的保护主义作斗争"。① 我们需要把中国放在世界的大视野下来认识,作为一个上升的大国,其发展与转变不仅改变自身,也对世界产生重大的影响。② 中国全面崛起带动了发展中大国的群体崛起和发展中世界的深入合作,成为推动百年变局向战略合作与良性竞争发展的引领性力量。与之相关的,中国作为东方的一个非资本主义国家崛起并正在成为世界强国,③ 百年变局被视为资本主义与社会主义两种制度的深度博弈,④ 必然对中国战略机遇期带来严峻挑战,中国走向也必然对百年变局带来重大影响。

二 百年变局视角下的中国战略机遇期

百年变局对中国最深刻的挑战就是战略机遇期是否继续存在。多年来,战略机遇期始终是中国领导层用来推进中国改革发展进程的关键词,⑤ 如何迎来、抓住、用好战略机遇期向来被视为谋划中国战略的重要出发点。机遇具有不确定性和非常驻性的特点,往往表现为偶然性、或然性,而背后又隐藏着必然性。⑥ 作为风云际会、震荡改组、重新洗牌的时代变局,⑦ 战略机遇自然是机遇与挑战并存,机遇大于

---

① 《习近平在省部级主要领导干部学习贯彻党的十八届五中全会精神专题研讨班上的讲话》,《人民日报》2016 年 5 月 10 日第 2 版。
② 张蕴岭:《对"百年之大变局"的分析与思考》,《山东大学学报》(哲学社会科学版) 2019 年第 5 期。
③ 李滨:《"百年未有之大变局":世界向何处去》,《人民论坛·学术前沿》2019 年第 7 期。
④ 李拓:《"百年未有之大变局"中的中国特色社会主义》,《科学社会主义》(双月刊) 2019 年第 3 期。
⑤ 郑永年:《抓住未来十年改革"战略机遇期"》,《中国经贸》2011 年第 4 期。
⑥ 梅毅全、罗剑英:《江泽民战略机遇期思想与全面建设小康社会》,《中共云南省委党校学报》2003 年第 3 期。
⑦ 魏胤亭:《简析重要战略机遇期的辩证内涵》,《毛泽东邓小平理论研究》2013 年第 7 期。

挑战，战略机遇不是单一的战略态势，而是战略竞争、战略挑战、战略突破、战略平衡、战略危机与战略转机的结合。① 战略机遇期指的是国内外各种因素综合形成的，能为一国发展提供良好机遇，并对其历史命运产生全局性、长远性、决定性影响的某一特定历史时期。② 从全球角度看，战略机遇期是世界范围内各种矛盾运动变化的结果，是国内外各种因素综合作用形成的机遇；从国家角度看，战略机遇期则是该国在具备迅速发展条件基础上迈向腾飞的中间阶段，是从量变到质变的重要关口。③ 战略机遇期是机遇与挑战互通并存、交织共生的集合体，在发展机遇、优良环境的另一面，往往就是暗藏威胁和酝酿现实挑战的摇篮，二者相辅相成。④ 有鉴于此，战略机遇与战略挑战如影随形，战略机遇期的形成与能否延续，不仅取决于国内和国际的客观因素，更可以主动塑造。

抓住战略机遇发展自己，是新中国成立以来实现发展的宝贵经验。从"一边倒"到两个"中间地带"和"三个世界"，毛泽东同志抓住国际风云变幻的战略机遇，领导中国实现了独立自主和外交突破，打破了大国封锁和包围，成长为举足轻重的大国。从不结盟的独立自主和平外交政策到和平发展主题，邓小平同志抓住全球变革的难得机遇，推动中国走向改革开放和经济崛起。20世纪末21世纪初，中国国内外局势同时出现重大变革，江泽民同志抓住历史机遇，做出具有指导性意义的战略判断。2002年5月31日，江泽民同志在中央党校省部级干部进修班毕业典礼上讲话指出："综观全局，二十一世纪头二十年，对我国来说，是一个必须紧紧抓住并且可以大有作为的重要战略机遇期。"⑤ 党的十六大报告对战略机遇期的时间范围作了进一步明确的定位，即把今后全面建设小康社会20年与

---

① 黄仁伟：《论战略机遇期》，《世界经济研究》2003年第6期。
② 门洪华：《"一带一路"与中国—世界互动关系》，《世界经济与政治》2019年第5期。
③ 门洪华：《关于中国大战略的理性思考》，《战略与管理》2012年第2期。
④ 鲁世巍：《判断"战略机遇期"的三个视角》，《理论参考》2005年第10期；丁工：《人类命运共同体的构建与中国战略机遇期的存续》，《国际经济评论》2017年第6期。
⑤ 《江泽民文选》（第三卷），人民出版社2006年版，第542页。

战略机遇期20年紧密地结合在一起,从而大大拓展了战略机遇期的广度和深度。胡锦涛同志强调抓住机遇实现跨越式发展的重要意义:"无论从中国社会的发展历程看,还是从世界其他国家的发展历程看,能不能抓住机遇、加快发展,是一个国家能不能赢得主动、赢得优势、赢得胜利的关键所在。机遇极为宝贵,稍纵即逝。在历史发展的关键时期,把握住了机遇,落后的国家和民族就有可能实现跨越式的发展,成为时代的弄潮儿;而丧失了机遇,原来强盛的国家和民族也会不进则退,成为时代发展的落伍者。"① 从中国发展的历史经验看,尤其是21世纪第一个十年,我们几乎每一次战略突破,都同把重大危机转化为发展机遇密切相关。② 进入21世纪的第二个十年,伴随着应对全球经济危机的深入展开,同舟共济为同舟共"挤"所取代,国际局势发生了深刻变革,中国似乎突然陷入了某种战略性困境,在安全、经济、政治等领域都面临着突如其来的严峻战略压力,特朗普主政美国之后更是把中国视为战略对手,遏制、围堵中国的意图彰显,中国战略机遇期是否存在?各界众说纷纭,持否定观点者甚多。

习近平总书记深入研究中国战略机遇期并做出了坚定而乐观的判断。他在党的十九大报告中指出,当前国内外形势正在发生深刻复杂变化,我国发展仍处于重要战略机遇期,前景十分光明,挑战也十分严峻。③ 重要机遇期与重大风险期两种状态并存、光明前景与严峻挑战两种趋势同在,构成了中国特色社会主义新时代的显著特征。④ 在2018年1月5日学习贯彻党的十九大精神研讨班开班式上,他强调,我国正处于一个大有可为的历史机遇期。⑤ 在2018年12月中央经济

---

① 胡锦涛:《进一步认识把握社会历史发展规律,增强推进改革发展的自觉性主动性》,《人民日报》2003年11月25日第1版。
② 郑必坚:《21世纪第二个十年的中国和平发展之路》,《国际问题研究》2013年第3期。
③ 《决胜全面建成小康社会 夺取新时代中国特色社会主义伟大胜利——在中国共产党第十九次全国代表大会上的报告》,《人民日报》2017年10月28日第1版。
④ 颜晓峰:《在百年未有之大变局中打好战略主动仗》,《红旗文稿》2019年第4期。
⑤ 《紧紧抓住大有可为的历史机遇期》,《人民日报》2018年1月15日第1版。

工作会议上,他强调我国发展仍处于并将长期处于重要战略机遇期。世界面临百年未有之大变局,变局中危和机同生并存,这给中华民族伟大复兴带来重大机遇"。① 长期处于重要战略机遇期的新论断代表了中国决策者的信心与决心。与此同时,他对国内外形势有着清新深刻的认识,强调"当今世界正在经历百年未有之大变局,实现中华民族伟大复兴正处于关键时期。越是接近目标,越是形势复杂,越是任务艰巨"。② 2019年5月,习近平总书记主持召开推动中部地区崛起工作座谈会时的讲话堪称总体性的判断和工作部署:"我国仍处于发展的重要战略机遇期,但面临的国际形势日趋错综复杂。我们要清醒认识国际国内各种不利因素的长期性、复杂性,妥善做好应对各种困难局面的准备。最重要的还是做好我们自己的事情,统筹研究部署,协同推进改革发展稳定各项工作,谋定而后动,厚积而薄发"。③ 2020年10月29日中国共产党第十九届中央委员会第五次全体会议通过的《中国共产党第十九届中央委员会第五次全体会议公报》指出,当前和今后一个时期,我国发展仍然处于重要战略机遇期,但机遇和挑战都有新的发展变化。……全党要统筹中华民族伟大复兴战略全局和世界百年未有之大变局,深刻认识我国社会主要矛盾变化带来的新特征新要求,深刻认识错综复杂的国际环境带来的新矛盾新挑战,增强机遇意识和风险意识,立足社会主义初级阶段基本国情,保持战略定力,办好自己的事,认识和把握发展规律,发扬斗争精神,树立底线思维,准确识变、科学应变、主动求变,善于在危机中育先机、于变局中开新局,抓住机遇,应对挑战,趋利避害,奋勇前进。

中国拥有重要的战略机遇期,其基础在于中国自身的持续发展和战略创新。习近平总书记强调,我们最大的机遇就是自身不断发

---

① 《中央经济工作会议在北京举行》,《人民日报》2018年12月22日第1版。
② 习近平:《在中央政协工作会议暨庆祝中国人民政治协商会议成立70周年大会上的讲话》,《人民日报》2019年9月21日第2版。
③ 《贯彻新发展理念推动高质量发展 奋力开创中部地区崛起新局面》,《人民日报》2019年5月23日第1版。

展壮大。① 当前，中国与世界的关系逐渐从学习、对标转向引领，中国在更广阔的舞台之上充分展现大国风范，引领世界大方向，进入21世纪第二个战略机遇期。② 随着共建"一带一路"持续推进，中国与世界进入良性互动的关键时期，中国创造出新的战略机遇期。③ 与此同时，世界经济处于深度调整期，全球治理处于变革期，国际环境新变化蕴含着新机遇。无论是新技术革命的汹涌蓬勃、跨国公司的全球开拓还是发展中世界强烈的发展诉求，都是中国进一步发展的重要机遇，也都是中国推动全面开放的战略机遇。④ 从国际大势看，新兴大国崛起、世界权势转移、西方总体困顿之势未改且更明晰，这是中国继续保有战略机遇期的重要时代条件；从未来发展看，美欧日发展空间受限、增长动力减弱、虚拟经济泛滥等深层矛盾，恰恰是中国经济继续发展的优势。⑤ 在逆全球化潮流汹涌之下，中国积极推动经济全球化的立场、通过自身努力创造战略机遇的作为得到世界的广泛认可，⑥ 这也是中国拥有战略机遇期的重要条件。在这个进程中，中国从世界经济的依赖者转变为主要贡献者，从国际体系变革的适应者转变为重要引领者，成为战略机遇期的关键性塑造者。尤其是，中国强化发展中大国合作、相邻大国协调和"一带一路"拓展，成为新型国际关系的主动塑造者，推动国际合作与大国战略协调的深化，中国国际影响力不断提高。因此，习近平总书记强调中国机遇的内涵在不断扩充，⑦ 中国有信心、有能力保持经济中高速增长，继续为各国发展创造机遇。⑧ 可以说，中国发展是立足重要战略机遇期的大背景来

---

① 《中央外事工作会议在京举行》，《人民日报》2014年11月29日第1版。
② 俞正樑、唐喜军：《新战略机遇期：中国引领世界大方向》，《毛泽东邓小平理论研究》2017年第8期。
③ 陈文玲：《新旧动能转换中的中国经济》，《中国金融》2017年第21期。
④ 隆国强主编：《构建开放型经济新体制》，广东经济出版社2018年版，第24—25页。
⑤ 袁鹏：《中国仍处于战略机遇期》，《当代世界》2011年第9期。
⑥ 张幼文：《新时代中国国际地位新特点和世界共同发展新动力》，《世界经济研究》2017年第12期。
⑦ 杜尚泽：《习近平同出席博鳌亚洲论坛年会的中外企业家代表座谈》，《人民日报》2015年3月30日第1版。
⑧ 习近平：《创新增长路径　共享发展成果》，《人民日报》2015年11月16日第2版。

第二讲 百年变局与中国战略机遇期的塑造

进行谋划的。①

在当今世界面临百年未有之大变局的情势下，中国发展面临的各种可以预料和难以预料的风险挑战不断增多，中国战略机遇期的内涵和生成条件都在发生着深刻变化。世界"面临增长动力不足、需求不振、金融市场反复动荡、国际贸易和投资持续低迷等多重风险和挑战"，②存在严重的和平赤字、发展赤字和治理赤字，逆全球化思潮涌动，单边主义、保护主义抬头。③特朗普对华战略的冲突趋向导致中国陷入战略性困境，国家安全环境有所恶化，阴晴不定的国际经济形势给中国带来了输入性压力。在现实主义回潮与经济全球化转型背景下，维护战略机遇期的难度明显增加。④中国国际环境必将更趋复杂，不排除有人可能制造障碍或事端，企图干扰中国的发展进程。⑤与此同时，中国经济发展、政治发展、社会发展、生态文明、文化发展和国家安全面临着诸多内在挑战，这些内在挑战与国际情势变革难以区隔，使得我们面临的矛盾、风险、博弈前所未有，"稍不留神就可能掉入别人精心设置的陷阱"。⑥综上所述，中国战略机遇期的生成条件从相对稳定型和自发型为主向相对脆弱型、更加依赖主动塑造能力的方向转变。⑦有鉴于此，我们必须准确把握战略机遇期内涵的深刻变化，积极应对各种风险和挑战，强调任何机遇均来自于自身主动地创造或采取行动成功地化挑战为机遇。⑧在抓住、用好、维护战略机遇期等传统思路的同时，致力于延长和主动塑造战略机遇期成为我们必然的战略趋向，而塑造战略机遇期应被视为主导方向。

---

① 《牢固树立认真贯彻总体国家安全观　开创新形势下国家安全工作新局面》，《人民日报》2017年2月18日第1版。
② 《习近平谈治国理政》（第二卷），外文出版社2017年版，第472页。
③ 钟山：《深化经贸务实合作推动共建"一带一路"高质量发展》，《求是》2018年第19期。
④ 王帆：《战略机遇期的判断与维护》，《国际问题研究》2018年第5期。
⑤ 阮宗泽：《构建人类命运共同体 助力中国战略机遇期》，《国际问题研究》2018年第1期。
⑥ 《习近平谈治国理政》（第二卷），外文出版社2017年版，第213页。
⑦ 徐坚：《重新认识战略机遇期》，《国际问题研究》2014年第2期。
⑧ 张宇燕：《战略机遇期：外生与内生》，《世界经济与政治》2014年第1期。

三 应对百年变局、塑造中国重要战略机遇期

面对百年变局和战略机遇期的演进，中国只有顺应历史潮流，积极应变，主动求变，才能与时代同行。我们必须提高把握和运用市场经济规律、自然规律、社会发展规律能力，提高科学决策、民主决策能力，增强全球思维、战略思维能力。[①] 2013 年 1 月，习近平总书记提出"把世界的机遇转变为中国的机遇，把中国的机遇转变为世界的机遇，在中国与世界各国良性互动、互利共赢中开拓前进"的战略构想。[②] 2018 年 5 月，他在纪念马克思诞辰 200 周年大会上总结指出，"我们要站在世界历史的高度审视当今世界发展趋势和面临的重大问题，坚持和平发展道路，坚持独立自主的和平外交政策，坚持互利共赢的开放战略，不断拓展同世界各国的合作，积极参与全球治理，在更多领域、更高层面上实现合作共赢、共同发展，不依附别人、更不掠夺别人，同各国人民一道努力构建人类命运共同体，把世界建设得更加美好"。[③] 2018 年 6 月，他在中央外事工作会议上强调"统筹国内国际两个大局，坚持战略自信和保持战略定力，坚持推进外交理论和实践创新，坚持战略谋划和全球布局，坚持捍卫国家核心和重大利益，坚持合作共赢和义利相兼，坚持底线思维和风险意识"[④] 的战略思路。2019 年 4 月，他在会见联合国秘书长古特雷斯时强调指出："当今世界正经历百年未有之大变局。我们要从各种乱象中看清实质，从历史的维度中把握规律。经济全球化的大势不可逆转，合作共赢才

[①] 陈宝生：《充分认识全面建成小康社会的时代背景，深化与战略机遇期内涵和条件变化的研究》，《理论视野》2013 年 1 月，第 7—11 页。

[②] 《更好统筹国内国际两个大局 夯实走和平发展道路的基础》，《人民日报》2013 年 1 月 30 日第 1 版。

[③] 《习近平在纪念马克思诞辰 200 周年大会上的讲话》，《人民日报》2018 年 5 月 4 日第 1 版。

[④] 习近平：《坚持以新时代中国特色社会主义外交思想为指导 努力开创中国特色大国外交新局面》，《人民日报》2018 年 6 月 24 日第 1 版。

是人间正道"。① 综上所述，面对百年变局，习近平总书记带领中国秉持战略定力，拓展战略远见，深化战略运筹，实现战略创新，积极把握和创造战略机遇期，构建以融入—变革—塑造为核心的和平发展战略框架，致力于丰富和平发展、规划崛起之后，推动中国在国际舞台上发挥更为积极、建设性的作用。习近平总书记统筹国内国际两个大局进行战略思考，创造性地提出人类命运共同体、新型国际关系、正确义利观等引领世界发展潮流的新理念新思想，积极运筹战略布局，推动"一带一路"倡议的深入实施，在全球经济治理、国际金融秩序、基础设施建设和东亚全面合作等领域积极作为，积极塑造和创造出中国新的战略机遇期。伴随着这些战略举措，中国不仅成长为世界发展的主要动力源和稳定器，也成长为世界和平、人类进步的重要维护者和积极推动者。在这一过程中，中国坚持韬光养晦与有所作为的辩证统一，强调清醒认识国际国内各种不利因素的长期性、复杂性，做好应对各种困难局面的准备，注重战略运筹，避免战略误判，防止陷入战略误区，② 紧扣战略机遇期新内涵进行谋划和实施，在百年变局中稳健发展，积极塑造新战略机遇期，体现了"仁以天下、拘之以利、结之以信"的优良战略传统。③

应对百年变局，塑造中国战略机遇期，其基石在于聚焦中国全方位发展，推动全面开放。换言之，中国坚持和平发展道路，全力提升综合国力，夯实中国全面崛起的物质和精神基础，同时抓住时机全面深化改革，推进全面对外开放。中国全方位发展的核心基础是经济可持续发展，而塑造战略机遇期的关键在于经济发展方式的实质性转变，我们要坚持稳中求进，保持战略定力，积极推动结构改革和转型升级，大力实施创新驱动发展战略，加快现代化经济体系建设。中国经济已由高速增长阶段转向高质量发展阶段，正处在转变发展方式、优化经济结构、转换增长动力的攻关期，建设现代

---

① 《习近平会见联合国秘书长古特雷斯》，《人民日报》2019年4月27日第4版。
② 丁元竹：《把握战略机遇期要避免战略误判》，《人民论坛》2019年17期。
③ 《管子·小称》。

化经济体系是跨越关口的迫切要求和稳定发展的战略目标。我们必须坚持质量第一、效益优先，以供给侧结构性改革为主线，推动经济发展质量变革、效率变革、动力变革，提高全要素生产率，着力加快建设实体经济、科技创新、现代金融、人力资源协同发展的产业体系，着力构建市场机制有效、微观主体有活力、宏观调控有度的经济体制。习近平总书记强调，要紧扣重要战略机遇的新内涵，加快经济结构优化升级，提升科技创新能力，深化改革开放，加快绿色发展，参与全球经济治理体系变革，变压力为加快推动经济高质量发展的动力。我们坚持创新发展，注重解决发展动力问题；坚持协调发展，注重解决发展不平衡问题；坚持绿色发展，注重解决人与自然和谐问题；坚持开放发展，注重解决发展内外联动问题；坚持共享发展，注重解决社会公平正义问题，从而全面激发和展现新时代中国特色社会主义的充沛活力。与此同时，我们主动顺应全球化潮流，充分运用人类社会创造的先进科学技术成果和有益管理经验，[①] 通过自由贸易试验区和自由贸易港建设、服务业扩大开放综合试点、开放型经济新体制综合试点等各种试点试验，在商事登记、贸易监管、金融开放创新等领域进行系统性制度改革，并注重加强系统集成，逐步完善法治化、国际化、便利化营商环境，以系统性的制度开放促进高水平的对外开放，[②] 同时加快构建开放型经济新体制，大力推进"一带一路"建设，积极参与全球治理体系改革和建设，开辟我国参与和引领全球开放合作的新境界。[③]

应对百年变局，塑造中国战略机遇期，其关键在于锤炼全球视野，积极为世界提供新的战略机遇。中国战略机遇期内涵及其生成条件的变化，与中国和世界的互动关系有着密切的关联。随着中国走进世界舞台中心，成为百年变局的内生因素和内生动力，中国不只是世界发展机遇

[①]《在省部级主要领导干部学习贯彻党的十八届五中全会精神专题研讨班上的讲话》，《人民日报》2016年5月10日第2版。
[②] 房爱卿：《开创中国开放发展新时代》，《中国外资》2016年第12期。
[③] 毕吉耀、李慰：《创新完善我国全方位开放格局》，《中国特色社会主义研究》2018年第1期。

的搭便车者,更应是世界发展机遇的创造者。① 中国崛起改变了中国与世界的关系,使其会遭到多种力量的制约和遏制,因此维护和利用新的战略机遇期,不仅仅是中国自身的事情,还需要与外部世界实现良性互动。② 有鉴于此,我们既要把握世界多极化加速推进的大势,又要重视大国关系深入调整的态势;既要把握经济全球化持续发展的大势,又要重视世界经济格局深刻演变的动向;既要把握国际环境总体稳定的大势,又要重视国际安全挑战错综复杂的局面;既要把握各种文明交流互鉴的大势,又要重视不同思想文化相互激荡的现实,③ 从而在全球事务上扮演更为积极、建设性和引领性的角色。在世界经济前行站在十字路口之际,中国积极推动构建人类命运共同体和新型国际关系,大力推动全球治理体系朝着更加公正合理的方向发展,积极推进总体稳定、均衡发展的大国关系框架建设,佐以金砖国家的制度化合作,形成平衡和制衡美国战略对冲的态势,从而致力于稳定国际体系变革的方向。其间,中国将全球治理摆在突出位置,积极参与全球治理,增强国际社会应对共同挑战的能力,努力为完善全球治理贡献中国智慧,为人类破解和平赤字、发展赤字、治理赤字等难题指明方向和路径。④ 在逆全球化思潮的强烈冲击下,中国深刻认识到,全球化转型的方向之争已经将矛头指向中国,⑤ 中国必须致力于寻求共识和妥协,在应对国际恐怖主义、核武器及其他先进技术的扩散、气候变化等共同威胁上开放合作,与发达国家共同协商推进新型全球化,实现共同进化,防止形成战略对抗的局面。⑥ 正如习近平指出的,

---

① 胡鞍钢:《牢牢把握并主动创造我国重要战略机遇期》,《新疆师范大学学报》(哲学社会科学版)2019年第3期。

② 张蕴岭:《中国发展战略机遇期的国际环境》,《国际经济评论》2014年第2期。

③ 《坚持以新时代中国特色社会主义外交思想为指导 努力开创中国特色大国外交新局面》,《人民日报》2018年6月24日第1版。

④ 杨洁篪:《推动构建人类命运共同体》,《人民日报》2017年11月19日第6版。

⑤ 徐坚:《美国对华政策调整与中美关系的三大风险》,《国际问题研究》2018年第4期。

⑥ 门洪华:《新时代的中国对美方略》,《当代世界与社会主义》双月刊2019年第1期。

面对百年未有之大变局，面对严峻的全球性挑战，面对人类发展在十字路口何去何从的抉择，各国应该积极做行动派、不做观望者，共同努力把人类前途命运掌握在自己手中，坚持公正合理，破解治理赤字；坚持互商互谅，破解信任赤字；坚持同舟共济，破解和平赤字；坚持互利共赢，破解发展赤字，让各国人民共享经济全球化发展成果。[①] 在这一进程中，中国不仅要善于抓住机遇实现全球拓展，还要致力于向世界提供新的战略机遇期，让中国机遇、中国贡献为世界所共享，以建设性作为防止世界他国脱钩之念，以共商共建共享为主线推动实现国际合作的新境界。

  应对百年变局，塑造中国战略机遇期，其支撑在于夯实地区重心，优化中国地缘政治经济环境。纵观世界历史发展进程，没有一个真正的世界大国不是先从自己所在的地区事务中逐渐占主导地位而发展起来的。[②] 一般而言，不谋全局者不足谋一域。然而，在经济全球化和地区一体化的潮流之下，不谋一域者不能谋全局。中国战略机遇期的挑战虽则来自全球，实则体现在东亚地区和中国周边。一般意义上，由于历史承继的影响，中国习惯用周边来描述地区关系，而"一带一路"沿线国家可视为地区和周边的扩大。有鉴于此，中国的地区重心体现在东亚、周边和"一带一路"三个层面。20世纪90年代至今，中国更加积极地推进地区合作，[③] 致力于促成东亚地区全面合作的制度框架，加强地缘政治经济的塑造能力，有效防止了美国等在周边捣乱、破坏中国战略机遇期的企图。与此同时，中国加强与俄罗斯和中亚国家的合作，主导推动上海合作组织的发展壮大，深化与印度、巴基斯坦、阿富汗等南亚和西亚国家的合作，全面提升中国在周边地区的影响力、感召力和塑造力，保证中国周边的稳定和发展。在此基础上，中国提出了"一带一路"倡议。中国倡导并推动"一带

---

① 《习近平出席中法全球治理论坛闭幕式并致辞》，《人民日报》2019年3月27日第1版。
② 门洪华：《地区秩序建构的逻辑》，《世界经济与政治》2014年第7期。
③ 秦亚青：《国际体系转型以及中国战略机遇期的延续》，《现代国际关系》2009年第4期。

一路"建设，以正确的义利观、安全观、发展观和世界观，展现了中国的大国责任和担当，[①] 堪称中国主动向世界提供战略机遇的明证。"一带一路"建设体现了中国对建构开放包容的地区合作机制的思考。"一带一路"首先是一个地区经济概念，以推动各国共同发展为指向，以亚欧大陆经济一体化发展为支撑。"一带一路"倡议是以亚洲国家为重点，以构建陆上和海上经济合作走廊为形式，以运输通道为纽带，以互联互通为基础，以多元化合作机制为特征，以打造命运共同体为目标的区域合作安排。[②] "一带一路"倡议是中国通过陆海构建对外经济合作、实现亚太地区经济一体化的重大构想，是新时代中国塑造战略机遇期的重要抓手。笔者认为，"一带一路"倡议可视为中国依托亚洲、辐射周边、影响全球的重大构想，是中国开放与地区合作、全球发展的有机结合，是把中国发展机遇转化为地区乃至全球机遇、为世界提供新战略机遇的重要抓手和核心路径。

[①] 陈文玲：《"一带一路"建设开启新型全球化伟大进程》，《大讲堂》2017 年第 6 期。

[②] 马学礼：《"一带一路"倡议的规则性风险研究》，《亚太经济》2015 年第 6 期。

第三讲　国家定位与中国大战略的框架

　　国家大战略之谋划,应从基本国情和国家战略资源出发,结合其所面临的国际局势,明确本国的基本世界定位及其基本战略选择。在此基础上,确立大战略的基本趋向,并以此为核心确定大战略的基本内容及实施原则,构建大战略的基本框架。

　　在全球化时代,确定本国的国家定位,以国家定位为基础促进国家整合,并在国际社会中以一个完整而确定的身份参与世界事务,成为一个国家维护尊严、完成历史使命的核心议题。

　　中国国家定位在很大程度上是中国与世界关系的写照。中国是农耕时代最发达的国家之一,以儒家价值观为核心的中华文明是世界上唯一用同一种文字记载历史且持续时间达五千年之久的文明,中国因此长期居于文化中心地位。进入 19 世纪中期,中国成为国际权力转移的受害者,并一度衰落为"濒临失败的国家"(failing state),列强以坚船利炮为代表的先进技术、以基督教文明为代表的西方思想通过强制性手段进入中国,导致中国成为半殖民地。进入 20 世纪,绵延数千年的封建帝制土崩瓦解,为中国国家转型开辟了道路。中国经历了资产阶级立宪制、资产阶级民主制的不成功试验,最终选择了社会主义制度。对中国而言,20 世纪是中国一个真正的大时代:20 世纪上半叶,中国尚处于不稳定的国际体系的底层,所求者首先是恢复 19 世纪失去的独立与主权;20 世纪下半叶,中国迎来历史性的崛起,国富民强、中华民族的伟大复兴成为现实的期望;尤其是 20 世纪的最后 20 年,中国抓住新一波全球化浪潮,主动开启了融入国际体系的进程,重塑国家定位,逐步成为国际体系一个负责任的、建设性的、可预期的塑造者，在国际社会中建设性作为的意愿逐步展现，中国开始成为国际权力转移的受益者。进入21世纪，尤其是2008年国际金融危机和欧美债务危机爆发以来，中国崛起步伐加速，带来了积极的全球效应，也引发了全球的热议和极大的关注。

中国的国家定位建立在对五千年文明史、百年屈辱史和中国崛起的认知基础上，体现出鲜明的大国地位追求。自1982年以来，中国的国家定位处于变迁之中，从传统大国到现代大国、从封闭大国到开放大国、从一般大国到重要大国，渐进定型，与此相关，中国的国家战略体系建构也在有序进行，面向未来的大战略框架渐次确立。

一 制度定位：新型社会主义大国

中国是现有大国中唯一的社会主义国家，这种制度定位彰显出中国的特性。与此同时，中国又不是传统意义上的社会主义大国，而是通过对中国传统的继承、世界潮流的把握、社会主义国家发展史的反思、国家发展目标的诉求等，逐步丰富了中国特色社会主义的基本内涵："中国特色社会主义道路是实现途径，中国特色社会主义理论体系是行动指南，中国特色社会主义制度是根本保障"，[1] 从而确立起鲜明的新型社会主义大国的特征。

第一，和平的社会主义大国。和平共处五项原则、独立自主的和平外交政策代表了中国定位的和平性。党的十一届三中全会以来，邓小平毅然改变了过时的战略判断和陈旧的战略观念，把中国的战略思维从战争与革命的框架之中解放出来，纳入到和平与发展的新轨道之上，中国战略文化从以强调斗争为核心的战略观念转变为以趋于合作为核心的战略观念，中国完成了从革命性国家向现状性国家、从国际体系的反对者到改革者乃至维护者的转变。[2] 邓小平同志

---

[1] 胡锦涛：《坚定不移沿着中国特色社会主义道路前进 为全面建成小康社会而奋斗——在中国共产党第十八次全国代表大会上的报告》，人民出版社2012年版，第13页。
[2] 江忆恩：《美国学者关于中国与国际组织关系研究概述》，《世界经济与政治》2001年第8期；门洪华：《中国战略文化的重构：一项研究议程》，《教学与研究》2006年第1期。

指出，我们搞的是"主张和平的社会主义"。① 中国以苏联的教训为鉴，致力于自身的和平发展，恪守和平外交的理念，以自身发展促进世界的和平、合作、和谐，和平发展道路的确立就是这一思想的集中表达。

第二，发展中的社会主义大国。中国决策者清醒地认识到中国"将长期处于社会主义初级阶段""我国是世界最大发展中国家的国际地位没有变。在任何情况下都要牢牢把握社会主义初级阶段这个最大国情"，② 强调集中精力于国家建设的必要性，认为社会主义国家对世界最重要、最美好的贡献，莫过于把本国建设好，在政治、经济、文化、社会、生态等领域全面展现制度优势。集中力量建设好自己的国家，同所有国家包括资本主义国家和平共处、共同致力于世界和平与发展，具有基础性战略意义。

第三，全面开放的社会主义大国。中国从突破观念障碍和体制约束起步，从一个近于封闭的国家转变为全球市场的积极参与者，确立了全方位、多层次、宽领域的开放格局。随着中国迅速成长为世界开放性大国，中国与国际社会的复合相互依赖程度也在加深，对国际体系的塑造能力不断增强。在一定意义上，中国的和平发展是从国内经济改革起步的，中国推行的改革精神和相关措施的影响力外溢到国际层面，而中国的开放主义已经从对外开放为主走向对内对外全面开放。可以说，中国正在巩固对外开放在中国和平发展道路上的基础战略地位，开拓全面开放的时代。

第四，致力于市场经济的社会主义大国。从计划经济到商品经济到市场经济，是中国经济体制改革的基本路径，对市场经济的认识和把握成为真正全面融入国际社会的关键步骤，而融入国际体系才是中国发展之道。1992 年邓小平"南方谈话"着重指出，"计划多一点还是市场多一点，不是社会主义与资本主义的本质区别"。③ 以此为基

---

① 《邓小平文选》（第 3 卷），人民出版社 1993 年版，第 328 页。
② 胡锦涛：《坚定不移沿着中国特色社会主义道路前进 为全面建成小康社会而奋斗——在中国共产党第十八次全国代表大会上的报告》，人民出版社 2012 年版，第 16 页。
③ 《邓小平文选》（第 3 卷），人民出版社 1993 年版，第 373 页。

础，中国形成了社会主义市场经济理论，开始了波澜壮阔的社会主义市场经济建设，从而实现了社会主义理论的升华，推动社会主义进入新的发展阶段。

第五，致力于共同富裕的社会主义大国。中国改革开放，以"先富论"开局。邓小平同志认识到，中国落后且长期受到"左倾"思想的影响，开放不可能全面铺开，经济振兴必须寻找到突破口，由此形成了由"先富论"到"共同富裕论"的主旨思想。邓小平同志强调，"在本世纪末达到小康水平的时候，就要突出地提出和解决这个问题"。① 进入21世纪，中央领导人清晰判断中国正处在发展的战略机遇期与各类矛盾凸显期并存的基本特点，明确提出"不断促进社会和谐"的战略思路，强调深入贯彻落实科学发展观，构建社会主义和谐社会，全面建设小康社会，中国扬弃了"先富论"，迈向共同富裕之路。

"中国特色社会主义"是与全球化的时代特征和中国现实语境密不可分的。中国坚持社会主义的基本原则，但不同于马克思恩格斯当年所设想的社会主义和苏联的社会主义模式；中国借鉴资本主义文明成果和市场经济模式，但未被资本主义同化；中国特色社会主义是一种新型社会主义大国的追求，调整与完善并行，是融合社会主义和资本主义优势共享的制度模式，和平、发展、合作、共赢的追求代表了中国对未来发展的把握和自信。

中国新型社会主义大国的定位面临国内国际的挑战：国内挑战体现在对社会主义本质的认识和共同富裕的制度化安排上；国际挑战则主要体现在西方国家刻意突出制度定位差异，倡导意识形态上的"中国威胁论"。中国在强化推进国内五位一体总体布局的同时，强调以"和而不同"理念为基点发展与西方国家的互动关系，追求和谐而不千篇一律、不同又不冲突、和谐以共生共长、不同以相辅相成的境界。

---

① 《邓小平文选》（第3卷），人民出版社1993年版，第374页。

二　经济社会定位：发展中大国

一般而言，发展中国家指的是那些经济社会发展和人民生活水平相对较低、尚处于从传统农业社会向现代工业社会转变过程中的国家。[1] 随着研究的深入，分析发展水平的指标不再限于传统的人均 GDP 和 GDP，而增加了国际竞争力、人类发展指数（HDI）、发展平衡性等新指标。其中，人均 GDP 和 GDP 指标偏重经济因素与整体经济规模，国际竞争力指数注重考察一个国家的效率、耐力和发展态势而非固定的发展水平；发展的平衡性注重可持续发展；人类发展指数由预期寿命、成人识字率和人均 GDP 三个指标构成，侧重社会发展的综合因素。

早在 20 世纪 80 年代初，中国与西方国家围绕中国到底应该以发展中国家身份还是发达国家身份加入关贸总协定产生过尖锐矛盾，艰难谈判长达十数年之久。2001 年中国加入世贸组织，从《中国加入工作组报告书》中看出，中国并没有获得完全的发展中国家地位，中国的受惠范围受到了限制。[2] 进入 21 世纪，随着中国成为经济实力最强的新兴国家，发达国家明确要求中国放弃发展中国家的身份，不再作为最大的"搭便车者"。堪为例证的是，2008 年国际金融危机爆发以来，认为 1949 年社会主义救中国、1989 年中国救社会主义、2009 年中国救资本主义的说法不胫而走，国际社会普遍对中国有溢美之词与强烈要求，强调中国已经成为世界大国、准超级大国，提出两国论（G2），要求中国放弃发展中国家地位的呼声不绝于耳。

世界贸易组织的常规界定是，人均 GDP 低于 3000 美元的国家才可称为发展中国家。中国人均 GDP 2008 年超过 3000 美元，此后直线攀升，2019 年人均 GDP 突破 1 万美元。另一方面，我们必须看到世界人均 GDP 平均线的总体提升，如 2019 年世界人均 GDP 平均线为

---

[1] 刘世锦等：《如何正确认识在中国发展中国家身份上的争议》，《中国发展观察》2011 年第 7 期。

[2] 徐崇利：《新兴国家崛起与构建国际经济新秩序——以中国的路径选择为视角》，《中国社会科学》2012 年第 10 期。

1.146万美元，中国一直低于世界平均水平；我们还要意识到，中国发展存在着比较严重的失衡，人均资源水平远低于世界。

有鉴于此，在经济社会属性上，中国清醒地将自己定位为发展中大国。党的十八大报告重申"我国是世界上最大的发展中国家的国际地位没有变"。无疑，中国始终追求并在走向发达之路，但其进程并非一马平川，而是呈现出复杂的进程性特征。一个发展中国家的工业化和现代化过程，就是消除贫困、摆脱落后进而提高发展水平、实现发达化的过程。中国现代化、工业化是一个不断加速的进程，也是非欠发达化与发达化并存的过程，它包括两个相互平行的进程：一是迅速地减少欠发达现象，进而迅速地脱离欠发达特征；二是迅速地扩大发达现象，明显地增强发达特征。这是一个不断量变、实现质的提高的动态过程，代表着中国从发展中国家成为中等发达国家进而进入发达国家行列的奋斗历程。

中国GDP规模自2010年以来位居世界第二位；中国的国际竞争力排名2008年为世界第30位，2009年为第29位，2010年为第27位，2011年为第26位，2012—2013年为29位，2014—2016年为第28位，2017年为第27位，2018和2019年为28位，是金砖国家唯一进入前30位的。这两项指标意味着中国经济地位处于世界前列，确实难以定位为一般意义上的发展中国家。另外的指标则表明中国处于世界发展后列。例如，中国人类发展指数2008年位居世界第81位，2009年居世界第92位，2010年位居世界第89位，2011年为世界第101位，2012年为102位，2013年回升为101位，2014年再升至91位，2015年和2016年为第90位，2017年为第87位，2018年为第86位，2019年为第85位，仍然属于中下等人类发展水平。

从在经济社会发展平衡性的角度看，发达国家内部发展较为平衡，城乡之间、区域之间差距较小；而中国仍处在发展失衡突出的阶段，城乡之间、区域之间、社会阶层之间的差距较大，有些方面的差距甚至还在扩大，具有发展中国家的典型特征。中国农村和许多地区还存在着大量的欠发达特征，而城市和沿海地区越来越呈现发达国家的某些特征，在愈来愈大的范围内与发达国家形成竞争关系。

2018 年中国四大地区主要指标占全国比重　　　　单位：%

指标	东部 （10个）	中部 （6个）	西部 （12个）	东北 （3个）
土地面积	9.6	10.7	71.6	8.4
人口	38.3	26.6	27.1	7.9
城镇就业人口	51.7	20.5	21.4	6.4
GDP	52.6	21.1	20.1	6.2
公共预算收入	57.3	18.0	19.4	5.3
公共预算支出	42.1	21.5	29.0	7.3
固定资产投资	42.3	26.1	26.7	4.9
出口额	81.0	8.1	8.5	2.3
进口额	82.5	5.3	7.3	4.8

资料来源：中国国家统计局编：《中国统计年鉴2019》，中国统计出版社2019年版。

概言之，中国经济、社会、政治、文化发展的诸多方面都体现着初级阶段的显著特点。上述分析表明，初级阶段的特征也并不是一成不变的，当前的中国不再是典型意义的发展中国家，当然也不是发达国家或中等发达国家，欠发达与发达特征并存，欠发达的范围在缩小，发达的范围在扩大。中国是一个发展中国家但也正在变成一个中心国家，所以用一般的发展中国家的眼光看待中国的问题会有很多不足，并可能影响中国重大经济金融政策的制定和实施。进入21世纪，各类现代化的因素越来越多，人民生活和社会发展的现代气息越来越浓，我们正试图以稳妥的步伐快速走过初级阶段的"中间点"。当前，中国集中出现了经济、政治、社会、文化等全面转型。中国转型的明确指向就是现代国家体制的建立和现代化进程的完成，国情特征决定了实现以上目标困难重重，完善发展理念、优化发展模式、调整发展战略变得愈加紧迫，尤其是，中国必须实现不可持续到可持续发展、从不公平发展到公平发展、从不平衡发展到均衡发展的路径转变。

三　文化定位：传统资源丰富的文化大国

文化是国家和民族的血脉、灵魂和品格，文化定位是民族凝聚力和国家向心力的动力之源，是国家定位最深厚的基础。一般而言，国家现代化是经济现代化、制度现代化和文化现代化的结合，而后者是中国面临的"攻坚战"。杜维明指出，"中国真正要崛起必须是文化的崛起"。[①]

全球化既带来了世界文化交融，更带来了文化裂变和矛盾冲突，传统文化、文化传统由此常常被视为确认国家定位的核心标志。对中国而言，文化更具有重要意义，正如英国哲学家罗素（Bertrand Russell）指出的，中国与其说是一个政治实体，还不如说是一个文化实体。中国一直以来并不是国家的名称，它不仅标志着地理上的世界中心，还意味着文明和教化的先进，是中华民族共同的价值定位。40多年的改革开放，中国文化现代化滞后于经济现代化，文化体制尚处于改革的初级阶段，而文化安全是我们面临的最深层的安全威胁。

一方面，中国文化的历史演进及其国际影响力的演变表明，中国在文化软实力上具有先天优势，这不仅体现在古代中国以儒家文明为核心的文化先进性及其对周边地区的巨大辐射力上，而且体现在东亚一波波崛起浪潮（日本、东亚四小龙、东盟四国、中国等）中儒家文化的促进作用上。最近百余年来，西方文明对东方文明发起并构成了巨大的挑战，但以中国改革开放取得重大成就和国际实力向亚太地区转移为标志，中华文明传统正在积极弘扬之中，而西方文明则进入反思和调整阶段，东西方文明的交融将展开崭新的一页，而中国正在成为东西方文化的交汇中心。如王蒙指出的，中华传统文化回应了严峻的挑战，走出了落后于世界潮流的阴影，日益呈现出勃勃生机，它更是一个能够与世界主流文化、现代文化、先进文化相交流、相对

[①] 杜维明：《中国的崛起需要文化的支撑》，《中国特色社会主义研究》2011年第6期。

话、互补互通、与时俱进的活的文化。①

另一方面,中国文化的问题是天然存在的。中国与近代工业化失之交臂,中国传统文化的物质支撑也逐渐遭受销蚀,尤其是19世纪中期以后遭受的一系列惨败,促使中国文化走向反思和重构历程。泱泱上邦为什么坠落得如此体无完肤?中国仁人志士从模仿西方的坚船利炮开始,逐渐发展到对中国传统文化的反思,自此,这种反思就没有停止过,关于中、西、体、用四个字的排列组合一直是人们所讨论的最热门话题。进入20世纪,以"辛亥革命"和"五四运动"为标志,中国开始了现代化进程,如何对待传统文化就成为分野,"新文化运动"对传统文化进行了淋漓尽致的批判,提出了全盘西化的基本主张,并在中国发展进程时隐时现;另一条主线就是以梁漱溟为代表的传统文化派,强调"世界文化的未来就是中国文化的复兴",② 这种观点一直持续不断,在纯粹的、非政治性的学术研讨中长盛不衰。但是,源于国家总体实力衰落的历史,中国在文化上不乏盲目模仿,甚至不顾一切拥抱外来文明的现象,而自我否认向来是我们的一个传统。1978年改革开放以来,中国开始大规模向西方物质文明开放,而在精神文明上也进行了积极的引进。在西方看来,中国改革开放就是西化的进程;而在中国看来,这一进程是中华文明与西方文明交汇融合的过程,和而不同依旧是世界的未来面貌。

中国通过改革开放抓住了新一波全球化浪潮,革故鼎新成为中国突出的文化特征。中国实现了物质崛起,这种崛起与亚洲经济的迅速发展相唱和,导致世人重新审视以儒家文化为主体的中国传统文化的巨大能量。"沉舟侧畔千帆过,病树前头万木春。"在重塑国际政治经济秩序、化解不断升级的国际冲突、摆脱物质万能的文化束缚、应对日渐突出的人类精神信仰危机等当代世界性问题的解决路径上,中国传统文化开始显现出积极的整合价值。中国决策者明确意识到了文

---

① 王蒙:《中华传统文化与软实力》,《人民日报》(海外版)2011年11月2日第6版。
② 《梁漱溟全集》(第1卷),山东人民出版社1989年版,第543—546页。

化在国家定位上的核心价值,强调发挥文化引领风尚、教育人民、服务社会、推动发展的作用。

中国在文化上仍然是一个"大而不强"的国家,传统文化现代化的问题依旧存在,如何继承和发展丰富的传统文化资源是我们面临的重大战略性议题。中国文化的内在风险主要体现在,社会价值观消失殆尽,传统社会伦理(social ethics)的丧失殆尽带来了严峻的社会问题,传统文化的精髓弘扬不够,优良传统有待于进一步挖掘,中国面临着传统文化现代化的紧迫任务。我们在热切吸纳外来文明的同时,往往忽视弘扬民族文化特色,甚至继续保持着批判民族文化的传统。然而,一个民族失去了文化特性,民族独立性也就失去了依托。古今中外没有一个国家的现代化是依靠全部引进换来的。在融入世界的同时,保存和发展中国自身的文化力量与增强经济军事实力同等重要。中国目前已经基本否定了全盘西化的可能性,而主要体现为两种主要观点的较量:一种是儒学复兴论,强调中国传统文化尤其是儒学的根本价值,是所谓"中体西用"的进一步延续;另一种观点强调中国传统文化与西方文化的相互辉映,相互借鉴和相互吸收,即所谓中西互为体。然而,古今中外没有一个大国是以外国文化为本位的。对中国传统文化进行科学分析、批判继承、发扬光大是必要的,但中国文化是中国国土的独有奇葩,其现代化不可能离开传统文化而生存。我们需要强调中体西用,扬弃其中贬抑西方文化的成分,以更加开放的心态对待西方文化,吸收有益的成分,也要防止西方文化的泥沙俱下,抛弃其糟粕。中国文化的外在风险则主要体现在,西方文化有着渗透和改造"他者"的冲动,通过文化渗透推广价值观念是西方国家的主导性目标之一。中国处于向现代工业社会转变的过程中,在自觉或不自觉地接受西方文化及其价值观念,尤其是西方文化的负面——如极端利己主义和拜金主义的观念、混乱的价值观取向、非道德倾向——正在颠覆中国民族文化的优良传统,对中国传统道德的吸引力和民族文化的凝聚力形成强大的冲击,文化安全面临严重威胁。

近年来,中国决策者深刻地认识到文化建设的滞后性、紧迫性和战略意义,在促进文化发展上着力甚多。党的十八大报告强调开创全民族文化创造力持续迸发、人民基本文化权益得到更好保障、中华文化国际影响力不断增强的新局面。中国开始确立文化立国战略，恪守文化传统，弘扬传统文化，推动文化产业改革，推进文化强国建设，倡导文化对话，中国文化现代化和文化建设迎来了大发展的时代。

四　政治定位：负责任大国

承担国际责任是全球化时代对各国的根本要求，全球性问题的激增及其解决要求国家无论大小强弱都要承担责任，承担而不限于对内提供国内公共物品、对外遵守国际规范、维护国际准则、履行国际义务的责任。作为世界第二大经济强国、综合国力居于前列的大国、东方大国，中国对维护全人类共同利益负有重要责任。"负责任大国"是顺应潮流、主动承担责任的国家诉求与建构。承担更重要的国际责任是中国实现自身国家利益的需要，是中国在国际社会中发挥更大作用的切入点，是中国国家利益走向全球化的重要路径。负责任大国的强调，表明了中国对国际社会的新定位。

孙中山指出，"中国如果强盛起来，我们不但是要恢复民族的地位，还要对于世界负一个大责任"。[1] 中国负责任大国的建构与改革开放进程相关，与中国融入国际社会的深度相应，与中国参与国际制度的进程相辅，与国家实力提升和国际影响力的扩大相成。进入20世纪80年代，中国改变"战争与革命"的世界主题判断，开启与国际接轨的进程，其角色定位从国际体系的反对者、游离者向积极参与者、建设者转变。[2] 中国发挥积极参与建设公正合理的国际新秩序的合作角色，持续融入国际体系，并致力于与世界各主要国家建立务实的伙伴关系。

---

[1] 《孙中山选集》，人民出版社1981年版，第691页。
[2] 江忆恩：《美国学者关于中国与国际组织关系研究概述》，《世界经济与政治》2001年第8期；秦亚青：《国家身份、战略文化和安全利益——关于中国与国际社会关系的三个假设》，《世界经济与政治》2003年第1期。

第三讲 国家定位与中国大战略的框架

对外开放与深化参与国际制度的步伐相辅相成，中国经历了一个随着国内发展及需要而逐渐适应、逐步深化的过程。自 20 世纪 80 年代初开始，中国积极参与国际经济组织的活动并产生了积极的溢出效应，它不仅引进了新的观念，影响了中国的外交决策模式，还促进了中国对其他国际制度的参与。1992 年邓小平同志"南方谈话"昭示着中国全面参与国际制度时代的到来。自此，中国参与国际制度体现出全面性、战略性、长远性的基本特征，已经基本认可了当今国际体系中几乎所有重要的国际制度。

冷战结束以来，中国经济发展继续驶入快车道，在国际社会承担越来越重要的角色。随着中国的发展，中国承担国际责任的期望和能力在增加。1997 年 11 月，时任国家主席江泽民在哈佛大学发表演讲，强调在事关人类生存和发展的许多重大问题上中国与美国"有着广泛的共同利益，肩负着共同责任"。[①] 此后，中国领导人时常提及负责任大国的定位。例如，2006 年 3 月 4 日，温家宝总理向世界宣布，"中国已经成为一个负责任的国家"。[②] 2010 年 4 月 29 日，温家宝与欧盟委员会主席巴罗佐共同会见记者时表示，"中国一定会承担更多的国际责任，这不仅是国际社会的期待，也符合中国的利益"。[③] 党的十八大报告强调，"以更加积极的姿态参与国际事务，发挥负责任大国作用，共同应对全球性挑战"。党的十九大报告强调，"中国将继续发挥负责任大国作用，积极参与全球治理体系改革和建设，不断贡献中国智慧和力量"。

负责任大国的定位意味着，中国的国家定位发生了巨大的变化，以主权为中心的、独立自主大国的传统定位与负责任大国的新定位相连，而国家行为越来越受到国际制度的调节，中国自视为国际制度的积极而负责任的参与者，进一步塑造负责任大国形象，积极提供全球

---

① 《江泽民文选》（第 2 卷），人民出版社 2006 年版，第 64 页。
② 《温家宝总理在十届全国人大四次会议记者招待会上答记者问》，《光明日报》2006 年 3 月 15 日第 1 版。
③ "温家宝：中国一定会承担更多国际责任"，http://news.xinhuanet.com/2010-04/29/c_1264446.html。

性和地区性公共物品。

其间，国际社会尤其是西方国家要求中国承担更大责任的呼声成为一种国际压力。"中国责任论"成为美国等西方国家要求中国角色转变的战略话语。华裔学者黄靖认为，西方国家要求中国承担的国际责任主要体现在三个层面：一是经济和物质上的责任，要求中国在国际事务上更多地出钱出力；二是开放金融市场方面的责任，要求中国政府必须放弃对金融市场的控制，让外国企业进入中国金融市场；三是道义上的责任，要求中国逐步按照西方的价值理念和博弈规则来出牌。[①] 中国是一个正在崛起的大国，又是唯一的社会主义大国，这两点又决定中国在承担国际责任时需要格外谨慎。正在崛起的大国在承担国际责任时，很容易被其他大国作负面的解读，"责任论"与"威胁论"往往相伴而生。社会主义大国的身份更容易遭到西方大国的敌视。与此同时，国内对中国"负责任大国"的定位也有着不少的误读，提出了认知上的阴谋论、能力上的不足论、国内问题中心论等。

当代中国的前途命运日益紧密地同世界前途命运联系在一起，中国的发展离不开世界，世界的发展也需要中国，中国对国际社会自有担当。主动承担适度的国际责任，对于中国这样一个成长中大国而言具有积极意义。这不仅是因为中国有条件、有责任对人类做更多更大的贡献，不仅仅因为全球治理时代要求所有大国共克时艰、应对各种全球性危机，更是因为负责任态度有助于提升国际形象。中国坚持追求"负责任大国"的国家定位，其理念建构具体体现在新安全观、互利共赢、国际关系民主化、和谐世界、和平发展道路的提出上；在实践上，中国加强国际社会的建设性参与，在国际事务的处理上强调分享、共荣、双赢，避免零和，积极提供全球和地区性公共物品，向发展中国家提供力所能及的援助，增加对国际组织的物质投入，从受援国转变为积极的对外援助国，积极参与国际安全维护。与大国责任

[①] 黄靖：《西方热炒中国模式疑为捧杀中国》，《广州日报》2010年1月24日第10版。

意识相联系的是，是中国积极参与意识的进一步展现。可以说，在中国，国家理性已经生根，而开放主义和参与意识不可阻遏。

面向未来，中国将冷静判断自己的国际地位，积极承担国际责任，理性扩大国际责任，推进与各国共同利益，在国际事务中把握好能力与责任的平衡，并积极要求增加相对应的国际权利。在与其他国家共同促进国际合作的同时，中国还要继续强调以确认国内建设为核心的战略布局，促进国家的平衡性发展。

五 战略定位：具有重大世界影响的亚太大国

亨利·基辛格（Henry S. Kissinger）认为，每一个世纪都会出现拥有实力、意志、智慧和道德原动力，希图按照自己的价值观重塑整个国际体系的国家，这几乎是一个自然定律。[①] 很多中外精英都倾向于认为，21世纪的中国当如此，美国战略界提出的"中美两国论"（G-2）堪为表征。

中国历史上从来就是一个大国，即使在衰败的清季，中国也未曾丧失大国地位。就像拿破仑所言，中国是一头睡狮，"一旦中国醒来，她将使整个世界为之震撼"。[②] 1978年改革开放以来，中国的国家实力及其国际影响力一直处于上升态势，中国崛起成为国际社会公认的现实，中国的世界定位成为国际社会判断中国战略走向的重要因素。多数战略分析家认为中国成为世界大国只是时间问题。1997年亚洲金融危机爆发以来，中国积极承担国际责任，中国的大国作用受到国际社会更多关注。2006年以来，世界热炒"中美两国论"，中国开始被视为世界大国，尤其是2010年中国GDP规模超过日本位居世界第二，使得这一话题持续发酵。关于中国世界定位的争论，主要集中于中国属于何等大国上，目前主要有东亚大国、具有世界影响力的亚太

[①] Henry Kissinger, *Diplomacy*, New York: Simon & Schuster, 1994, p. 17.

[②] R. P. Khanua, "Impact of China's Ambition to be a Regional Power", *Asian Defense Journal*, Vol. 6, No. 9, August 1999.

大国、世界大国等几种判断。

关于大国的基本标准,中国古人曾有探讨和判定。例如,战国纵横家张仪指出,"秦地半天下,兵敌四国,被山带河,四塞以为固。虎贲之士百余万,车千乘,骑万匹,粟如山积。法令既明,士卒安难乐死。主严以明,将知以武。虽无出兵甲,席卷常山之险,折天下之脊,天下后服者先亡"。① 以上剖析指出了当时对大国标准的理解:幅员辽阔(地半天下)、具有抗衡其他国家联合起来的实力(兵敌四国)、地势稳固(四塞以为固)、军事力量强大、经济实力雄厚、国内政治清明、制度先进(法令既明,主严以明,将知以武)、具有巨大的威慑力(天下后服者先亡)等。关于世界大国的衡量标准,学术界多有涉及。德国历史学家兰克(Leopold von Ranke)指出,一个世界大国"必须能够抗击所有其他大国而不败亡,即使在后者联合起来的情况下"。② 时殷弘认为,大国在某区域内或世界范围内有较广泛的国外政治、经济和战略利益,拥有足够的综合国力,平时能够有效地维护这些利益,战时则能够或通常能够抵御至少其他两个区域性或世界性大国的联合力量,一般来说被别国认为有权利处理本区域或世界范围内所有重大国际问题和足以影响其他多国安全的国内问题,通常与本区域内和世界上其他大国有起码的共同利益、共同国际价值观念、共同规范和共同国际运作机制,从而被视为大国共同体的一员。大国具有参与处理本区域内所有重大国际问题的公认权利,拥有实力、广泛参与区域或世界范围内的国际事务并在这些事务上同其他大国有足够的协调与协作。③ 国家税务总局局长王军曾指出,世界强国应具备以下特征:(1)国家实力强,与同一历史阶段的其他国家相比,经济更为发达、军事力量更为强大、文化更为昌明、疆域更为广阔;(2)对外辐射广,其经济、政治、军事、文化等方面对外扩

---

① 《战国策·楚策一》。
② Leopold von Ranke, *The Theory and Practice of History*, Indianapolis: Bobbs-Merrill, 1973, p. 86.
③ 时殷弘:《关于中国的大国地位及其形象的思考》,《国际经济评论》1999年第9—10期。

第三讲 国家定位与中国大战略的框架

张和辐射,能够深刻改变时代面貌,强有力地影响乃至左右世界文明的进程;(3)历史影响远,其影响并不局限于某时某地,而是跨越时空、源远流长。① 迈克尔·奥克森博格(Michael Oksenberg)等指出,世界大国的基本条件是经济发展处于世界前列,军事实力处于领先地位,文化宣传影响全球,具有世界性的政治影响力。② 布热津斯基指出,世界大国"意味着真正在全球军事能力方面占有绝对优势、重大的国际金融和经济影响力、明显的技术领先地位和有吸引力的社会生活方式——所有这些必须结合在一起,才有可能形成世界范围的政治影响力。"③

对照这些参照条件,我们认为,有史以来,中国就是东亚地区乃至亚洲的大国,天下思想、朝贡体系代表着中国曾有的历史辉煌。当然,中国从来未成为世界大国,因为19世纪之前并不存在世界大国,只有地区大国,真正的世界大国是在19世纪后的群雄逐鹿中造就的,而欧洲大国的崛起与中国的衰落恰成鲜明的对照。中华人民共和国的成立制止了中国国际地位下降的百余年趋势,迅速确立了政治大国、军事大国的地位。1978年改革开放以来,中国的经济地位迅速攀升,国家总体实力不断增强。随着中国国家实力的上升,中国更加关注海洋利益,国际影响力延伸至整个亚太地区,全球影响力迅速上升。当前,亚太地区的所有重大事务,没有中国的积极参与则难以获得满意的结果。中国具备成为世界大国的诸多条件:从资源角度看,中国国土面积居世界第三位,人口居世界第一位,中国是名副其实的资源大国;从政治影响力看,中国是联合国安理会常任理事国,在国际货币基金组织、二十国集团等国际组织中影响力巨大,是名副其实的政治大国;从经济、贸易、对外投资等角度看,中国是名副其实的世界强国;从军事力量上看,中国堪称大国,国防开支和军事现代化更是举

---

① 王军:《江山代有强国出——世界强国兴盛之路探析及其对中国发展的启示》,《经济研究参考》2003年第49期。
② Yoichi Funabashi, Michael Oksenberg, Heinrich Weiss, *An Emerging China in a World of Interdependence*, New York: The Trilateral Commission, 1994, p. 2.
③ 布热津斯基:《如何与中国共处》,《战略与管理》2000年第3期。

世瞩目。但是，中国人均资源短缺、经济发展不平衡、文化价值观影响力有限、是典型的军事防御型国家，尚缺乏足够的海外利益和被国际社会所公认的世界性特权。因此，中国的战略定位是具有世界性影响的亚太大国，这一定位以地区性为基点，兼具世界性的特征。

中国地处传统地缘政治意义上的亚洲的中心位置，是东方国家的代表。随着同周边国家经济相互依存度的日益加深，中国已成为亚太地区的地缘经济中心，在本地区经济发展中的领袖作用超过美国和日本。近年来，中国根据自己的国家实力和战略安排，将地区亚洲腹地的东亚视为承担大国责任的首要地区，并随着其利益边疆的延伸，将战略触角扩展至全球。和平稳定的地区环境是中国现代化建设的首要前提条件，中国将东亚及周边视为合作的重心，继续追求并适当扩大全球责任。

这一定位受到国际国内的挑战。其国内挑战主要体现在民族主义冲动和成熟大国心态的缺乏。成熟大国心态的基本标志是：清晰界定国家利益边界；冷静对待批评，对所涉问题能够展开坦率的讨论；关注其他国家对核心利益的关切，从长远角度看待国家利益。坦率地讲，这样的成熟大国心态在中国尚未形成，这将在总体上影响中国的国家定位。其国际挑战主要体现在对既有大国对亚太利益的争夺及对中国世界大国走向的担忧与遏制，尤其是美国重返东亚和日本等国家加强与美国战略协同的趋向。此外，中国周边从西北部中亚经由南亚、东南亚、南中国海到朝鲜半岛，呈现出一个 U 字形的环状动荡带，这是当前中国面临的主要安全难题。中国将周边地区视为区域合作的重心，其战略作为主要体现在稳定周边的努力上，即重新确认东亚在中国战略中的核心地位，致力于将东亚打造成中国的战略依托地带，将中国界定为亚洲大国和海洋国家，从海陆两条战线扩展中国的海外利益。

六 战略设计：建构中国国家战略体系

伴随着崛起，中国全面融入国际体系，其战略力量正以和平方式向国际体系投放和辐射。2008 年国际金融危机爆发以来，中国日益被推向世界舞台的中心,世界各大国对中国崛起的不适应再度兴起,担心、疑虑乃至恐惧正在以各种方式表现出来。巴里·布赞(Barry Buzan)指出,无论是从现实主义、自由主义还是英国学派的视角,都有为中国崛起担忧的理由。[①] 目前,中国正处于从地区性大国迈向全球性大国,进而从全球性大国迈向全球性强国的征程之中,国家战略利益在迅速向全球拓展,国际社会对其关注乃至渗透愈加深入,加上国内全面转型亦在加速,国内和国际因素的互动增强,国际环境更趋复杂、国家利益不断拓展和维护国家利益的能力相对薄弱构成了中国战略谋划的结构性矛盾,中国国家战略的复杂性凸显,在此意义上,构建国家战略体系变得至为关键。

在经济全球化和地区一体化并行不悖的世界情势下,科学完备的国家战略体系以国家战略与国际战略相互协调为基点,至少应包括国家战略、全球战略和地区战略等相辅相成的三个层面。国家战略是国家战略体系的基础。国家战略以基本国情为基础,以完善国内战略布局为核心目标。国家战略以富民强国为基本追求,其基本含义是基于民本思想,为国民谋福利;确保国家战略资源和综合国力的增强,完善现代国家制度建设,以政治清明、社会和谐、法制完备、文化繁荣、生态平衡为目标指向。

全球战略反映国家战略体系的宏观视野。全球化一种不可逆转的世界发展趋势,在给世界带来巨大发展机遇的同时,也给各国经济和社会安全带来挑战。但是,任何国家要发展,必须抓住经济全球化所提供的机遇,我们没有任何可能不接受这柄"双刃剑"。各国均需根据国情和国家利益需要,制定适宜的全球战略,抓住全球提供的发展机遇,参与和分享全球化的红利,同时防范其风险。与此同时,全球化正在催生全球治理,以通过有约束力的国际机制解决全球性的生态、人权、移民、毒品、走私、传染病等问题。全球治理是国际社会的一种实际需要,是抗衡霸权主义和强权的现实选择,倡导一种民主

---

① Barry Buzan, "China in International Society: 'Peaceful Rise' Possible?", *The Chinese Journal of International Politics*, 2009.

的、公正的、透明的和平等的全球治理，是国际社会的道义力量所在。[①] 一个国家的全球战略以参与、分享为基本诉求，同时积极承担国际责任和义务。

地区战略是国家战略体系的地缘依托。从历史的角度看，没有一个真正的世界大国不是先从自己所在的地区事务中逐渐占主导地位而发展起来的。传统而言，大国地区战略以国家实力为基础，以获取地区主导地位为目标，而在经济全球化和地区一体化并行不悖的趋势之下，大国的地区战略路径转而追求地区共同利益，将开放地区主义作为战略工具，将地区制度建设作为地区合作的主脉络，将地区秩序建设作为地区合作的愿景。

建构科学完备的国家战略体系，其基本原则就是"天时、地利、人和"。目前中国最大的"天时"就是经济全球化，中国正在融入国际体系，成为国际制度的积极参与者、建设性完善者，成为世界重大发展问题的倡议者、合作者；中国最大的"地利"就是东亚一体化，中国成为地区一体化的主要推动者；中国最大的"人和"就是和谐社会建设，以实现人与自然的和谐、国内社会和谐、对外和平发展、和谐世界的建设。孟子曰："天时不如地利，地利不如人和。"其基本含义与国家战略体系的基本构架不谋而合，即国家战略是基础、地区战略是依托、全球战略是支撑。

七 战略走向：中国大战略的主导理念

以中国国家战略体系的建构和完善为依托，中国开始实施积极参与、稳健有为的大战略，这一大战略以积极参与为底色，以融入国际社会、变革自身和影响进而塑造世界为支柱。这具体包括：第一，在经济战略上，积极参与经济全球化，争取成为东亚经济的主导性力量，成为世界经济的主要发动机，以中国的经济持续发展推动世界经济，大力拓展经济战略利益，确保经济发展作为中国全面崛起的核

[①] 俞可平：《论全球化与国家主权》，《马克思主义与现实》2004 年第 1 期。

心。中国的经济战略目标不仅局限于为经济建设创造国际环境,拓展经济利益,还需要加强塑造能力,锤炼议程创设和实施能力,以经济战略的成就促进国际战略的整体成熟。第二,在安全战略上,以总体安全观为战略基础,稳步推进国家安全,积极参与国际安全的维护,以维护并拓展中国的安全利益。第三,在文化战略上,在坚持文明多样性基础上,弘扬传统文化,加强对外文化交流,吸收人类文明的先进成果,促进普世性文化的认同,增强中国文化的国际影响力,并将文化作为中国崛起的坚实基础。

中国大战略的主导理念,以防御性现实主义(defensive realism)为核心。对任何国家而言,现实主义均是构建大战略的基本思考点。防御性现实主义强调安全合作和自我约束,关注国际制度的重要作用,同时也强调国家自卫的基本原则。鉴于此,以防御性现实主义为主导的大战略,强调了国家间合作的重要意义,同时强调了自我约束的基本趋向,为中国全面融入国际社会并发挥积极的建设性作用提供了理性指导。

中国大战略的主导理念,以经济主义(economism)为首务。所谓经济主义,既包含以经济建设为中心的国内战略安排,亦表明以经济为主要对外手段拓展国家战略利益的国际战略设计。中国应积极参与经济全球化,大力拓展经济战略利益,而经济手段可能是通过与国际社会交往获得双赢局面最重要的手段。

中国大战略的主导理念,以区域优先(regional primacy)为重点。作为兼具区域性和世界性特征的大国,中国应以东亚作为其崛起基准地带。中国有必要以东亚发展为核心,大力促进东亚一体化,创立有助于地区经济和进一步经济开放的地区性国际制度,为其他国家搭中国发展之便车提供机会。[①] 中国促动的东亚合作机制代表了中国大战略的新思路,即在自己利益攸关的地区培育和建立共同利益基础之上的平等、合作、互利、互助的地区秩序,在建设性的互动过程中消除

---

① David Kang, "Getting Asia Wrong: The Need for New Analytical Frameworks", *International Security*, Vol. 27, No. 4, Spring 2003.

长期积累起来的隔阂和积怨,探索并逐步确立国家间关系和国际关系的新准则。①

中国大战略的主导理念,以制度主义(institutionalism)为主要手段。将国际制度视为实现国家战略目标的手段,通过国际制度的参与、创设乃至主导实现融入国际社会和拓展国家战略利益,是中国既定的战略选择。在中国崛起的过程中,世界逐步建立起接纳新崛起大国的国际制度框架,这是中国得以全面融入国际社会的基础条件之一。国际关系的多元化并非没有秩序或杂乱无章,与向纵深发展的多元化进程相伴随的是制度一体化进程,② 在这个进程中,中国经历了从身处边缘、被动、消极参与到积极参与、主动建构,中国与国际制度的互动构成了一幅纵横交织、由淡至浓的画卷,而中国积极参与者、主动建构者的角色日渐突出,这既是中国积极融入国际社会的表现形式,也是中国崛起被国际社会接受的重要标志。

中国大战略的主导理念,以政策协调(policy coordination)为主要途径。冷战结束以来,国际社会进入转型时期,各大国均抓住有利机遇为实现自身战略目标而竞争,其突出特点是大国之间的合作与政策协调不断加强。③ 中国大战略的谋划,应强调大国政策协调的重要意义,避免非核心战略利益上的冲突,以合作的、建设性的姿态追求战略目标的实现。

中国大战略的主导理念,以国际形象建构(image buildup)为主要目标。塑造负责任、建设性、合作、可预期的国际形象对中国大战略目标的实现至关重要。加强国家间合作与协调,维护国际道义,维护国际法的基本原则,是树立大国道义形象的重要途径,也是中国国家利益扩展到全球的前提条件。

---

① Men Honghua, "East Asian Order Formation and Sino-Japanese Relations", *Indiana Journal of Global Legal Studies*, Vol. 17, No. 1, Winter 2010.
② 喻希来:《世界文明中的中国文化》,《战略与管理》2001年第1期。
③ [美]罗伯特·吉尔平:《国际关系政治经济学》,杨宇光等译,经济科学出版社1989年版,第405—411页。

八 中国大战略需要关注的几个重点

第一,加强国内战略与国际战略的相互协调。国内战略与国际战略相辅相成,而国际战略以国内战略的目标实现为依归。确保二者的相互协调,需要对外争取国际规则的制定权和诠释权,对内则关注利益冲突的协调,维护社会稳定,致力于塑造中国可持续发展的政策环境。具体地说,要强调将办好国内事情作为第一要务,中国的发展本质上是依靠本国力量,依靠自身改革来寻求和开发发展的动力,正确选择政治战略和发展战略,建立实力雄厚的经济,与以增强实力为核心的战略一脉相承;强调国内政治昌明、社会进步对实现国际战略目标的重要性,进一步促进国内发展的良好态势是实现国家战略目标的重要保证;避免将国内政治与国际战略割裂开来的传统做法,以国际社会的积极动力特别是国际资源、国际市场、国际资本、国际技术等促进中国的全面协调发展。

第二,以发展实力为战略核心。中国崛起的基础是实力崛起。乔治·莫德尔斯基(George Modelski)指出,世界大国首先是世界经济主导国,即经济规模大、富裕程度高,而且在技术革新条件下主导性产业部门旺盛,积极参与世界经济,是世界经济的增长中心。[1] 由于经济全球化自身的内在逻辑缺陷,中国正生活在一个人类从未经历过的发展与不稳定并存的时代。在这样的时代,人类发展逻辑的优先点应该是自我实力的增强。国家实力的增强,不仅源于国内市场的发展和培育,还源于全球化条件下战略资源的获得。中国不可能完全依赖国内资源支撑巨大经济规模并实现持续高速增长,满足10多亿人口日益增长的物质文化需求。这就决定了中国必须立足国内、面向世界,在更大范围内获取更多的国际资源、国际资本、国际市场和国际

---

[1] George Modelski, "The Long Cycle of Global Politics and the Nation-state", *Comparative Studies in Society and History*, 1998.

技术，实现全球范围内的资源优化配置。① 同样重要的是，国家实力的增强，不仅以硬实力的稳步上升为标示，也必须以软实力的增强为基础，中国需将提高软实力特别是民族文化的国际影响力作为增强国力的核心之一。中国多年来专注硬实力增长，部分忽视软实力提升，二者之间的不匹配已经在相当大程度上损伤了中国潜力的发挥。在国际层面上看，中国在吸引他国追随、改变对方立场，以及在国际事务中提出议题、设置议程、引导舆论等方面总体上处于弱势，尚未掌握国际话语权。软实力建设事关中国如何统筹国内国际两个大局，在国际、国内两个舞台上塑造、展示自己魅力的问题，它不仅要求中国把自己的优秀文化、发展模式和外交理念传播到世界上，争取他国理解和接受，而且更强调中国如何在社会主流价值观的塑造、政府治理能力的提高、公民社会的培育等领域进行富有吸引力的建设与创新，而后者更是基础性的关键议题。

第三，锤炼大国心态。中国能否调整和放弃"百年屈辱"的心态，以成熟的大国心态应对国际风云变幻，事关中国的未来。近年来，中国更加积极地应对外来压力，战略思路趋于明确，战略框架逐步搭建起来。《中国的和平发展》白皮书指出，在一个因联系密切变得"越来越小"的世界上，在利益格局变动剧烈的时期，国家之间的利益交汇、摩擦乃至冲突更加寻常，中国与外部世界的互动相应加强，中国致力于阐明自己的核心利益范围和发展取向。② 党的十八大报告指出，中国将继续高举和平、发展、合作、共赢的旗帜，坚定不移维护世界和平、促进共同发展，将始终不渝走和平发展道路、奉行独立自主的和平外交政策以及互利共赢的开放战略，坚持在和平共处五项原则基础上全面发展同各国的友好合作。可以说，中国成熟的大国心态正在确立。我们认为，成熟大国心态的基本标志是：清晰界定国家利益边界，维护核心利益坚定不移；冷静对待批评，对所涉问题

---

① 胡鞍钢主编：《全球化挑战中国》，北京大学出版社2002年版，第92—93页。
② 国务院新闻办公室："《中国的和平发展》白皮书"，2011年9月6日，http://politics.people.com.cn/GB/1026/15598619.html。

能够展开坦率的讨论；关注其他国家对核心利益的关切，从长远角度看待国家利益。坦率地讲，这样的成熟大国心态在中国尚未形成。

第四，根据战略目标发展国家间关系。首先，强调大国关系的关键性，中国崛起首先冲击的必将是现有世界大国的权力和利益分配，而这些大国也会见微知著，对此更为敏感。因此，中国必须与世界主要大国特别是处于霸权地位的美国建立战略关系，促使大国之间的协调、合作关系的常规化、制度化，积极参与既有的大国战略协调机制，确立中国与这些大国的战略利益之间的建设性关联。在大国关系中间，中国应加强纵横捭阖的外交能力，不仅要加强中美战略合作关系、中俄全面战略协作伙伴关系，推动中日和解的实现，也要进一步加强与欧盟（以及法国、德国等欧洲大国）的战略合作关系，同时要在大国之间确立战略平衡态势，以更好地服务于国际战略利益。[1] 其次，加强与周边国家的合作协调关系为中国地缘战略之首要目标，中国应确立在周边经济合作中的主导定位，以经济合作带动东亚一体化，进一步强调与周边合作之战略利益的长期性、长远性，将周边塑造为中国的经济战略带和战略纵深区域。再次，调整与发展中国家的关系，中国属于发展中国家的一员，与发展中国家的政治合作关系曾经也将继续是中国成为世界大国的重要保证。中国应采取积极措施加强南南合作，促进南北对话。同时，应进一步通过经济合作深化与发展中国家的关系，与发展中国家一道分享中国经济繁荣和改革开放的成果、经验，将共荣、共赢作为与发展中国家关系发展的重要目标。发展中国家仍然有其战略重要性，但是其重要性的内涵发生了变化，如果说历史上中国与发展中国家的关系更多地集中在获得政治支持方面，那么今天则具有更为广泛的意义，且经济合作的价值更加突出。当今世界格局的主要矛盾和特征是发达国家和发展中国家的互动，中国处于二者之间的结合部，堪称发达国家和发展中世界的桥梁。[2] 以

---

[1] 门洪华：《中国大国关系的历史演进（1949—2009）》，《江苏社会科学》2009 年第 6 期。

[2] 李稻葵：《富国、穷国和中国——全球治理与中国的责任》，《国际经济评论》2011 年第 4 期。

此为条件，中国的国际角色和国际行为将有更积极的担当，这在另一种意义上也表明了中国国家认同的进程性。最后，对世界上最为贫穷、濒于失败或处于失败境地的国家（failing or failed states）等提供更多的经济、外交或其他形式的援助，以此负担大国责任，并逐步实现国家战略利益拓展的目标，将利益触角延至全球。[①] 总体而言，随着中国全面参与国际事务，中国应进一步强调扩大同各方利益的汇合点，加强所在地区议程和全球议程的倡议能力，以此为基础同各国发展不同领域、不同层次的利益共同体，推动共同利益的实现，从而提升中国的国际影响力。

第五，加强对战略态势的跟踪评估。构建国家大战略目标的评估和调节体系，评估战略态势的指标包括战略能力、战略意愿、战略目标等几个主要部分，其中战略能力是由国家实力、国家战略观念和国际制度的参与等因素整合而成的，而战略意愿既反映了一个国家的战略谋划水平，也代表着该国所持有的战略姿态。战略态势反映了一个国家大战略的基本表现及其引致的战略效应，是衡量战略谋划精当与否的基本条件，国家应根据战略态势变化调整其战略布局及战略实施。构筑良好的战略态势，要强调在既有国家战略资源的基础之上，加强国家的基本战略能力；要加强国家的战略意愿，体现更加积极、稳健和建设性的战略姿态；鉴于国家战略目标是多元的，应集中于核心目标的实现，同时强调忧患意识、居安思危的必要性。

[①] 门洪华：《应对国家失败的补救措施——兼论中美安全合作的战略性》，《美国研究》2004年第1期。

第四讲 百年变局与中国外交创新

中华人民共和国成立70余年来,在中国共产党的坚强领导下,中国走上从站起来到富起来、强起来的民族复兴伟大征程,取得了举世瞩目的辉煌成就。其间,中国—世界关系发生翻天覆地的变化,外交发挥着保驾护航、全球开拓的关键性作用,服务于中国巩固独立、融入国际社会到引领时代潮流的历史转变,为民族复兴、世界和平发展做出了重大贡献。

中国外交筚路蓝缕,在统筹国内国际两个大局的战略视野之中,捍卫和拓展国家利益,争取和维护世界和平,促进共同发展和共享繁荣,塑造有利于和平发展的国际环境,为中国崛起保驾护航,走出了一条有中国特色大国外交的辉煌之路。中国外交着眼于思想理论和实践创新,实现了从专注国家利益维护到推动国家利益全球拓展、构建人类命运共同体的使命创新,实现了从游离于经济全球化之外到全面融入国际社会、进而发挥引领性作用的身份转变,实现了从国际体系的革命者、国际公共产品的消费者到全球合作的引领者、国际公共产品的重要提供者的角色转变,推动中国机遇、中国贡献、中国时代成为全球共识,中国外交为举世所瞩目。[①] 党的十八大以来,中国致力于为世界提供促进和平发展、构建人类命运共同体的思想、理念和文化,为世界发展提供新动能,推动全球可持续发展,为和平发展提供

[①] 章百家:《新中国成长历程中外交观念的变迁——从革命的、民族的视角到发展的、全球的视野》,《冷战国际史研究辑刊》2017年冬季卷(第24期);王亚军:《改革开放四十年与新时代中国外交》,《中国井冈山干部学院学报》2019年第1期;郑立樵:《新中国外交70年:成就与启示》,《学习时报》2019年8月2日第2版。

公共产品，以中国智慧、中国方案推动构建平等、包容与合作的国际新关系和新秩序，[①] 中国成为牵动世界变革的核心力量之一，并位移到世界变革的中心，中国外交迎来全球拓展的新时代。

冷战结束是世界迎来"百年未有之大变局"之兆，世界迎来大发展与大动荡并存的时代。进入21世纪，世界格局发生根本性变革，其重要标志就是2008年欧美债务危机引致的全球震荡，以及2009年二十国集团（G20）成为全球经济合作治理的主要平台，中国致力于在国际事务中发挥举足轻重的作用，扮演着发展中世界与发达国家之间桥梁与纽带的新角色。2009年，国际形势发生了自冷战结束以来最为深刻复杂的变化。[②] 以国际金融危机应对为开端，世界酝酿着疾风暴雨，大国关系波折丛生，中国周边亦进入多事之秋，促使中国进入战略调整新阶段，中国外交迎来开拓创新的十年。尤其是党的十八大以来，以习近平同志为核心的党中央总揽全局、科学决策，准确把握国际国内环境的深刻变化，提出了一系列治国理政新理念新思想新战略新举措，大力推进中国国家治理体系和治理能力现代化建设，引领中国全面融入国际社会并发挥更大的国际影响力，开启中国特色社会主义建设新时代，形成了习近平新时代中国特色社会主义思想，为全球开拓、推动形成全面开放格局指明了方向，推动中国特色大国外交进入全面创新时代。

一　百年变局与中国外交创新

据张蕴岭考证，2017年12月28日习近平主席在驻外使节工作会议上第一次公开提及"百年未有之大变局"的问题。[③] 变局是世界之常态，而习近平总书记"百年未有之大变局"的战略判断则具有特

[①] 张蕴岭：《中国对外关系40年：回顾与展望》，《世界经济与政治》2018年第1期；门洪华：《十八大以来中国国际战略布局的展开》，《社会科学》2017年第8期。
[②] 杨洁篪：《大变革大调整大发展——2009年的国际形势和中国外交》，《求是》2010年第1期。
[③] 张蕴岭：《百年大变局：变什么（上）》，《世界知识》2019年第12期。

定含义。冷战结束以来，我们长期秉持和平与发展的主题判断，强调世界发生深刻变化、处于大变革大调整之中，密切关注全球变革对中国发展的影响，并以此为基础调整外交战略布局。党的十八大报告强调"当今世界正在发生深刻复杂变化"，党的十九大报告全面论述"世界正处于大发展大变革大调整时期"。习近平总书记站在人类历史演进的高度，深刻把握时代风云，做出了"百年未有之大变局"的战略判断。① 他在2018年6月中央外事工作会议上提出，"当前，我国处在近代以来最好的发展时期，世界处于百年未有之大变局，……"② 当今世界是一个变革的世界，是一个新机遇新挑战层出不穷的世界，是一个国际体系和国际秩序深度调整的世界，是一个国际力量对比深刻变化并朝着有利于和平与发展方向变化的世界。他在2018年11月亚太经合组织工商领导人峰会上强调，"当今世界的变局百年未有，变革会催生新的机遇，但变革过程往往充满着风险挑战，人类又一次站在了十字路口"。③ 在2018年年底召开的中央经济工作会议上，他进一步强调，世界面临百年未有之大变局，变局中危和机同生并存，这给中华民族伟大复兴带来重大机遇。④

百年变局的到来，与冷战结束以来的国际风云变幻密切相关，与大国兴衰、发展中大国群体性崛起密切相关，与2008年国际金融危机催生的西方蜕变密切相关，与新一轮科技革命加速重塑世界密切相关。有的专家认为，百年变局的短期动因是特朗普执政以来的特立独行和美国国内政治驱使，中期动因是国际金融危机十年后的盘点清算，长期动因是冷战结束30年来世界经济与政治的演进变化，根本动因是经济全球化和世界多极化等时代潮流的涤荡。⑤ 现在

---

① 王毅：《坚持以习近平外交思想为指引　谱写中国特色大国外交新篇章》，《时事报告（党委中心组学习）》2019年第1期。
② 习近平：《坚持以新时代中国特色社会主义外交思想为指导　努力开创中国特色大国外交新局面》，《人民日报》2018年6月24日第1版。
③ 习近平：《同舟共济创造美好未来——在亚太经合组织工商领导人峰会上的主旨演讲》，《人民日报》2018年11月18日第2版。
④ 《中央经济工作会议在北京举行》，《人民日报》2018年12月22日第1版。
⑤ 裘援平：《世界变局中的突出矛盾》，《现代国际关系》2019年第2期。

的变局是从西方中心到非西方中心，或者是西方中心和非西方并列的大变局，目前正处于全球化发展调整期、世界权力结构转移期和科学革命发展孕育期叠加出现的阶段，这个变局刚刚开始，还要很长时间才能完成。①

我们尚处于百年变局前期，国际体系变革接近临界点，世界经济前行站在十字路口，各国出现诸多分歧、迷茫和忧虑。中国顺应时代发展的潮流，积极推动构建新型国际关系和人类命运共同体，推动全球治理体系朝着更加公正合理的方向发展，成为世界乱象中的中流砥柱。② 尽管挑战亦前所未有，但百年变局确实为中国提供了重大的历史机遇，而中国外交从未变得如此重要。

习近平主席在纪念马克思诞辰 200 周年大会上讲话指出，"我们要站在世界历史的高度审视当今世界发展趋势和面临的重大问题，坚持和平发展道路，坚持独立自主的和平外交政策，坚持互利共赢的开放战略，不断拓展同世界各国的合作，积极参与全球治理，在更多领域、更高层面上实现合作共赢、共同发展，不依附别人、更不掠夺别人，同各国人民一道努力构建人类命运共同体，把世界建设得更加美好"。③ 面对百年变局，中国秉持战略定力，拓展战略远见，深化战略运筹，实现战略创新，积极把握和创造战略机遇期，构建以融入—变革—塑造为核心的和平发展战略框架，致力于丰富和平发展、规划崛起之后，推动中国在国际舞台上发挥更为积极、建设性的作用。习近平总书记创造性地提出人类命运共同体、新型国际关系、正确义利观等引领世界发展潮流的新理念和新思想，并积极运筹战略布局，推动"一带一路"倡议的深入实施，在世界经济治理、国际金融秩序、全球基础设施建设和东亚全面合作等领域积极作为。中国外交思想理论和实践创新体现了鲜明的中国特色和普适性价值，是中国特色社会主义建设新时代的外交行动指南，对人类和平发展产生着深远的影响。

---

① 黄仁伟：《如何认识百年未有之大变局》，《东亚评论》2019 年第 1 辑。
② 王毅：《2018 中国外交：乘风破浪 砥砺前行》，《国际问题研究》2019 年第 1 期。
③ 《习近平在纪念马克思诞辰 200 周年大会上的讲话》，《人民日报》2018 年 5 月 4 日第 1 版。

二　中国外交理论的创新与发展

在 70 余年中国外交的辉煌中，以独立自主和平外交为底色的思想理论创新扮演着路线图的关键性作用。尤其是进入 21 世纪，成为举世瞩目崛起大国的中国面临着全新的战略机遇与纷繁复杂的挑战，在继承以往的基础上实现思想理论的与时俱进势在必然。和平发展的道路选择、互利共赢的开放战略、和谐世界的积极倡导、负责任大国的战略定位等中国外交思想创新，为中国特色大国外交局面的开篇奠定了基础。① 自身实力变化和国际形势转型堪称关键性推动因素，尤其是 2008 年国际金融危机引致的世界变局为中国外交思想理论创新提供了外在压力和动力，中国特色大国外交思想理论开始酝酿。党的十八大以来，习近平总书记牢牢把握中国和世界发展大势，深刻思考人类前途命运，提出了一系列富有中国特色、体现时代精神、引领人类发展进步潮流的新理念新主张新倡议，积极推进外交思想理论创新，形成了习近平新时代中国特色社会主义外交思想。其核心内容是：坚持以维护党中央权威为统领加强党对对外工作的集中统一领导；坚持以实现中华民族伟大复兴为使命推进中国特色大国外交；坚持以维护世界和平、促进共同发展为宗旨推动构建人类命运共同体；坚持以中国特色社会主义为根本增强战略自信；坚持以共商共建共享为原则推动"一带一路"建设；坚持以相互尊重、合作共赢为基础走和平发展道路；坚持以深化外交布局为依托打造全球伙伴关系；坚持以公平正义为理念引领全球治理体系改革；坚持以国家核心利益为底线维护国家主权、安全、发展利益；坚持以对外工作优良传统和时代特征相结合为方向塑造中国外交独特风范。② 2018 年 6 月召开的中央外事工作会议，确立了习近平外交思想的指导地位。

---

① 杨洁篪：《伟大的创新　丰硕的成果——十年来我国外交工作的回顾与展望》，《求是》2012 年第 20 期。

② 《习近平外交思想是新时代中国特色大国外交的根本遵循和行动指南——论贯彻落实中央外事工作会议精神》，《人民日报》2018 年 6 月 24 日第 1 版。

应对百年变局的中国外交思想理论创新，体现在统筹国内国际两个大局的战略高度上。改革开放以来，中国统筹两个大局，渐进而坚定地融入国际社会，济40余年改革开放之功，积极回答"建设中国特色的社会主义"这一重大命题，促成两个大局相互借助、相互配合、良性互动的形态，利用两个市场、两种资源，推动互利共赢、共同发展，成功开辟了和平发展的社会主义新道路。[1] 进入21世纪第二个十年以来，中国从一超多强的格局中脱颖而出，在世界上的影响力不断提高，世界大多数国家期待从中国发展中受益，与中国共享发展与繁荣。当前，全球经济治理的变革为中国参与国际规则的制定提供了难得机遇，为中国海外利益的拓展等提供了难得的机会，中国迎来与世界共同发展的新契机。习近平总书记指出，"我国同国际社会的互联互动也已变得空前紧密，我国对世界的依靠、对国际事务的参与在不断加深，世界对我国的依靠、对我国的影响也在不断加深。我们观察和规划改革发展，必须统筹考虑和综合运用国际国内两个市场、国际国内两种资源、国际国内两类规则"。[2] 他强调，"加强战略思维，增强战略定力，更好统筹国内国际两个大局，坚持开放的发展、合作的发展、共赢的发展，通过争取和平国际环境发展自己，又以自身发展维护和促进世界和平，不断提高我国综合国力，不断让广大人民群众享受到和平发展带来的利益，不断夯实走和平发展道路的物质基础和社会基础"。[3] 统筹两个大局，积极塑造战略机遇，是当代中国外交的战略基准。对全球变局与中国和平发展关系的辩证认识，深化了中国统筹两个大局的思想，进而推动中国确立了以发展为导向的国际合作思想。

应对百年变局的中国外交思想理论创新，体现在聚焦自身发展的战略基础上。进入21世纪，中国外交战略开始由主要为自己的发展

---

[1] 门洪华：《两个大局视角下的中国国家认同变迁（1982—2012年）》，《中国社会科学》2013年第9期。
[2] 《习近平谈治国理政》（第二卷），外文出版社2017年版，第442—443页。
[3] 习近平：《更好统筹国内国际两个大局 夯实走和平发展道路的基础》，《人民日报》2013年1月30日第1版。

利益服务的和平环境战略转向与世界谋求共同发展与安全的战略，和平发展道路宣示了中国不同于传统大国崛起的路径与模式选择。面对世界变局，中国领导人立足国情、世情，预防可能出现的"中等收入陷阱"风险和"修昔底德陷阱"风险而进行战略判断和积极筹划。尽管2010年以来中国一直保持世界第二大经济体且其国际影响力持续增强，中国特色社会主义建设取得了巨大的阶段性成功，但中国深刻认识到大而不强的底色仍在，强调客观冷静地评估中国的国家实力和国际影响力，认识到经济强国并不等同于世界大国，唯有坚持和平发展道路，聚焦自身发展，以和平方式投射其影响力，积极承担国际责任。面对百年变局，中国强调首先做好自己，以中华民族伟大复兴的"中国梦"引领战略布局创新，提出全面深化改革目标是完善和发展中国特色社会主义制度、推进国家治理体系和治理能力现代化，[①]进一步夯实中国和平发展的国内基础，形成以实现中华民族伟大复兴为主题，以坚持中国特色社会主义与和平发展道路为主线的国家发展战略布局，统筹推进"五位一体"总体布局，协调推进"四个全面"战略布局。

应对百年变局的中国外交思想理论创新，体现在夯实地区重心的战略支撑上。地区合作与竞争是中国外交密切关注的战略重心。从历史的角度看，没有一个真正的世界大国不是先从自己所在的地区事务中逐渐占主导地位而发展起来的。传统而言，大国地区战略以国家实力为基础，以获取地区主导地位为目标，而在经济全球化与地区一体化并行不悖的趋势之下，大国地区战略路径转而追求地区共同利益，将开放地区主义作为战略工具，将地区制度建设作为地区合作的主脉络，将地区秩序建设作为地区合作的愿景。[②] 中国深刻认识到东亚是中国政治、安全、经济利益集中的地区，深刻认识到发展同周边国家关系的重要意义，坚持与邻为善、以邻为伴，坚持睦邻、安邻、富邻，

[①] 习近平：《在庆祝改革开放40周年大会上的讲话》，人民出版社2018年版，第8页。
[②] 门洪华：《中国国家战略体系的建构》，《教学与研究》2008年第5期。

突出体现亲、诚、惠、容的理念。① 亲、诚、惠、容堪称重塑中国周边关系的"四字箴言",表明中国致力于编织周边伙伴关系网络,发展睦邻友好、守望相助的周边关系。以此为思想指引,中国提出打造中国—东盟自由贸易区升级版、建立亚洲基础设施投资银行(AIIB)、建设"一带一路"等重大倡议,大力提升与周边国家的战略合作关系。

应对百年变局的中国外交思想理论创新,体现在密切关注全球的战略广度上。习近平总书记创造性提出人类命运共同体、新型国际关系、正确义利观等外交思想理念,展现出复兴的世界理想和宽广的全球视野。"大道之行也,天下为公。"构建人类命运共同体,是党中央在洞察国际形势和世界格局演变大趋势的基础上,对人类社会发展进步大潮流的前瞻性思考,② 是我国"五位一体"总体布局在国际层面的延伸,与塑造新型国际关系的主张一脉相承、互为补充,体现了统筹两个大局的哲学思考和战略高度。习近平总书记对人类命运共同体的深刻论述,既展现了中国特色大国外交的进取路径和发展愿景,又体现了中国特色大国外交哲学层面的思想深度和未来志向。可以说,人类命运共同体是新时代中国外交的一面旗帜,回答了人类社会向何处去这一时代之问;③ 新型国际关系是实现人类命运共同体的实践路径,为构建人类命运共同体打开道路、积累条件;而正确义利观突出强调有原则、讲情谊、讲道义,是实现新型国际关系的道义保障,也是构建人类命运共同体的现实前提。

应对百年变局的中国外交思想理论创新,体现在推进中国特色国际合作理论的战略深度上。世界和平发展的未来,系于国际合作一途。融通世界机遇与中国机遇,走互利共赢之路,是新时代中国和平发展道路所秉持的基本理念,④ 也是中国推动国际合作深化的重要出发点。共建"一带一路",深刻体现了中国国际合作理论的新发展,尤其是以发展为导向的战略选择。习近平总书记倡导和平合作、开放

---

① 《习近平谈治国理政》(第一卷),外文出版社2018年版,第297页。
② 王毅:《中国特色大国外交的全面推进之年》,《国际问题研究》2016年第1期。
③ 郑泽光:《新时代的中国特色大国外交》,《国际问题研究》2018年第3期。
④ 陈少铭:《新时代的新外交》,《中共党史研究》2018年第7期。

包容、互学互鉴、互利共赢为核心的丝路精神，倡导和落实共商共建共享原则，呼吁由各方平等协商、责任共担、共同受益，欢迎所有感兴趣的国家都参与共建"一带一路"。"一带一路"建设要以我国发展为契机，让更多人的国家搭上我国发展的"快车"，帮助他们实现发展目标；我们要打造开放型合作平台，维护和发展开放型世界经济，共同创造有利于开放发展的环境。① 概括而言，合作主义是中国既定的战略路径。中国国际合作理论的主线是，以变革自身为基础，以融入国际社会为路径，以渐进为核心方式，以内外兼修推动国际合作的展开与深入。中国国际合作理论以命运共同体为指向、以共同利益为前提、以共赢为目标、以积极承担大国责任为重要条件。中国深刻认识到中国崛起的全球震动，申明走和平发展道路的坚定意愿，提出欢迎其他国家搭乘中国发展列车的倡议，推动与世界各国发展友好合作关系，强调合作者的地位平等，并致力于分享发展红利，适当让渡非战略性利益，积极承担大国责任。

三　中国外交实践创新的体现

面对百年变局，中国外交大胆探索，加强能动性和主动性，推动向奋发有为战略的转型。② 正如王毅指出的，"这几年中国外交最鲜明的一个特点就是主动进取，积极作为……以更加积极的姿态参与国际事务，为维护世界和平、促进共同发展提出中国方案，贡献中国智慧，发挥中国作用"。③ 在实践上，中国外交加强谋篇布局，突出工作重点，既多点开花又精准发力，发挥综合积极效应，④ 创造出丰富多彩的局面。

---

① 《习近平谈治国理政》（第二卷），外文出版社2017年版，第501、512页。
② 朱锋、武海宝：《改革开放40年中国外交战略的两大转型及其内在逻辑》，《理论与评论》2013年第6期。
③ 王毅：《党的十八大以来中国外交的新成就新经验》，《党建研究》2017年第6期。
④ 习近平：《坚持以新时代中国特色社会主义外交思想为指导努力开创中国特色大国外交新局面》，《人民日报》2018年6月24日第1版。

第一，中国外交实践创新体现在，走开放发展之路，夯实通过全面开放实现国家实力和国际影响力的双提升。开放是国家和平发展的必由之路。中国坚定不移奉行互利共赢的开放战略，积极推进放宽市场准入等重大举措，发展开放型经济。习近平总书记提出要"实现更大范围、更宽领域、更深层次上全面提高开放型经济水平"。[1] 党的十八届三中全会通过的《中共中央关于全面深化改革若干重大问题的决定》强调，实施新一轮的高水平对外开放、构建全方位的对外开放的格局、培育参与和引领国际经济合作的新优势。"十三五"规划纲要提出了具体的工作部署，即完善对外开放战略布局、健全对外开放新体制、推进"一带一路"建设、积极参与全球经济治理、积极承担国际责任和义务五个重点领域。中国坚持维护多边贸易体制，主动担负起推动全球化发展的大国历史重任。中国大力完善投资布局，积极引进境外资金和先进技术，支持企业扩大对外投资，推动装备、技术、标准、服务走出去，提升中国在全球价值链中的位置，"推动我国对外开放进入引进来和走出去更加均衡的阶段。"[2] 中国加大国内开放力度，实施大幅度放宽市场准入，创造更有吸引力的投资环境，加强知识产权保护，主动扩大进口。与此同时，中国以深化区域协调发展为抓手，促成陆海内外联动、东西双向互济的开放格局。新时代中国的区域开放布局以"一带一路"为统领，与京津冀协同发展、长江经济带发展、粤港澳大湾区建设等国家战略对接，积极促进区域平衡发展，逐步形成陆海内外联动、东西双向互济的开放新格局。与此同时，中国积极建立和发展自由贸易实验区，探索建设自由贸易港，为开放型世界经济探索发展创新的经验，提供汇聚各方利益共同点的试验场所。[3]

---

[1] 习近平：《中国经济保持持续健康发展 中国将提高开放型经济水平》，《人民日报》2013年4月9日第1版。

[2] 习近平：《在省部级主要领导干部学习贯彻党的十八届五中全会精神专题研讨班上的讲话》，《人民日报》2016年5月10日第3版。

[3] 裴长洪、刘洪愧：《习近平新时代对外开放思想的经济学分析》，《经济研究》2018年第2期。

第二，中国外交实践创新体现在，推动形成动态稳定、均衡发展的大国关系。2009年至今，大国关系纵横捭阖，从同舟共济到同舟共"挤"，经历了戏剧性的变化，也给了中国大幅度调整大国关系的契机。其一，保持中俄关系的稳定发展是中国应对大国关系变革的重要条件。面对美国"变脸"、英国脱欧、叙利亚危机、贸易保护主义等诸多变局，中俄两国的战略协作始终保持高水平运作，对重大国际和地区问题保持密切沟通，两国关系向更深层次推进，合作范围逐步扩大，各领域合作不断取得实效。2019年6月，中俄宣布发展新时代全面战略协作伙伴关系，进一步推动两国发展战略紧密对接、发展利益深层融合、民心民意亲密交融。其二，中国稳健应对中美分歧，防止中美竞争与冲突引致全球震荡。中美关系在"修昔底德陷阱"的边缘徘徊，鉴于两国战略竞争态势已然形成，如何妥善处理分歧、加强危机管控、防止某一方面的风险蔓延至整体关系就变得分外关键。2009年至今，中美外交几经折冲，就发展新型大国关系不断探索，虽有新型大国关系的探求和"协调、合作、稳定的中美关系"的定位，但双方在许多问题的严重分歧无法掩盖。中美关系的关键在于加强战略管理意识，在宏观层面的高层往来、中观层面的功能领域合作和微观层面的危机管理上善加统筹；同时要加强对重大分歧的管控，防止冲突调门升级导致安全困境式的情势。其三，中国在对欧关系上积极推进"无敌国外交"，推动与欧洲诸大国关系的均衡发展。2008年以来的中欧关系出现结构性变化，实力对比变化加速、政策取向变化增大以及国际环境影响加剧，极大地影响了双方的政策目标和实践，对中欧关系的结构产生了强烈的塑造作用。[①] 2009年欧洲主权债务危机爆发，包括德国在内的欧洲经济受到严重冲击，对华合作需求上升。中国积极推动中欧关系的总体发展，致力于构建中欧"和平、增长、改革、文明"四大伙伴关系，推动中欧关系形成全方位、多层次、宽领域交流合作的良好格局。与此同时，中国与欧洲大国的

[①] 崔洪建：《中国—欧盟关系的结构性变化及前景》，《国际问题研究》2018年第2期。

关系实现了新发展。中国与英国共同努力渡过达赖窜访导致的困境，确定了构建面向21世纪全球全面战略伙伴关系的新定位，推动中英关系进入"黄金时代"，英国成为第一个申请加入亚投行的西方大国、第一个发行人民币主权债券、成立中国在亚洲地区以外的首个人民币清算中心的发达国家。中德关系在2010年提升为战略伙伴关系，2014年提升为全方位战略伙伴关系，中德合作成为中欧关系的领跑者。2019年，意大利成为第一个与中国签署共建"一带一路"合作备忘录的西方大国，产生了积极的欧洲乃至全球效应。其四，中日关系进入历史上首度出现"强强相遇"时期，[1] 中国稳健应对来自日本的战略挑战，推动筑牢两国关系的底线，促使中日关系止跌企稳，逐渐回归理性务实发展轨道，开启化竞争为协调的新时代，为应对美国全面战略竞争而筹谋。其五，确保中印关系稳定发展，把握合作推动发展中大国多边合作的大局。中印国力并行崛起，对双边关系和全球格局带来重大冲击。两国都努力避免"龙象之争"的陷阱，通过领导人经常互访稳定面向发展的伙伴关系大方向，深化妥善处理分歧、谋求共同发展的友好相处之道。鉴于上述大国关系互动密切，中国致力于逐步构建以应对中美战略竞争现实和战略对抗风险为核心的大国平衡格局，以维系全球战略格局的动态稳定。

第三，中国外交实践创新体现在，推动周边关系的稳定和深化发展，筑牢中国全面崛起的地区支撑。中国高度重视周边，"历来是周边区域合作的引领者，地区和平发展的守望者"。[2] 2009年，"中国威胁论"在周边沉渣泛起，出现了中国奉行"咄咄逼人外交政策"（assertive policy）的噪音，美国宣布加入TPP谈判并实施战略东移，推动了东亚局势的复杂化。与此同时，日本加速右转，中日地区竞争趋于激烈，东南亚及其他中国周边地区变局丛生，东亚领土领海纠纷加剧，中国周边安全环境承受了多年来罕见的复杂、严峻挑战的冲击。

---

[1] 包霞琴、黄贝：《日本南海政策中的"对冲战略"及其评估——以安倍内阁的对话政策为视角》，《日本学刊》2017年第3期。

[2] 王毅：《进入新时代的中国外交：开启新航程展现新气象》，《国际问题研究》2018年第1期。

第四讲 百年变局与中国外交创新

中国深刻认识到，唯有稳定东南亚和周边，中国才能夯实全面崛起的地区支撑。2013年10月中央周边外交工作座谈会的召开和"亲诚惠容"四字箴言的提出标志着中国周边战略的新调整，习近平总书记明确提出，要更加奋发有为地推进周边外交，为中国发展争取良好的周边环境。此前提出的"一带一路"倡议是推动地区合作的重要抓手。东亚地区合作和周边关系发展，中国重视东南亚的价值和中国—东盟合作的示范效应。习近平主席、李克强总理多次访问东盟国家，通过首脑外交、峰会外交等多种外交形式推进中国—东盟的稳定发展，推动双方形成稳固的全方位、多层次、宽领域的战略伙伴关系。[①] 中国—东盟关系的成功推进对东亚一体化的发展具有良好的示范效应。中国提出与东盟携手建设中国—东盟命运共同体，确定"中国—东盟战略伙伴关系2030愿景"，并设立中国—东盟海上合作基金，与东盟国家共同建设21世纪"海上丝绸之路"，打造中国—东盟自由贸易区的升级版、建设孟中印缅经济走廊，通过引导地区安排的方向、促进东盟国家对中国崛起的适应，缓解东盟疑虑，凝聚共同利益，把中国—东盟关系打造成地区和平与稳定的压舱石。[②] 与此同时，中国积极应对南海问题和朝核问题上这两个东亚"火药桶"。中国推动"南海仲裁案"之后中菲关系迅速回暖，积极深化与越南党际交流和战略协调，初步稳定了南海局势。中朝关系强势回暖，两国领导人密切互访，中国在朝鲜半岛的建设性作用受到各方高度重视。上述进展表明，在中美战略竞争深入展开之际，中国以开放包容为原则、以合作发展为导向的周边战略发挥着关键性的作用。

第四，中国外交实践创新体现在，深化与发展中国家的制度化合作，积极推动新合作机制的形成。发展中国家在中国战略布局中占据基础性地位。中国以正确义利观为引领创新发展中国家关系，发展中世界

[①] 《李克强出席第二十一次中国—东盟领导人会议》，《人民日报》2018年11月15日第3版。

[②] 门洪华：《构建新型国际关系：中国的责任与担当》，《世界经济与政治》2016年第3期；卢光盛、聂姣：《中美贸易战背景下的中国—东盟关系：影响、风险与应对》，《南洋问题研究》2019年第1期。

与发达国家之间桥梁的新定位无疑是中国外交实践创新的突出表现，而制度化合作成为中国深化与发展中国家关系的重要方向。肇始于2000年的中非合作论坛、2004年的中阿合作论坛、2012年的中国—中东欧国家合作、2014年的中拉论坛等均为"一对多"的新型合作机制，与中国—欧盟合作机制、中国—东盟合作机制一起构成了覆盖世界主要地区的中国对外合作框架体系；而金砖国家机制则是发展中大国制度化合作的新平台，体现了跨洲际的崭新特征。可以说，中非合作论坛、中国—中东欧合作机制、金砖合作机制是南南制度化合作的突出案例。

2000年，中国和非洲国家共同倡议建立"中非合作论坛"机制，成为双方开展集体对话和进行务实合作的重要平台，论坛坚持共商共建共享原则，突出高效务实特点，每届论坛提出的举措均体现出急非洲之所急。[①] 2008年爆发的国际金融危机成为推动中非密切合作的重要外部推动力，自此双方合作每年都上新台阶。具有标志性意义的是，2013年年初，习近平总书记执政以来第一次出访就选择非洲，在访非期间提出打造"中非命运共同体"的崭新理念，并提出发展中非关系的"真实亲诚"四字箴言。2014年1月，外交部部长王毅访问非洲，提出"正确义利观是新时期中国外交的一面旗帜"。2015年中非合作论坛约翰内斯堡峰会决定将中非关系提升为全面战略合作伙伴关系，提出中非共同实施"十大合作计划"。2018年中非合作论坛北京峰会召开，领导人围绕"合作共赢、携手构建更加紧密的中非命运共同体"主题共商合作、共话未来，推动中非全面战略合作伙伴关系深入发展，成为推动新时代中非合作的盛典。

创立于2012年的中国—中东欧国家合作机制（以国家领导人正式会晤为标志）是一种新型的机制，不仅是中国与次地区合作的成功实践，也是与发达国家、发展中国家共同合作的积极尝试。颇为值得关注的是，目前17个中东欧国家（2019年4月第八次中国—中东欧领导人峰会宣布"欢迎希腊作为正式成员加入中国—中东欧国家合

[①] 贺文萍：《中非命运共同体：历史基础、现实条件和发展方向》，《统一战线学研究》2018年第5期。

作"）中有 12 个欧盟成员国，其余国家也把加入欧盟作为本国重要国策和未来发展方向，因此中国与中东欧国家进行合作必须慎重考虑与欧盟的关系，慎防"分裂欧洲"的杂音。习近平总书记 2015 年就指出，中国—中东欧国家合作是中欧全面战略伙伴关系的重要组成部分和有益补充，完全可以为构建中欧和平、增长、改革、文明四大伙伴关系做出贡献。当前，中国—中东欧国家合作机制体现出政府主导和民间参与的良性互动，内容丰富，多元沟通，成效显著。

2001 年，"金砖国家"（BRICs）的概念横空出世；2006 年，金砖国家举行首次外长会晤；2009 年 6 月，"金砖四国"领导人举行首次正式会晤，金砖国家机制全面启动；2010 年南非正式加入，金砖五国合作机制正式登上历史舞台。金砖国家机制是一个全新的以发展中大国为核心的合作机制。成立 10 年来，金砖合作机制实现了从无到有、从小到大的历史性跨越，形成了以领导人会晤为引领，以安全事务高级代表会议、外长会晤等部长会议为支撑的多层次架构。金砖国家机制正经历从侧重经济治理、务虚为主的对话论坛向政治经济治理并重、务虚和务实相结合的全方位协调机制转型，2017 年中国主持的厦门峰会起到了继往开来的战略功能。厦门峰会确立"共同、综合、合作、可持续"的合作治理观，提出将"第二个金色十年"作为合作目标，率先倡议并落实"金砖+"的概念，强调打造经贸财金、政治安全、人文交流三轮驱动的升级版。厦门峰会首次举行新兴市场国家与发展中国家对话会，从全球范围邀请埃及等 5 个具有代表性的新兴市场国家和发展中国家领导人出席，聚焦落实 2030 年可持续发展议程，深化与非洲、拉美、中东、欧亚国家的务实合作，构建了具有全球影响的南南合作新平台。[1]

第五，中国外交实践创新体现在，积极参与全球治理，打造全球伙伴关系网络。2008 年爆发于世界政治经济中心的欧美金融危机和债务危机，引发了有史以来最为全面性的全球治理危机。金融危机的爆

---

[1] 王毅：《进入新时代的中国外交：开启新航程展现新气象》，《国际问题研究》2018 年第 1 期。

发使昔日居于全球霸主地位的美国正逐渐失去绝对优势地位,各大国全球治理理念和方略上的竞争异常激烈。既有发达国家深刻认识到共克时艰的必要,力图通过满足新兴大国在关键性全球机构中发挥更大作用的诉求来维持自身地位的合法性。为应对全球治理危机,主要国家展开一系列政策协调与合作努力,其中最重要的就是2008年开启的二十国集团(G20)峰会,而新兴大国在议程设置方面日益上升的影响力是G20治理取得的关键性成就。[①] 2008年以来全球治理危机的应对,为中国在地区和全球事务中发挥建设性作用提供了难得的战略空间,积极参与全球治理被视为中国走向世界大国的必由之路。中国抓住应对全球治理危机的契机,大力推进国家战略体系建设和国家治理能力提升,在全球和地区两个层面加强国际合作,尤其是经济治理层面发挥着越来越重要的发动机作用,成为全球治理的积极推动者,而中国2016年主办的G20杭州峰会发挥了标杆性作用。以习近平总书记为核心的党中央不仅仅着眼于中国自身的发展,更将中国发展放到全球视野中,就世界和平发展的诸多议题提出了一系列的"中国方案",[②]"中国方案"以完善全球治理机制为核心目标,以伙伴关系网络为全球视野,以东亚和中国周边为地区重点,并聚焦中国熟悉、有优势的经济和金融领域推动全球治理深化。推动全球治理转型与发展,中国提出的人类命运共同体和新型国际关系具有思想指导意义,而全球伙伴关系网络建设发挥着关键性的基础作用。1993年以来,中国开启伙伴关系战略,以和平共处五项原则为战略基础,以维护国家利益和拓展国际影响为战略方向,以政治互信、经济互赖、文化交融、社会互动和安全支撑作战略手段,通过双边关系改善带动全球战略的拓展。[③] 近年来,中国致力于编织全球伙伴关系网络,持续拓展

---

① [加]约翰·J. 柯顿:《二十国集团与全球治理》,郭树勇、徐谙律等译,上海人民出版社2015年版,第484页。

② 周文、包炜杰:《中国方案:一种对新自由主义理论的当代回应》,《经济社会体制比较》2017年第3期。

③ 门洪华、刘笑阳:《中国伙伴关系战略评估与展望》,《世界经济与政治》2015年第2期。

第四讲　百年变局与中国外交创新

朋友圈，提供更丰富的双边对话合作框架，寻求政治互信、经济互赖、文化交融、社会互动的积极成效。习近平总书记认为，国与国之间，志同道合是伙伴，求同存异也是伙伴，希望各方着眼时代发展潮流，探索构建不设假想敌、不针对第三方、更富包容性和建设性的伙伴关系。① 以此为基础，以互利共赢为导向的中国全球伙伴关系网络逐步建成。

第六，中国外交实践创新体现在，倡导共建"一带一路"，推动实现周边、发展中国家和全球合作的统筹。"一带一路"倡议的提出，与国内外情势变化密切相关，是走进社会主义建设新时代的中国国家理想与世界理想相辅相成的表达。2008年国际金融危机爆发以来，世界政治经济格局发生深刻变化，中国与世界的互动进入新阶段。在世界进入深入转型之际，中国嵌入全球化的深度与广度史无前例，其引领作用更显突出，在一个充满不确定的时代，中国成为世界稳定之锚，成为世界和平发展的积极推进者和战略引领者。中华民族伟大复兴的中国梦和人类命运共同体的世界梦的相继提出，就是中国面向未来的理想表达，"一带一路"倡议就是结合上述理想的现实表达。② "一带一路"倡议着眼于弘扬古丝绸之路互学互鉴、和睦共处的精神，拓展中国与欧亚大陆方向国家各领域互利合作，是新时代中国推进对外合作的核心构想，为世界各国创造机遇和成果，符合全人类共同利益。③ 习近平总书记指出，共建"一带一路"同各国发展战略、区域和国际发展议程有效对接、协同增效，通过双边合作、三方合作、多边合作等各种形式，鼓励更多国家和企业深入参与，做大共同利益的蛋糕。④ 通过2017年第一届和2019年第二届"一带一路"

---

① 王毅：《构建以合作共赢为核心的新型国际关系》，《国际问题研究》2015年第3期。
② 门洪华：《"一带一路"规则制定权的战略思考》，《世界经济与政治》2018年第7期。
③ 杨洁篪：《倡导国际合作，维护多边主义，推动构建人类命运共同体》，《国际问题研究》2019年第2期。
④ 习近平：《高质量共建"一带一路"——在第二届"一带一路"国际合作高峰论坛圆桌峰会上的开幕辞》，《人民日报》2019年4月28日第2版。

国际合作高峰论坛，共建"一带一路"从气势磅礴的"大写意"走向精谨细腻的"工笔画"，开启了高质量共建"一带一路"新征程，"一带一路"成为当今世界最受欢迎的国际公共产品。①

综上所述，在百年变局的战略视野之下，中国外交致力于思想理论和实践创新，在习近平新时代外交思想的指导下奋力开拓，创造了时代的辉煌。其主要成功经验在于：第一，坚持党的领导和习近平中国特色社会主义理论指导。习近平总书记强调，坚持中国共产党领导，坚持中国特色社会主义，是对外工作管根本的一条，对外工作既要为实现"两个一百年"奋斗目标服务，也要为坚持党的领导、巩固党的执政地位服务。② 坚持党对外交工作的集中统一领导，体现了中国特色社会主义制度的根本属性，是在外交中坚持正确政治方向，做好工作并不断取得新成就的根本保证。第二，以恪守和平发展为基础，牢牢把握中国发展大局和工作全局。走和平发展道路是中国人民对实现自身发展目标的自信和自觉，中国要通过争取和平国际环境发展自己，又以自身发展维护和促进世界和平，不断提高综合国力，不断让广大人民群众享受到和平发展带来的利益，不断夯实走和平发展道路的物质基础和社会基础。③ 第三，强调宏大的理想支撑和现实的路径选择相结合。习近平总书记站在人类历史发展进程的高度，深刻洞察人类前途命运和时代发展趋势，提出构建人类命运共同体的新时代世界理想，体现了将中国与世界和平发展相统一的全球视野、世界胸怀和大国担当，构建新型国际关系、秉持正确义利观、共建"一带一路"则是实现上述世界理想的现实选择和重要抓手。上述理想与现实的结合展现了中国的历史使命感和时代责任感，代表了中国以互利共赢为导向、积极承担国际责任、努力做出世界贡献的战略承诺。

---

① 王毅：《进入新时代的中国外交：开启新航程展现新气象》，《国际问题研究》2018年第1期。
② 杨洁篪：《在习近平总书记外交思想指引下不断开创对外工作新局面》，《人民日报》2017年1月14日第7版。
③ 习近平：《更好统筹国内国际两个大局 夯实走和平发展道路的基础》，《人民日报》2013年1月30日第1版。

第五讲　推动中国对外开放进入新时代

实现中华民族伟大复兴，是中华民族近代以来最伟大的梦想。为实现中华民族伟大复兴，中国共产党带领全国人民上下求索，终于找到了中国特色社会主义道路，而改革开放成为中国特色社会主义道路最鲜明的特征。1978年，中国共产党召开具有重大历史意义的十一届三中全会，开启了改革开放历史新时期。新时期最鲜明的特点是改革开放，最显著的成就是快速发展，最突出的标志是与时俱进。党的十八大以来，面对国内国际环境的复杂变局，以习近平同志为核心的党中央带领全国人民坚定不移改革开放，取得了改革开放和社会主义现代化建设的历史性成就，中国昂首迈进社会主义建设新时代。

作为中国改革开放战略的重要组成部分，对外开放是中国处理与世界关系的核心路径，它实质性地促成了中国与世界的良性互动，成为中国开创的和平发展道路的本质特征。对外开放与对内改革相辅相成，是决定当代中国命运的关键抉择，是发展中国特色社会主义的强大动力，是中华民族伟大复兴的必由之路。1978年至今，以对外开放为主要路径促成中国与世界的良性互动，中国主动开启融入国际体系的进程，成长为一个合作性的、负责任的、建设性的、可预期的国际体系塑造者。

党的十八大以来，以习近平同志为核心的党中央总揽全局、科学决策，准确把握国际国内环境的深刻变化，着眼于"两个一百年"奋斗目标和实现中华民族伟大复兴的中国梦，提出了一系列治国理政新理念新思想新战略新举措，大力推进中国国家治理体系和治理能力现代化建设，引领中国全面融入国际社会并力争发挥更大的国际影响力，开启了中国改革开放和现代化建设的新征程，形成了以新发展理念为主要内容的习近平新时代中国特色社会主义经济思想，为新时期进一步扩大对外开放、推动形成全面开放新格局指明了方向。

一　中国对外开放的思想创新

党的十八大报告明确提出，"适应经济全球化新形势，必须实行更加积极主动的开放战略，完善互利共赢、多元平衡、安全高效的开放型经济体系"，"使开放朝着优化结构、拓展深度、提高效益方向转变"①。在党的十八届五中全会上，习近平总书记审时度势总结我国对外开放的实践经验，从完善对外开放战略布局、形成对外开放新体制、推进"一带一路"建设、深化内地和港澳以及大陆和台湾地区合作发展、积极参与全球经济治理、积极承担国际责任和义务等六个方面提出更高的开放发展要求，以更大范围、更宽领域、更高层次上的对外开放赢取发展新优势，切实提高我国在全球经济治理中的制度性话语权。2016年1月18日，习近平总书记在省部级主要领导干部学习贯彻党的十八届五中全会精神专题研讨班开班式上强调："实践告诉我们，要发展壮大，必须主动顺应经济全球化潮流，坚持对外开放，充分运用人类社会创造的先进科学技术成果和有益管理经验。要不断探索实践，提高把握国内国际两个大局的自觉性和能力，提高对外开放质量和水平。"② 上述思想代表着新时代中国全面开放的新主张。2017年10月18日，习近平总书记在党的十九大报告中正式提出推动陆海内外联动、东西双向互济的全面开放新格局，强调中国坚持对外开放的基本国策，坚持打开国门搞建设，积极推进"一带一路"国际合作，努力实现政策沟通、设施联通、贸易畅通、资金融通、民心相通，打造国际合作新平台，增添共同发展新动力。中国支

---

① 《坚定不移沿着中国特色社会主义道路前进　为全面建成小康社会而奋斗》，《人民日报》2012年11月18日第3版。
② 习近平：《在省部级主要领导干部学习贯彻党的十八届五中全会精神专题研讨班上的讲话》，《人民日报》2016年5月10日第3版。

第五讲 推动中国对外开放进入新时代

持多边贸易体制，促进自由贸易区建设，推动建设开放型世界经济。①新时代的全面开放思想及其实践带来了全新的对外开放景象。

习近平总书记再三强调中国坚持对外开放的基本国策，中国开放的大门不会关闭，只会越开越大。党的十八大后，习近平到地方考察的第一站就选择对外开放前沿阵地广东，明确提出"改革不停顿、开放不止步"，②向世人发出了继续扩大对外开放的明确信号。在此基础上。他就对外开放问题深入思考，提出了一系列新理念和新主张，形成了具有鲜明时代特色的全面开放思想。

习近平总书记创新性地提出了开放发展的战略思想。他强调："理念是行动的先导，一定的发展实践都是由一定的发展理念来引领的。发展理念是否对头，从根本上决定着发展成效乃至成败。"③习近平在《中共中央关于制定国民经济和社会发展的第十三个五年规划的建议》中提出要坚持创新、协调、绿色、开放、共享的发展理念。创新、协调、绿色、开放、共享五大发展理念是"十三五"乃至更长时期我国发展思路、发展方向、发展着力点的集中体现，也是改革开放40余年来我国发展经验的集中体现，反映出党对我国发展规律的新认识。胡鞍钢认为，五大发展理念本身就形成了一个宏大的发展框架、严密的发展逻辑、务实的发展思路，其中创新发展是发展的动力、协调发展是发展的艺术、绿色发展是发展的模式、开放发展是发展的助力、共享发展是发展的目标，其核心和最终目标是实现人的全面发展。④李君如认为，发展新理念指明了破解经济新常态下各种问题的根本路径，是全面建成小康社会决胜阶段的决胜之策，也是协调推进"四个全面"战略布局，实现"两个一百年"奋斗目标的行动指南。⑤习近平指出，"开放发展注重的是解决发展内外联动问题。……我们

---

① 习近平：《决胜全面建成小康社会 夺取新时代中国特色社会主义伟大胜利——在中国共产党第十九次全国代表大会上的报告》，人民出版社2017年版，第60页。
② 中共中央文献研究室编：《习近平关于全面深化改革论述摘编》，中央文献出版社2014年版，第31页。
③ 《习近平谈治国理政》（第二卷），外文出版社2017年版，第197页。
④ 胡鞍钢等：《中国新理念：五大发展》，浙江人民出版社2016年版，第9—10页。
⑤ 李君如：《发展新理念和中国大趋势》，《理论视野》2015年第12期。

必须坚持对外开放的基本国策,奉行互利共赢的开放战略,深化人文交流,完善对外开放区域布局、对外贸易布局、投资布局,形成对外开放新体制,发展更高层次的开放型经济,以扩大开放带动创新、推动改革、促进发展。'一带一路'建设是扩大开放的重大战略举措和经济外交的顶层设计,要找准突破口,以点带面、串点成线,步步为营、久久为功。要推动全球经济治理体系改革完善,引导全球经济议程,维护多边贸易体制,加快实施自由贸易战略,积极承担与我国能力和地位相适应的国际责任和义务"。① 习近平强调指出,我们要坚持开放的发展,让发展成果惠及各方。在经济全球化时代,各国要打开大门搞建设,促进生产要素在全球范围更加自由便捷地流动。各国要共同维护多边贸易体制,构建开放型经济,实现共商、共建、共享。要尊重彼此的发展选择,相互借鉴发展经验,让不同发展道路交汇在成功的彼岸,让发展成果为各国人民共享。②

  习近平总书记提出维护和发展开放型世界经济的战略思想。2013年9月5日,习近平总书记在二十国集团领导人峰会第一阶段会议上就世界经济形势进行发言,首次提出"共同维护和发展开放型世界经济"的新理念。他指出,各国经济,相通则共进,相闭则各退,"我们要放眼长远,努力塑造各国发展创新、增长联动、利益融合的世界经济,坚持维护和发展开放型世界经济"。③ 他在党的十九大报告更明确提出,"中国支持多边贸易体制,促进自由贸易区建设,推动建设开放型世界经济","要同舟共济,促进贸易和投资自由化便利化,推动经济全球化朝着更加开放、包容、普惠、平衡、共赢的方向发展"。④ 习近平强调中国加快建立开放型经济新体制的重要性,他指出,中国"将实行更加积极主动的开放战略,完善互

---

① 《习近平谈治国理政》(第二卷),外文出版社2017年版,第199页。
② 习近平:《谋共同永续发展 做合作共赢伙伴》,《人民日报》2015年9月27日第2版。
③ 《习近平谈治国理政》(第一卷),外文出版社2018年版,第335—337页。
④ 习近平:《决胜全面建成小康社会 夺取新时代中国特色社会主义伟大胜利——在中国共产党第十九次全国代表大会上的报告》,人民出版社2017年版,第59—60页。

利共赢、多元平衡、安全高效的开放型经济体系，促进沿海内陆沿边开放优势互补，形成引领国际经济合作和竞争的开放区域，培育带动区域发展的开放高地"。①

习近平提出全面参与全球治理的思想。进入21世纪，随着全球化双刃剑效应的进一步显现，大国兴衰进程加速，世界迎来全球治理发展与转型的新时代。全球治理的危机、转型与发展，为中国全面融入国际社会、参与全球治理提供了难得的战略机遇，也是中国推动全面崛起、谋划崛起之后的重要国际条件。当前，中国与全球治理的关系日益深化，中国全面参与国际事务，积极推动国际合作创新，在全球性事务、地区性问题的解决上发挥着越来越重要的作用，中国思想、中国方案举世瞩目。中国高度重视全球治理议题。党的十八大报告明确指出，要加强参与全球治理能力建设，主动参与全球治理进程，深化新兴国家治理合作，重视发挥区域治理作用。习近平高度关注全球治理，指出全球治理体制变革正处在历史转折点上，加强全球治理、推进全球治理体制变革已是大势所趋，这不仅事关应对各种全球性挑战，而且事关给国际秩序和国际体系定规则、定方向；不仅事关对发展制高点的争夺，而且事关各国在国际秩序和国际体系长远制度性安排中的地位和作用。他明确提出中国参与推动全球治理体制变革的定位和责任，并提供了推动全球治理体制变革的"中国方案"。2015年10月12日，习近平在主持中共中央政治局第27次集体学习时讲话指出，全球治理体制变革离不开理念的引领，全球治理规则体现更加公正合理的要求离不开对人类各种优秀文明成果的吸收。要推动全球治理理念创新发展，积极发掘中华文化中积极的处世之道和治理理念同当今时代的共鸣点，继续丰富打造人类命运共同体等主张，弘扬共商共建共享的全球治理理念。2016年9月27日，他在主持中共中央政治局第35次集体学习时指出，我们要积极参与全球治理，主动承担国际责任。2016年10月16日，习近平出席在印度果阿举行的金砖国家领导人第八次会晤，发表题为《坚定信心　共谋发展》

---

① 《习近平谈治国理政》（第一卷），外文出版社2018年版，第347页。

的讲话指出，中国将继续做全球治理变革进程的参与者、推动者、引领者，继续提升新兴市场国家和发展中国家代表性和发言权，继续做国际和平事业的捍卫者，推动构建合作共赢的新型国际关系。2017年5月14日，习近平主席在"一带一路"国际合作高峰论坛开幕式上发表主题演讲，指出治理赤字是摆在全人类面前的严峻挑战，呼吁弘扬和平合作、开放包容、互学互鉴、互利共赢为核心的丝路精神，提出携手构建广泛的利益共同体的战略主张。① 以上述战略判断为基础，中国确立了推动全球治理走出困境、转型发展的基本定位：理念引领者、智慧贡献者、方案提供者和积极行动者。

习近平创新地提出和丰富了"人类命运共同体"的战略内涵。中国素有世界理想，天下思想一脉不绝，和谐世界承继在前，人类命运共同体创新其后。习近平对人类命运共同体的论述，展现了中国理想与志向，体现了推动中国与世界良性互动的哲学思考。党的十八大报告强调，人类只有一个地球，各国共处一个世界，要倡导人类命运共同体意识。2013年3月，习近平在莫斯科国际关系学院发表演讲指出，"这个世界，各国相互联系、相互依存的程度空前加深，人类生活在同一个地球村里，生活在历史和现实交汇的同一个时空里，越来越成为你中有我、我中有你的命运共同体。"2015年3月的博鳌亚洲论坛以"亚洲新未来：迈向命运共同体"为主题，习近平发表《迈向命运共同体，开创亚洲新未来》的演讲，阐释命运共同体的四大内涵：各国相互尊重、平等相待；合作共赢、共同发展；实现共同、综合、合作、可持续的安全；不同文明兼容并蓄、交流互鉴。2015年9月3日，习近平在纪念中国人民抗日战争暨世界反法西斯战争胜利70周年大会上讲话指出，今天的人类比以往任何时候都更有条件共同朝着和平与发展的目标迈进，为了和平，我们要牢固树立人类命运共同体意识。② 当年9月28日，习近平出席第70届联合国大会一般性辩

---

① 《习近平在"一带一路"国际合作高峰论坛开幕式上的演讲》，《人民日报》2017年5月15日第1版。

② 习近平：《在纪念中国人民抗日战争暨世界反法西斯战争胜利70周年大会上的讲话》，《人民日报》2015年9月4日第2版。

第五讲　推动中国对外开放进入新时代

论并发表演讲，提出同心打造人类命运共同体的路径：建立平等相待、互商互谅的伙伴关系；营造公道正义、共建共享的安全格局；谋求开放创新、包容互惠的发展前景；促进和而不同、兼收并蓄的文明交流；构筑尊崇自然、绿色发展的生态体系。① 2017年1月18日，习近平在日内瓦万国宫出席"共商共筑人类命运共同体"高级别会议，发表题为《共同构建人类命运共同体》的主旨演讲，主张共同推进构建人类命运共同体伟大进程，坚持对话协商、共建共享、合作共赢、交流互鉴、绿色低碳，建设一个持久和平、普遍安全、共同繁荣、开放包容、清洁美丽的世界。② 党的十九大报告指出构建人类命运共同体的目标是建设持久和平、普遍安全、共同繁荣、开放包容、清洁美丽的世界。③ 构建人类命运共同体，是党中央在洞察国际形势和世界格局演变大趋势的基础上，对人类社会发展进步大潮流的前瞻性思考，与构建新型国际关系的主张一脉相承、互为补充。④ 党的十九大对进入新时代的中国外交进行了顶层设计，集中概括为推动构建新型国际关系，推动构建人类命运共同体。

党的十八大以来，全面深化改革大潮涌起。党中央坚持问题导向，从体制机制入手，统筹谋划"五位一体"总体布局、"四个全面"战略布局所涉及的相关改革任务，为全社会统一思想、切实增强"四个自信"、坚定走中国特色社会主义道路提供了正确的理论指导，重要领域和关键环节改革取得了突破性进展。对外开放是新时代中国深化改革开放的重要内容，正如习近平强调指出的，以开放促改革、促发展，是我国改革发展的成功实践。改革和开放相辅相成、相互促进，改革必然要求开放，开放也必然要求改革。要坚定不移实施对外开放的基本国策、实行更加积极主动的开放战略，坚定不移提高开放

---

① 习近平：《携手构建合作共赢新伙伴　同心打造人类命运共同体——在第七十届联合国大会一般性辩论时的讲话》，《人民日报》2015年9月29日第2版。
② 《习近平出席"共商共筑人类命运共同体"高级别会议并发表主旨演讲》，《人民日报》2017年1月19日第3版。
③ 习近平：《决胜全面建成小康社会　夺取新时代中国特色社会主义伟大胜利——在中国共产党第十九次全国代表大会上的报告》，人民出版社2017年版，第58—59页。
④ 王毅：《中国特色大国外交的全面推进之年》，《国际问题研究》2016年第1期。

型经济水平,坚定不移引进外资和外来技术,坚定不移完善对外开放体制机制,以扩大开放促进深化改革,以深化改革促进扩大开放,为经济发展注入新动力、增添新活力、拓展新空间。[1] 党的十九大报告提出了系统而全面的对外开放战略,以"一带一路"建设为重点,坚持引进来和走出去并重,遵循共商共建共享原则,加强创新能力开放合作,形成陆海内外联动、东西双向互济的开放格局。拓展对外贸易,培育贸易新业态新模式,推进贸易强国建设。实行高水平的贸易和投资自由化便利化政策,全面实行准入前国民待遇加负面清单管理制度,大幅度放宽市场准入,扩大服务业对外开放,保护外商投资合法权益。凡是在我国境内注册的企业,都要一视同仁、平等对待。优化区域开放布局,加大西部开放力度。赋予自由贸易试验区更大改革自主权,探索建设自由贸易港。创新对外投资方式,促进国际产能合作,形成面向全球的贸易、投融资、生产、服务网络,加快培育国际经济合作和竞争新优势。[2]

以上述创新思想为指引,新时代对外开放战略的基本内涵可概括为:以实现中华民族伟大复兴中国梦为核心目标,以构建人类命运共同体为普世价值情怀,以统筹国内发展和对外开放为布局中轴,以和平、发展、合作、共赢为旗帜,走和平发展道路,体现大国担当,努力促进各国各地区的共同发展,在实现中华民族伟大复兴中国梦的进程中,建设全人类共有、共享和共同发展的美好未来。

二 中国对外开放的战略重点

检视党的十八大以来中国对外开放战略的调整,其变化可谓巨大。[3]

---

[1] 《习近平主持召开中央全面深化改革领导小组第十六次会议强调 坚持以扩大开放促进深化改革 坚定不移提高开放型经济水平》,《人民日报》2015年9月16日第1版。
[2] 习近平:《决胜全面建成小康社会 夺取新时代中国特色社会主义伟大胜利——在中国共产党第十九次全国代表大会上的报告》,人民出版社2017年版,第34—35页。
[3] 周天勇:《跨越发展的陷阱:推进经济中高速增长的突破性改革方案》,中国财富出版社2017年版,第294—295页。

新时代中国对外开放战略的重点在于以下几方面。

第一，构建开放型经济新体制，推动形成全面开放新布局。党的十八届三中全会通过《中共中央关于全面深化改革若干重大问题的决定》，明确提出构建开放型经济新体制。党的十八届五中全会将"开放"列为五大发展理念之一，开启主动、双向、公平、全面、共赢、高质量的新一轮对外开放。党的十九大强调推动形成全面开放新格局。[①] 提高开放型经济水平，构建开放型经济新体制、推动形成全面开放新格局成为新时代中国对外开放的核心任务。

习近平总书记提出要"实现更大范围、更宽领域、更深层次上全面提高开放型经济水平"。[②] 所谓更大范围，是指既要继续推进与发达国家经济联系，又要加强推进与新兴国家和非洲等地落后地区的经济交往；既要促进全球经济一体化进程，又要优先促进同周边国家的互联互通。所谓更宽领域，就是要双向促进中外之间在更多领域的相互开放。进一步扩大我国金融、电信、医疗、教育、体育、文化、物流等领域的对外开放，放开会计审计、养老育幼、电子商务等领域的外资准入限制，同时也希望外国的大门要对中国进一步敞开。更深层次，就是要提升合作层次，促进国内外资源和市场更深度融合。这就需要我们在开放型经济体制的构建上做出实质性努力。

党的十八届三中全会通过了《中共中央关于全面深化改革若干重大问题的决定》，其中明确提出了构建开放型经济新体制的纲领性政策框架，即实施新一轮的高水平对外开放（包括继续深化贸易投资自由化、创立与建设自由贸易试验区、形成面向全球的高标准自贸区网络与推进双边投资协议、加快贸易与投资新规则和新议题谈判等）、构建全方位的对外开放的格局（包括扩大内陆沿边开放、推动内陆产业集群发展、深入实施"一带一路"建设）、培育参与和引领国际经

[①] 杨丹辉：《对外开放四十年：中国的模式与经验》，China Economist 2018年第4期。
[②] 习近平：《中国经济保持持续健康发展 中国将提高开放型经济水平》，《人民日报》2013年4月9日第1版。

济合作的新优势。强调必须推动对内对外开放相互促进、引进来和走出去更好结合，促进国际国内要素有序自由流动、资源高效配置、市场深度融合，加快培育参与和引领国际经济合作竞争新优势，以扩大开放促进深化改革。① 党的十八届五中全会明确要求，到 2020 年开放型经济新体制基本形成。2015 年 5 月 5 日，中共中央国务院审议通过《关于构建开放型经济新体制的若干意见》明确提出开放型经济新体制的基本特征：互利共赢、多元平衡、安全高效，其标志就是建立起与国际高标准投资和贸易规则相适应的管理方式，形成参与国际宏观经济政策协调的机制和深度交融的互利合作网络机制，健全完善外商投资国家安全审查机制和贸易摩擦应对机制，从而打下迈向开放型经济强国的坚实基础。《中华人民共和国国民经济和社会发展第十三个五年规划纲要》提出了具体的工作部署，即完善对外开放战略布局、健全对外开放新体制、推进"一带一路"建设、积极参与全球经济治理、积极承担国际责任和义务五个重点领域。它同时还体现出一系列新的方案内容，包括进一步提升利用外资和对外投资水平、深入推进国际产能和装备制造合作、扩大金融业的双向开放、强化对外开放的服务保障等。②

上述战略思想和设计为中国深化对外开放提供了路线图。中国加快从贸易大国走向贸易强国，巩固外贸传统优势，培育竞争新优势，拓展外贸发展空间，积极扩大进口。习近平要求"主动适应经济发展新常态，以创新驱动和扩大开放为动力，坚持巩固传统优势，加快培育竞争新优势，保持加工贸易政策连续性和稳定性，发挥企业主体作用，加强产业链分工合作，提升加工贸易在全球价值链中的地位，促进沿海地区优化转型，支持内陆沿边地区承接产业梯度转移，有序开展国际产能合作，深化加工贸易体制机制改革，建立健全与开放型经济相适应的管理体系，逐步变大进大出为优进优出，推动贸易大国向

---

① 王志乐：《以开放促改革——对外开放理论的创新》，《经济体制改革》2014 年第 1 期。
② 盛斌、黎峰：《中国开放型经济新体制"新"在哪里？》，《国际经济评论》2017 年第 1 期。

贸易强国转变"。①中国坚持维护多边贸易体制，主动担负起推动全球化发展的大国历史重任。中国充分利用二十国集团（G20）等国际平台，在增强自身制度性话语权的同时，倡导构建人类命运共同体，打造更加创新、活力、联动、包容的世界经济体系，为促使全球贸易走出阴霾做出了积极而富有建设性的努力，使得中国对全球经济增长继续发挥"稳定之锚"的重要作用。中国大力完善投资布局，积极引进境外资金和先进技术，支持企业扩大对外投资，推动装备、技术、标准、服务走出去，提升中国在全球价值链中的位置，"推动我国对外开放进入引进来和走出去更加均衡的阶段。"②与此同时，中国加大国内开放力度，实施大幅度放宽市场准入，创造更有吸引力的投资环境。按照党的十九大报告的要求，在服务业领域大幅度放宽市场准入成为中国对外开放的一个主旋律，金融业加大市场开放的步伐率先迈开。③2018年4月10日，习近平在博鳌亚洲论坛上宣布中国大幅度放宽市场准入、创造更有吸引力的投资环境、加强知识产权保护、主动扩大进口等4项具有标志意义的重大开放举措。随后，国家发展改革委员会正式宣布汽车、飞机、船舶业放宽外资股比限制的具体时间表。尽管中美贸易激烈对垒，中国对外开放的深化并未止步。中华人民共和国国务院新闻办公室2018年6月公布的《中国与世界贸易组织》白皮书载明，2018年3月，中国全面取消非行政许可审批，与2013年3月相比，削减行政审批事项44%，中央政府层面核准的企业投资项目数量累计减少90%。全面改革工商登记、注册资本等商事制度，全面推行注册资本认缴登记制，工商登记前置审批事项压缩了87%，企业开办时间缩短1/3以上。

第二，以深化区域协调发展为抓手，促成陆海内外联动、东西双向互济的开放格局。党的十八大以来，为促进区域的平衡发展，

---

① 习近平：《全面贯彻党的十八届五中全会精神 依靠改革为科学发展提供持续动力》，《人民日报》2015年11月10日第2版。
② 习近平：《在省部级主要领导干部学习贯彻党的十八届五中全会精神专题研讨班上的讲话》，《人民日报》2016年5月10日第3版。
③ 张锐：《以升级为导向打造对外开放新体系》，《上海企业》2017年第12期。

我国加大了沿边开放力度，特别是"一带一路"的建设，使沿边地区显得更加重要。党的十九大报告提出"加强创新能力开放合作，形成陆海内外联动、东西双向互济的开放格局"，进一步指出了新的区域发展方向。这就要求我们既要"坚持沿海开放与内陆沿边开放更好结合"，又要"优化区域布局"，同时对区域的开放要进行创新，在重视沿海、内陆开放的同时，要逐渐重视海洋的开放，形成全面开放新格局。优化区域布局，在加快东北等老工业基地振兴、发挥优势推动中部地区崛起、创新引领率先实现东部地区优化发展的同时，我们在有优势地区加大开放开发力度，促进京津冀协同发展和长江经济带成为新的重点。2015年3月，中共中央政治局审议通过《京津冀协同发展规划纲要》，同年9月配套印发《环渤海地区合作发展纲要》，提出京津冀区域一体化格局在2030年基本形成的目标。2017年4月1日，中共中央、国务院决定设立河北雄安新区，探索人口经济稠密地区优先开发新模式，培育创新驱动发展新引擎。2013年7月，习近平总书记提出加强长江流域合作的要求，2016年1月在重庆召开长江经济带发展座谈会，随后主持中央财经领导小组会议，强调把长江经济带建设成为黄金经济带的构想。当年9月，中共中央、国务院印发《长江经济带发展规划纲要》，提出把长江经济带建设为生态文明建设的先行示范带、引领全国转型发展的创新驱动带、具有全球影响力的内河经济带、东中西互动合作的协调发展带等四大战略定位。上述区域发展规划的顶层设计和实施，是在国际形势出现激烈变动的情势下，扩大内需、夯实国内发展基础的重要举措。与此同时，2016年5月，为深入贯彻《中共中央、国务院关于构建开放型经济体制的若干意见》，商务部公布了开展构建开放型经济新体制综合试点试验地区名单，选取南昌市、济南市、唐山市、漳州市、东莞市、防城港市，以及上海浦东新区、重庆两江新区、陕西西咸新区、大连金普新区、武汉城市圈、苏州工业园等12个城市和区域进行为期两年的综合试点试验，为"十三五"期间基本形成开放型经济新体制、开创全面开放格局打下坚实的基础。概言之，新时代中国的区域开放布局将以"一带一路"为统领，与京津冀协同发展、长江经济带发展、粤港澳大湾区建设等国家战略对接，积极促进区域平衡发展和开放，逐步形成陆海内外联动、东西双向互济的开放新格局。①

第三，建立和发展自由贸易实验区，探索对外开放新途径。创立自由贸易试验区，为构建开放型经济新体制探路，是党中央在经济新常态下构建开放型经济新体制、打造全方位对外开放格局的重大战略部署。② 张幼文认为，自由贸易区试验启动了对外开放的战略升级进程，致力于推动形成全国政策统一功能各异的开放新格局。③ 2013年8月22日，国务院批准设立中国（上海）自由贸易试验区，其总体目标是经过二至三年的改革试验，加快转变政府职能，积极推进服务业扩大开放和外商投资管理改革，加快探索资本项目可兑换和金融服务业全面开放，着力培育国际化和法制化的营商环境，力争建成具有国际水准的投资贸易便利、货币兑换自由、监管高效便捷、法制环境规范的自由贸易试验区。2014年12月，李克强总理主持国务院常务会议，部署推广上海自由贸易试验区试点经验，并决定在广东、天津和福建特定区域再设立三个自由贸易园区。2017年3月，国务院正式批复在辽宁、浙江、河南、湖北、重庆、四川和陕西设立7个新的自由贸易试验区，形成了东中西部全方位制度创新的"雁行阵"格局。党的十九大报告提出，赋予自由贸易试验区更大改革自主权，探索建设自由贸易港。2018年4月，习近平在庆祝海南建省办经济特区30周年大会上郑重宣布设立海南自由贸易港。自由贸易试验区和自由贸易港建设的探索具有重大意义。裴长洪等认为，自由贸易试验区建设将解决我国改革开放的深化与扩大问题，为更广泛的地区提供可复制、可推广的改革经验，也将为开放型世界经济探索发展创新的经验，提供汇聚各方利益共同点的试验场所，而探索自由贸易港建设更进一步深化了全球利益融合的发

---

① 李光辉：《新时代：推动形成全面开放新格局》，《国际贸易》2018年第1期。
② 裴长洪、于燕：《"一带一路"建设与我国扩大开放》，《国际经贸探索》2015年第10期。
③ 张幼文：《自贸区试验的战略内涵与理论意义》，《世界经济研究》2016年第7期。

展潜力。① 2019年8月，国务院批复在山东、江苏、广西、河北、云南和黑龙江新设6个自由贸易实验区。有的学者总结认为，中国改革开放40余年的发展史，从某种意义上讲，可以说是从传统经济特区向现代自由贸易区演进的制度变迁史。改革开放初期创办经济特区是为了降低改革开放成本，避免出现大的社会震荡，经济特区作为全国改革开放的"窗口"和"试验田"，围绕着如何突破传统计划经济体制的束缚，探寻有利于经济与社会发展的市场经济体制。如果说经济特区的创办体现的是中国特色，即走中国特色社会主义道路，那么自由贸易区的建立则明显体现其普适性，即中国在坚持走中国特色社会主义道路的前提下，已经全面开放融入世界，成为新时期全球化的引领者。②

第四，推进"一带一路"建设，促进中国大战略的优化。2013年9月和10月，习近平提出"一带一路"倡议。2014年，"一带一路"倡议正式纳入党中央施政纲领，相关战略规划随即进入制定和实施阶段。中国领导人通过国际外交场合推进"一带一路"合作，国家各部委制定了所负责领域的"一带一路"落实规划，各相关省市区制定了相关战略实施方案，确定目标，促进连接国内国际两大市场、利用国际国内两种资源、推动国内国际共同发展的态势形成。"一带一路"倡议得到了国际社会的高度关注，共建"一带一路"倡议及其核心理念写入联合国等成果文件，103个国家和国际组织与中国签署118份合作协议，中国与"一带一路"沿线国家贸易总额超过5万亿美元，成为25个沿线国家最大贸易伙伴，对沿线国家直接投资超过700亿美元。中国与13个沿线国家签署或升级自由贸易协定，初步形成立足周边、辐射"一带一路"、面向全球的自由贸易区网络。

"一带一路"是中国面对中国改革开放关键期和国际秩序深度调

---

① 裴长洪、刘洪愧：《习近平新时代对外开放思想的经济学分析》，《经济研究》2018年第2期。

② 罗清和、朱诗怡：《从经济特区到自由贸易区：中国改革开放路径与目标的演绎逻辑》，《深圳大学学报》（人文社会科学版）2018年第1期。

整期的重大谋划,是密切结合全球视野、地区重心、国家基石的构想。"一带一路"倡议为中国加快形成陆海统筹、东西互济的全方位国际合作格局指明了方向,为所涉国家加强互利合作、实现共同发展、促进共同繁荣提供了机遇。"一带一路"为中国开放型经济与开放型世界经济的内外联动提供了中国方案,是落实陆海内外联动、东西双向互济开放格局的先手棋,是解决中国对外开放不平衡、不充分空间布局问题的重要抓手。一带一路"建设作为我国扩大对外开放的重大举措和经济外交的顶层设计,重点面向亚欧非大陆,同时向所有国家开放,打开了对外开放的新天地,充实了对外开放的新内涵,开创了对外开放的新境界。"一带一路"建设以沿边地区为前沿,以内陆重点经济区为腹地,以东部沿海发达地区为引领,同京津冀协同发展、长江经济带发展等国家战略对接,为东中西部协同开放、落实区域协调发展战略提供了历史性机遇。①

第五,积极参与全球经济治理,引领全球开放合作。中国高度重视全球治理议题。党的十八大报告指出,要加强参与全球治理能力建设,主动参与全球治理进程,深化新兴国家治理合作,重视发挥区域治理作用。促进全球经济治理机制的完善可视为中国能够积极承担责任并展现领导力的重要领域。党的十九大报告强调,中国将继续发挥负责任大国作用,积极参与全球治理体系建设,不断贡献中国智慧和力量。2008 年迄今,应对国际金融危机和欧美债务危机的过程中,中国与国际社会一道共克时艰,推动全球经济治理机制改革,坚定帮助欧洲应对主权债务危机,应邀向国际货币基金组织等国际组织增资,推动全球治理机制向着更加公正合理方向发展。中国和平发展道路需要必要的国际制度来保障,完善确保和平发展的国际制度,是中国外交重要的价值追求,中国在二十国集团(G20)的作为体现了上述意愿,"一带一路"倡议的付诸实施体现了中国塑造国际经济关系的制度化努力。当前,世界经济仍然处于国际金融危机后的深度调整

---

① 钟实:《以更开放的姿态拥抱世界——党的十八大以来我国对外开放取得的成就》,《经济》2016 年第 16 期。

期，不稳定、不确定因素增多。① 中国在二十国集团活动中发挥着关键性作用，为全球经济治理的完善提出系列倡议并带头作为，为中国推动国际合作积累了丰富的经验。2016年堪称中国引领全球治理体系变革的元年，中国成功主办二十国集团领导人杭州峰会，推动各方把创新和结构性改革作为开创世界发展新局的主线，扩大了中国五大发展理念的国际影响，提升了中国改革开放的世界意义，引领了世界经济和全球治理的前进方向。与此同时，中国抓住既有国际金融秩序坍塌、亟需重建的机遇，回应国际社会期望中国发挥更大作用、承担更大责任的诉求，主导亚洲基础设施投资银行（AIIB）的创设和实践。国际货币基金组织、世界银行以及亚洲开发银行等金融机构担负着诸如社会发展、减贫、融资等多种责任，而亚投行专注于基础设施建设融资，可以有效地弥补现有基础设施建设融资缺口，在减轻现有金融体系负担的同时推动国际金融体系的改革，使其更有效地服务于各国的金融需求。②

综上所述，党的十八大以来，以习近平同志为核心的党中央锐意深化改革开放，推动中国对外开放铺展出气势恢宏的新画卷，吸引外资、对外投资、进出口贸易等领域千帆竞发，全方位、多层次、宽领域的开放特色愈见明显，陆海内外联动、东西双向开放的新棋局更趋成熟。③ 中国对外开放走向制度性开放的新阶段，通过自由贸易试验区和自由贸易港建设、服务业扩大开放综合试点、开放型经济新体制综合试点等各种试点试验，紧紧围绕制度创新这一核心任务，在商事登记、贸易监管、金融开放创新等领域进行系统性制度改革，并注重加强系统集成，逐步完善法治化、国际化、便利化营商环境，以系统性的制度开放促进高水平的对外开放。④ 与此同时，中国对外开放也

---

① 习近平：《共建伙伴关系共创美好未来——在金砖国家领导人第七次会晤上的讲话》，《人民日报》2015年7月9日第1版。
② 辛本健：《全球治理的中国贡献》，机械工业出版社2016年版，第52页。
③ 钟实：《以更开放的姿态拥抱世界——党的十八大以来我国对外开放取得的成就》，《经济》2016年第16期。
④ 房爱卿：《开创中国开放发展新时代》，《中国外资》2016年第12期。

走向全面而主动的时代,加快构建开放型经济新体制,大力推进"一带一路"建设,积极参与全球治理体系改革和建设,开辟了我国参与和引领全球开放合作的新境界。①

中国对外开放的战略路径证明了一个朴素的道路:逆水行舟,不进则退。1978年,内有"文化大革命"之痛,外有资本主义发展和中苏交恶,中国毅然开放;1989年之后,内有政治风波,外有东欧剧变、苏联解体和西方国家的制裁高潮,中国在以邓小平同志为核心的党中央的领导下,没有倒退,反而进一步扩大对外开放;1997年,从东南亚危机到亚洲金融风暴,举世震荡,中国挺立潮头,沉着应付,树立起了负责任大国的形象;2001年,全球受到恐怖主义的震动,中国加入WTO,全力推动全球和平与经济繁荣,中国的和平发展受到积极赞誉。2008年,缘起于美欧的债务危机和金融危机肆虐,中国积极参与全球经济治理,展现了负责任大国的智慧和担当。党的十八大以来,面对全球变局,中国锐意改革开放,推动中国特色社会主义建设进入新时代,中国成为全球开放合作的引领者,迈向从全球性大国到世界性大国的新征程。

随着中国的进一步发展,中国同外部世界利益融合达到前所未有的广度和深度,高度重视国际合作,强调和衷共济、互利共赢,②成为中国的重要国际话语。当前,中国的全球战略以共创更美好世界为基本理念,体现出负责任、建设性、可预期的基本特征,以对话协商、合作共赢、求同存异、包容开放为主要策略,以寻求和扩展共同利益为目标指向。党的十八大以来,中国以崭新面貌活跃在世界舞台,由国际事务的参与者向积极引领者转变。中国在全球政治、经济、安全、文化、生态等诸方面推出一系列具有深远意义的中国倡议和中国方案,正在实现由国际事务的参与者向积极引领者的历史性转变。③中国在促进全球经济复苏进程中,将开放性的世界经济作为一个战略目标。强

---

① 毕吉耀、李慰:《创新完善我国全方位开放格局》,《中国特色社会主义研究》2018年第1期。
② 《习近平谈治国理政》(第一卷),外文出版社2018年版,第250页。
③ 门洪华:《十八大以来中国国际战略布局的展开》,《社会科学》2017年第8期。

调全球开放的观念,显然要比 1978 年以来的国内开放视野更加开阔。在党的十八大政治报告中,中国明确提出"反对各种形式的保护主义",这是首次在党的政治报告中写入涉及世界开放性的问题。[①] 近年来,推动开放型世界经济成为中国对外开放战略的重要创新,而世界对中国的关注愈加聚焦。如何处理好中国与世界的关系,是一个重大的理论和现实问题。

三 推动中国对外开放进入新时代

当前,国内外情势发生重大变化,对外开放更体现出关键性的价值。习近平指出,中国"必须认真总结和运用改革开放的成功经验",[②]"主动顺应经济全球化潮流,坚持对外开放,充分运用人类社会创造的先进科学技术成果和有益管理经验。"[③] 他在党的十九大报告强调,"实现中华民族伟大复兴,必须合乎时代潮流、顺应人民意愿,勇于改革开放,让党和人民事业始终充满奋勇前进的强大动力","主动参与和推动经济全球化进程,发展更高层次的开放型经济","推动建设开放型世界经济"。[④] 党的十九大报告规划出推动形成全面开放新格局的路线图:以"一带一路"建设为重点,坚持引进来和走出去并重,遵循共商共建共享原则,加强创新能力开放合作,形成陆海内外联动、东西双向互济的开放格局。拓展对外贸易,培育贸易新业态、新模式,推进贸易强国建设。实行高水平的贸易和投资自由化便利化政策,全面实行准入前国民待遇加负面清单管理制度,大幅度放宽市场准入,扩大服务业对外开放,保护外商投资合法权益。凡是在我国境内注册的企业,都要一视同仁、平等对待。优化区域开放

---

① 钟飞腾:《新型大国关系、共同发展与中国外交新理念》,《国际论坛》2014 年第 1 期。
② 《习近平谈治国理政》(第一卷),外文出版社 2018 年版,第 67 页。
③ 《习近平总书记重要讲话文章选编》,中央文献出版社·党建读物出版社 2016 年版,第 399 页。
④ 习近平:《决胜全面建成小康社会 夺取新时代中国特色社会主义伟大胜利——在中国共产党第十九次全国代表大会上的报告》,人民出版社 2017 年版,第 14、22、60 页。

第五讲　推动中国对外开放进入新时代

布局,加大西部开放力度。赋予自由贸易试验区更大改革自主权,探索建设自由贸易港。创新对外投资方式,促进国际产能合作,形成面向全球的贸易、投融资、生产、服务网络,加快培育国际经济合作和竞争新优势。① 党的十九大报告提出推动形成全面开放新格局的重要任务,标志着我国对外开放进入高水平竞争、高质量发展的历史时期,彰显了中国必将成为新一轮经济全球化的坚定倡导者和有力推动者,在构建开放型世界经济中发挥引领作用。这是以习近平同志为核心的党中央适应经济全球化新趋势、准确判断国际形势新变化、深刻把握国内改革发展新要求做出的重大战略部署。②

第一,秉持守正创新,抓好开放发展理念的落实。对外开放是中国实现民族伟大复兴的核心战略思路和根本路径,开放主义是一种基本价值观,是中国和平发展道路的重要特征。面向未来,推动形成全面开放新格局已成共识。这一目标的实现,不仅需要在开放的方位和层次上进一步拓展,更要在开放的思想观念、结构布局、体制机制上进一步拓展。③ 面向未来,中国对外开放战略的基本框架是:推动形成全面开放新格局是目标,构建开放型经济新体制是基础,形成国际竞争新优势是关键,塑造国际经济治理是支撑。有鉴于此,我们必须优化国家发展战略、强化地区合作战略,深化全球开拓战略,从而建构起以中华民族伟大复兴为目标的科学完备的国家战略体系。而构成其核心支撑的,就是如何坚持守正创新,抓好开放发展理念的落实。

创新、协调、绿色、开放、共享的五大发展理念集中体现了党中央对经济社会发展规律认识的深化,是在深刻总结国内外发展经验教训和深入分析国内外发展大势的基础上提出的,是把握中国经济社会发展方向、提出和落实具体措施的重要指南。习近平就此指出,"开放发展注重的是解决发展内外联动问题。……我们必须坚持对外开放的基本国策,奉行互利共赢的开放战略,深化人文交流,完善对外开放区域布

---

① 习近平:《决胜全面建成小康社会　夺取新时代中国特色社会主义伟大胜利——在中国共产党第十九次全国代表大会上的报告》,人民出版社2017年版,第35—35页。
② 汪洋:《推动形成全面开放新格局》,《人民日报》2017年11月10日第4版。
③ 《中央经济工作会议在北京举行》,《人民日报》2017年12月21日第1版。

局、对外贸易布局、投资布局，形成对外开放新体制，以扩大开放带动创新、推动改革、促进发展。'一带一路'建设是扩大开放的重大战略举措和经济外交的顶层设计，要找准突破口，以点带面、串点成线、步步为营、久久为功。要推动全球经济治理体系改革完善，引导全球经济议程，维护多边贸易体制，加快实施自由贸易战略，积极承担与我国能力和地位相适应的国际责任和义务"。① 他强调开放发展理念落实的重要性，重申"坚持开放发展，顺应中国经济深度融入世界经济的趋势，奉行互利共赢的开放战略，发展更高层次的开放型经济"。②

落实开放发展理念，要求我们"顺应时代潮流，掌握历史前进的主动权"，"只要主动顺应世界发展潮流，不但能发展壮大自己，而且可以引领世界发展潮流"。③ 当然，我们也要把握对外开放的主导权，强调开放战略的设计要服务于建设现代化强国的国家发展总目标，同时做好充分准备，在一些优势领域主动提出符合全球先进理念和发展趋势的新议题。④ 我们认为，抓好开放发展理念的落实，需要坚持互利共赢的开放战略，落实新型国际关系的理念，致力于构建人类命运共同体，形成统筹国内国际两个大局、开放包容的开放发展格局，为构建开放型经济新体制和构建开放型世界经济而积极努力。党的十九大对进入新时代的中国外交进行顶层设计，集中概括为推动建设相互尊重、公平正义、合作共赢的新型国际关系；构建人类命运共同体，建设持久和平、普遍安全、共同繁荣、开放包容、清洁美丽的世界。⑤ 人类命运共同体的主张，将既有的共同利益思想扩大为利益、责任、命运三位一体的追求，强调与各国在利益汇合点的基础上开展合作，积极在力所能及范围内承担更多国际责任，与各国建立和发展

---

① 《习近平谈治国理政》（第二卷），外文出版社2017年版，第199页。
② 《习近平会见基辛格等中美"二轨"高层对话美方代表》，《人民日报》2015年11月3日第2版。
③ 《习近平谈治国理政》（第二卷），外文出版社2017年版，第210、212页。
④ 孙祁祥、李连发：《我国全方位对外开放战略的新思考》，《北京大学学报》（哲学社会科学版）2016年第2期。
⑤ 习近平：《决胜全面建成小康社会　夺取新时代中国特色社会主义伟大胜利——在中国共产党第十九次全国代表大会上的报告》，人民出版社2017年版，第58页。

利益共同体，建立各国共担、大国多担的责任共同体，建立休戚与共的命运共同体。中国倡导"人类命运共同体"的理念，提出并落实正确义利观，着力构建新型国际关系，寻求国家间发展战略对接，深化和扩展国际合作，体现了着眼于世界大国前景的责任与情怀。

第二，优化国家战略，完善国内全面开放布局。国家发展战略是国家战略体系的基础。中国国家发展战略的中长期目标是，实现社会主义现代化和中华民族伟大复兴，在全面建成小康社会的基础上，分两步走在本世纪中叶建成富强民主文明和谐美丽的社会主义现代化强国。当前，我国经济已由高速增长阶段转向高质量发展阶段，正处在转变发展方式、优化经济结构、转换增长动力的攻关期，建设现代化经济体系是跨越关口的迫切要求和稳定发展的战略目标。必须坚持质量第一、效益优先，以供给侧结构性改革为主线，推动经济发展质量变革、效率变革、动力变革，提高全要素生产率，着力加快建设实体经济、科技创新、现代金融、人力资源协同发展的产业体系，着力构建市场机制有效、微观主体有活力、宏观调控有度的经济体制，不断增强我国经济创新力和竞争力。这一战略目标的实现，需要优化对外开放战略，推动形成陆海内外联动、东西双向互济的全面开放新格局，全面提高对外开放质量和水平，致力于构建互利共赢、多元平衡、安全高效的开放型经济新体制。

（1）要牢牢抓住体制改革这一核心，坚持内外统筹、破立结合，坚决破除一切对外开放的体制机制障碍，推进有利于培育新的比较优势和竞争优势的制度安排。当前，全面深化改革已从浅水区向深水区逐步演进，其复杂性、艰巨性、敏感性明显增大。全面深化改革的重点在于正确处理政府与市场之间的关系，通过进一步拓展对外开放的广度与深度，引入全面深化改革的外部动力，突破利益固化的藩篱，加快政府职能转变，简化行政审批手续，推进贸易投资便利化，发挥市场在资源配置中的基础性作用，为中国经济社会发展创设良好环境。[①] 我们要从制

---

① 何丽君：《新形势下坚持开放发展的内在逻辑与实践路径》，《当代世界与社会主义》2016年第2期。

度和规则层面深化改革，推进包括放宽市场准入、加快自由贸易区建设、扩大内陆沿边开放等在内的体制机制改革，完善市场准入和监管、产权保护、信用体系等方面的法律制度，着力营造稳定公平透明、法治化、可预期、具有更高开放水平和国际竞争力的营商环境，全面实行准入前国民待遇加负面清单管理制度，落实准入后国民待遇，还要对现行负面清单进行科学合理的评估论证，消除隐形壁垒，解除不正当行业保护。[1]

（2）推动形成全面对外开放的新格局，培育参与国际竞争的新优势。夯实全面开放格局的基础，需要从以往的贸易为主转变为贸易与投资并重，在贸易领域从以往的以货物贸易为主转变为货物贸易和服务贸易并重，在投资领域从以往的"引进来"为主转变为"引进来"与"走出去"并重，"引进来"从以往的引资为主转变为引资和引智并重。与此同时，要拓展对外开放领域，从经贸领域向金融领域拓展，从实体经济领域向规则与治理领域拓展；拓展对外开放的对象，从以往的以发达经济体为主转向发达经济体和发展中经济体并重。在此基础上，要加大服务业的开放力度。把服务业领域大幅度放宽市场准入作为新一轮对外开放的重点，同时积极提高服务业水平，大力发展服务贸易，增强服务业的国际竞争力。[2] 我们可以把自由贸易试验区和自由贸易港作为服务业开放的高地，参照发达经济体自由贸易区、国际自由港的规则标准，发挥示范带动效应，促进我国服务业发展和产业结构升级。同时，实现主动吸引外商投资和引导企业对外直接投资的良性互动，促进中国技术进步和创新，加大力度培养中资跨国公司并大力开展对外投资，为我国经济长期向好发展提供内生动力的支撑，促进我国经济实现由外延性增长向内生性增长转变。[3]

（3）统筹协调区域发展，形成对外开放新格局。党的十九大报告

---

[1] 隆国强主编：《构建开放型经济新体制》，广东经济出版社2017年版，第29页；刘建颖：《推动中国进入对外开放新时代》，《国际商务财会》2018年第5期。
[2] 隆国强主编：《构建开放型经济新体制》，广东经济出版社2017年版，第28—29页。
[3] 邵玉君：《FDI、OFDI与国内技术进步》，《数量经济技术经济研究》2017年第9期。

提出的"强化举措推进西部大开发形成新格局，深化改革加快东北等老工业基地振兴，发挥优势推动中部地区崛起，创新引领率先实现东部地区优化发展，建立更加有效的区域协调发展机制"，① 是实现区域统筹发展的核心战略抓手。新时代的区域开放布局以"一带一路"为统领，与京津冀协同发展、长江经济带发展、粤港澳大湾区建设等国家战略对接，积极促进区域平衡发展和开放，推进形成陆海内外联动、东西双向互济的开放新格局。东部沿海地区应适当调整原先的出口导向战略，从出口导向转向进口导向，进一步巩固开放型经济，同时加强向中西部和东北地区的投资；而中西部和东北地区要强调出口导向，优先向东部沿海开放，积极向世界开放。统筹国内发展与对外开放，将新一轮对外开放作为提升区域发展质量的有力抓手，加强"一带一路"与区域协同发展战略等国家战略的融合对接，深入推进新一轮对外开放与西部开发、东北振兴、中部崛起、东部率先发展、沿边开发开放的结合。②

第三，强化地区战略，推动地区命运共同体建设。东亚是中国的战略依托地带，也是中国地区战略的核心地带。中国应充分认识中国崛起的地区效应，有效降低中国崛起的负面冲击力，促进地区稳定与共同发展，通过制度化合作发展东亚利益共同体，创立各国共担、大国多担的责任共同体，大力促成东亚命运共同体，培育并巩固建立在共同利益基础之上的平等、合作、互利、互助、开放的东亚秩序。

中国东亚战略的深化体现在，从推动多元并行的东亚一体化合作发展到致力于东亚共同体的制度化建设，实现更高层面的战略设计和战略运作。中国促成东亚命运共同体的核心路径是，以共同利益为基础，推动创建东亚利益共同体和责任共同体。迄今，东亚已经在次地区、地区和超地区层面建立起颇具效用的制度框架，这些都是共同利益汇聚和制度化的结果。随着东亚进入制度建设和寻求认同的时代，

---

① 习近平：《决胜全面建成小康社会 夺取新时代中国特色社会主义伟大胜利——在中国共产党第十九次全国代表大会上的报告》，人民出版社2017年版，第33页。

② 杨丹辉：《面向新时代加快推动形成全面开放新格局》，《区域经济评论》2018年第3期。

共同利益成为地区各国思考问题的基础和出发点。随着中国进一步融入东亚地区合作，随着中国地区影响力的增强，寻求和扩大地区共同利益成为中国的战略趋向，中国主导推动创建东亚利益共同体的基本条件正在走向成熟。我们认为，中国应该在宏观层面上构想基于共同利益的东亚战略框架，并与东亚各国联合推进，推动创建东亚利益共同体。

作为东亚关键的利益攸关方，中国迎来为地区和平发展做出更大贡献的时代，承担地区大国责任是中国必然的战略选择。中国承担地区责任，以大有作为为目标，以力所能及为条件，以循序渐进为原则。与此同时，地区事务纷繁复杂，各国利益诉求不一，唯有逐步建立责任共担、大国承担重要责任的责任共同体，地区合作才能有更为牢固的制度化基础，地区命运共同体的意识才能逐步强化。有鉴于此，中国要深化对地区公共产品的认识，与各国一道确立地区和平发展的目标，客观评估地区国家的根本利益诉求，既能够做到雪中送炭，又能够实现共享繁荣，从而深化东亚命运共同体意识，实现东亚秩序的重塑。

中国东亚战略的部署，突出体现在政治、经济、安全、人文等诸方面。在政治领域，中国应致力于推进地区合作的政治协商机制，奉行合作推进、多做贡献的积极作为方式，加强各国的政治认同，缓解并推动解决各国之间发生或可能发生的矛盾冲突。坚持既有的领导人定期会晤机制，并深化地区相关政治议题的协调；加强事务级官员和部长级官员的定期交流机制，发展各国之间的部门合作，为领导人定期会晤机制、重大问题的协调提供渠道和支撑。与此同时，中国应大力加强与东亚国家在全球和其他地区事务上的交流合作，以此加深彼此的政治信任，培育地区认同和地区意识。

第四，深化全球战略，推动构建人类命运共同体。全球战略反映国家战略体系的宏观视野。中国不仅要抓住当前和平、发展、合作、共赢的时代机遇进一步发展自己，同时也应当努力为世界和平与发展善尽义务、多做贡献，积极承担国际责任和义务，积极参与全球治理，为各国提供共同发展的机遇和空间，欢迎大家搭乘中国发展的快车，分享中国发展的红利。中国积极申明走和平发展道路的意愿，坚持互利共赢的战略思路，强调与各国在利益汇合点的基础上开展合作，积极在力所能及范围内承担更多国际责任，与各国建立和发展利益共同体、责任共同体、命运共同体。从对外开放的角度看，中国全球战略应重点关注如下方面。

（1）全面参与国际制度和国际规则制定，积极推动国际秩序变革。中国应在国际制度体系内寻找共同利益，以打破"中国威胁论"，澄清对中国外交战略的误读，稳定外部世界对中国国际战略的预期，消除对中国发展的担忧；向世界展示中国传统思想的魅力和建设性倡议，增强中国的国际影响力，更多地承担起促进世界和平与发展的领导责任；在国际制度体系内维护中国的主权和领土统一，实现国家的统一和民族振兴；积极参与国际制度的完善和发展，以中国的国家利益为依归，并对建设持久和平、普遍安全、共同繁荣、开放包容、清洁美丽的新世界做出贡献。上述努力，必然与推动国际秩序变革密切联系在一起。中国参与国际秩序重塑的主要路径是，强调以完善全球性国际制度的基本规则为着眼点，尝试积极参与国际金融秩序的重构，以此为基础积累国际秩序重塑的经验，并将重点放在东亚地区秩序的重构上，逐步加强在国际秩序建设的议程创设能力。[①]

（2）引领新型全球化，推动全球治理转型发展，展现中国的责任与担当。未来5—10年，是全球治理转型发展的关键时期，也是中国实现全面崛起的关键时期。中国既要和大国协调合作，联合进行顶层设计，又要勇于承担起推进新型全球化的历史使命，自觉高举新型全球化大旗，积极推动贸易自由化、投资自由化和服务便利化，以开放促改革，以改革谋发展，以发展赢繁荣。我们要深刻认识到，中国引领的全球化是一种新型的全球化，其目标是要克服既有经济全球化的弊端，新型全球化是一种均衡、包容和可持续发展的全球化，体现了开放、包容、普惠、平衡、共赢特征，既要"做大蛋糕"，更要"分

[①] 门洪华：《中国崛起与国际秩序变革》，《国际政治科学》2016年第1期。

好蛋糕",着力解决公平公正问题。①

(3) 积极发展伙伴关系网络,拓展中国全球新视野。中国强调总体稳定、均衡发展的大国关系框架,强调与各大国推进关系进展,与此同时重视与发展中大国的关系,大力促进金砖国家合作机制建设,使之成为新兴大国合作共赢的典范。② 在周边关系处理上,中国应进一步强调亲诚惠容的理念和与邻为善、以邻为伴的周边外交方针,强调地区命运共同体建设。与此同时,中国秉持正确义利观,加强与发展中国家的团结合作,以贸易和投资的增长带动经济增长,同时积极加大对发展中国家的支持,尤其是扩大对外援助的力度,牵头开展南方国家间治理经验交流和新型能力建设,给它们提供更多搭中国发展便车的条件和机会。在此基础上,中国继续拓展朋友圈,建立和扩大全球伙伴关系网络,提供更加丰富和直接的双边对话合作框架,寻求政治互信、经济互赖、文化交融、社会互动的积极成效。在全球层面上,争取与大部分新兴经济体、发展中大国、主要区域经济集团和部分发达国家建立自由贸易区,构建金砖国家大市场、新兴经济体大市场和发展中国家大市场。③

(4) 妥善应对中美分歧,防止中美竞争与冲突引致全球震荡。中美关系牵动着世界的神经,是左右国际关系大势、决定人类走向和平与否的核心要素。④ 鉴于中美两国战略竞争态势已然形成,如何妥善处理分歧、加强危机管控、防止某一方面的风险蔓延至整体关系就变得至关重要。中美双方在许多问题上存在着严重的分歧,经贸摩擦只是一种集中表现,目前蔓延至两岸关系,是极度危险的表征。中美关系的关键在于加强战略管理意识,在宏观层面的高层往来、中观层面的功能领域合作和微观层面的危机管理上善加统筹;同时要加强对重

---

① 李向阳:《"反全球化"背景下中国引领经济全球化的成本与收益》,《中国工业经济》2017年第6期。
② 周文、冯文韬:《在全面对外开放中推进新型南南合作》,《开放导报》2018年第3期。
③ 李光辉、王芮:《我国自贸区建设的成就与今后重点发展方向》,《国际贸易》2017年第7期。
④ 门洪华:《关键时刻:美国精英眼中的中国、美国与世界》,《中国社会科学》2012年第7期。

大分歧的管控，防止摩擦调门升级导致安全困境式的情势。妥善处理两国分歧，其基础在于坚持求同存异的原则，坚信宽阔的太平洋、蓬勃的全球化足可容纳中美两国合理的利益诉求。

第五，聚焦"一带一路"建设，推进中国与世界良性互动。"一带一路"为中国加快形成陆海内外联动、东西双向互济的开放格局指明方向，为沿线国家加强互利合作、实现共同发展提供机遇。"一带一路"倡议强调中国开放、地区合作、全球发展的有机结合，统筹国内、地区和全球，是推进中国与世界良性互动的重要抓手。"一带一路"是推动国际规则建设的重要抓手，其核心内容均与国际规则的重塑有关。在推进"一带一路"国际规则体系建设的过程中，中国应强调公正合理、包容透明、开放共赢的原则，在规则制定过程中担当倡议者、引领者的角色，致力于打造开放型合作平台，维护和发展开放型世界经济，共同创造有利于开放发展的环境。

第六讲　总体国家安全观与中国特色国家安全道路

国家安全是国家战略谋划和政策设计的核心。在一定意义上，中国能否顺利实现崛起，关系到其国家安全能否得到维护，国家战略利益能否得以拓展。中国正处于从全球性大国迈向全球性强国的征程之中，国家战略利益在迅速向全球拓展，同时国际社会对中国的关注乃至渗透愈加深入，加上国内全面转型加速，国内国际因素的互动增强，中国国家安全的内外界限日益模糊，面临的挑战更加多样化与复杂化。[①] 国家安全环境更趋复杂、国家利益不断拓展和维护国家利益的能力相对薄弱构成了中国国家安全的结构性矛盾，其脆弱性和敏感性进一步显现，中国国家安全利益的维护因之受到越来越多的制约和挑战。如何强化国家安全战略是我们当前面临的重大战略议题。

习近平指出："要高举和平、发展、合作、共赢的旗帜，统筹国内国际两个大局，统筹发展安全两件大事，牢牢把握坚持和平发展、促进民族复兴这条主线，维护国家主权、安全、发展利益，为和平发展营造更加有利的国际环境，维护和延长我国发展的重要战略机遇期，为实现'两个一百年'奋斗目标、实现中华民族伟大复兴的中国梦提供有力保障。"[②] 在以习近平同志为核心的党中央的坚强领导

---

① 门洪华：《开启中国全面深化改革开放的新时代——兼论未来十年中国的大战略走向》，《学习与探索》2015 年第 8 期。

② 《中央外事工作会议在京举行》，《人民日报》2014 年 11 月 30 日第 1 版。

第六讲　总体国家安全观与中国特色国家安全道路

下，以建立中央国家安全委员会为契机，提出总体国家安全观，致力于创新国家安全观念，调整国家安全布局，完善国家安全战略。在密切结合国内国际两个大局的情势下，前瞻性地研判国际形势，冷静认识中国国家安全面临的内外部威胁与挑战，并以此为基础客观评估中国国家安全、提出相应的政策建议，是当前中国国家安全战略谋划的核心议题。

一　中国国家安全面临的机遇与挑战

中国崛起与世界转型并行，中国成为世界变革的重心。[1] 中国从一超多强的格局中脱颖而出，成长为世界强国的战略谋划是国际社会尤其是主要大国的关注重心，中国国家发展战略的完善和国家安全战略的强化，引动世界主要大国的战略调整，中国国家安全面临的议题因之迅速扩展，中国国家安全面临的外部威胁和挑战亦趋复杂。

随着中国国家利益向全球的拓展，与世界各国尤其是主要大国的战略利益竞争趋于激烈，与周边国家的实力对比发生实质性变化，中国未来战略走向与战略部署更被视为敏感，既有大国针对中国崛起的应对之策开始有意识走向协调，某些周边国家力图利用中国尚未成为世界强国的空当攫取某些关键性利益，分裂主义等国内不稳定因素加紧与国际反华势力的配合，打乱中国布局、遏制中国前景、促使中国和平变革成为各种破坏因素力图影响中国进程的三部曲，给中国带来了巨大挑战。

随着中国国家利益触角的延伸，当今世界的主要政治、经济、安全热点问题均处于中国国家安全维度之内，且其关联性趋于密切。

首先，在全球层面上，中国发展冲击着西方大国既有的战略利益格局。尤其是中美之间存在着战略利益相悖的结构性矛盾，美国奉行遏制与接触中国并行的政策，且软硬遏制兼有的成分在加重，美国通

---

[1] 门洪华、钟飞腾：《中国海外利益研究的历程、现状与前瞻》，《外交评论》2009年第5期。

过军事合作、经贸合作、安全协调等方式加紧在中国周边构筑遏制带和防波堤。① 与此同时，中国与世界经济融为一体，形成相互依赖关系，中国影响世界经济并进而产生溢出效应的能力在提高，中国的经济安全、金融安全也变得严重受制于外在因素。随着全球化进程的加速，全球性问题尤其是非军事因素、战略性要素对中国安全的制约和威胁也越来越大。

其次，在地区层面上，或从周边安全状态看，作为亚洲邻国最多、地缘矛盾最多的战略主体，中国在亚洲尤其是东亚面临的安全形势日趋复杂和严峻。其背后的原因既有历史因素，更有现实的利益纷争，亦不乏未来的战略考虑。传统的地缘政治思维依旧起着支配性作用，遏制中国、防范中国的思想依旧起着重要作用。由于中国历史上未曾划定陆地边界，与周边许多国家的边界争端由来已久，岛屿归属争端和领海纷争近年来更是成为地区乃至全球关注的热点，中国与周边国家存在的利益矛盾和冲突将长期存在，美国等强大外来因素的干预使得中国安全面临新挑战。

最后，在国内层面上，外敌入侵中国的可能性已不复存在，但外部破坏因素的渗透却愈加激烈，外部势力愈加积极利用各种民族分裂势力威胁中国国家安全。这些因素与中国处于全面转型期的特征相唱和，使得维护文化安全成为中国国家安全的远虑，而确保社会稳定成为中国国家安全面临的近忧。习近平指出，"国家安全和社会稳定是改革发展的前提。只有国家安全和社会稳定，改革发展才能不断推进"，②"当前，我国正处在全面建成小康社会、全面深化改革、全面依法治国、全面从严治党的重要时期，面临复杂多变的安全和发展环境，各种可以预见和难以预见的风险因素明显增多，维护国家安全和社会稳定任务繁重艰巨"。③

---

① 门洪华：《中国对美国的主流战略认知》，《国际观察》2014 年第 1 期。
② 习近平：《关于〈中共中央关于全面深化改革若干重大问题的决定〉的说明》，《人民日报》2013 年 11 月 16 日第 1 版。
③ 《习近平在会见全国国家安全机关总结表彰大会代表时强调 扎实深入贯彻落实总体国家安全观 与时俱进开创国家安全工作新局面》，《人民日报》2015 年 5 月 20 日第 1 版。

以上中国国家安全面临的外部威胁和挑战表明，中国国家安全战略存在着诸多需要完善的方面，这具体表现在：其一，长期以来国家整体战略的经济主导倾向决定了中国综合战略谋划不足，一种面向21世纪中叶世界大国前景的国家安全战略构想、战略文化、安全战略框架尚未形成。有鉴于此，尽管近年来中国国家安全战略的主动性有所展现，但总体上的被动性犹在；其二，当前和未来一个时期中国国家安全的重心在东亚，但目前中国安全战略的地域部署上重点不突出，尚未将东亚战略上升到核心地位，东亚被美日中印东盟所经营，而美日印等国家均将中国视为最主要的战略竞争对手，尤其加强在中国东部和南部的战略部署，从而形成针对中国的软性战略包围圈，使得中国在东亚整体上处于受制态势；其三，中国仍缺乏明晰的海洋战略谋划，海上经略不足，缺乏海上战略防御纵深，海洋利益受到严重制约；其四，随着国家实力的上升，中国国家利益的触角延伸到世界各个角落，军事力量对中国国家利益的支撑作用显得越来越重要。但是，由于中国军事战略长期服从、服务于经济战略部署，军事力量对国家利益的支撑作用发挥不够，应对和冲破战略围堵的能力未有大的提升；其五，在复合相互依赖的时代，国家之间的利益纷争、矛盾冲突不能仅仅依靠外交手段解决，要有外交、军事、经济、文化等各种手段的综合运用。相比而言，中国的战略手段稍显不足，综合运用能力尤弱。

二　中国国家安全的阶段性目标

中国的总体战略构想是，高举和平、发展、合作、共赢的旗帜，对内走科学发展之路，对外走和平发展之路，国内国际联动追求和谐发展，致力于实现中华民族伟大复兴的"中国梦"，成长为中国所期许、国际社会所认可的世界大国。这就要求中国由主要为自身发展利益服务的和平环境战略转向与世界谋求共同发展与安全的战略，这一战略转变以积极参与国际事务、加强国际合作为途径，以拓展国家战略利益、发挥负责任大国作用为目标。

作为国家大战略的重要组成部分，中国国家安全战略的总体战略目标和任务是，面向世界大国的前景，稳步推进国家安全，积极参与国际安全的维护，维护并拓展中国的安全利益。未来10—15年，是中国成长为世界大国的关键时期，也是中国国家安全最受考验的时期，中国国家安全的阶段性目标主要如下。

第一，捍卫国家领土领海权益。以陆地边界的和平与稳定为战略依托，在海域疆界上与主要大国开展竞争与合作，巩固和促进中国安全利益，改善中国的战略环境。获得并确保在南海和东海领海争端上的主动权，确保主导权在我，以和平方式突破美国部署的"第一岛链"。海洋强国建设取得战略性突破，在领土领海权益得到有效维护的情势下，采取措施降低南海和东海领海争端的冲突烈度，稳定相关国家对中国战略趋向的认知，树立不惹事、不怕事，在安全维护上明晰底线，决不让步的国家形象。

第二，反独促统，维护国土完整。坚持以政治、经济、文化手段促共识，以军事手段反"台独"，为统一创造条件；采取一切必要手段打击"疆独""藏独"，特别是对其暴乱行为应坚决镇压，防止新疆、西藏等地区任何形式的分裂。牢牢把握台海关系主导权，确保台湾地区不朝着"台独"分裂的方向发展，有效遏制三股"恶势力"在西北地区的影响，防止达赖集团严重干扰西藏发展稳定。同时通过进一步规划国土布局，为全面解决新疆问题创造条件；通过一系列稳定和发展西藏的举措（尤其把作为西藏大后方的青海问题处理好），为西藏的稳定创造条件，做好充分的准备。

第三，维护和塑造有利于中国和平发展的国际环境。避免与美国陷入对抗、遏制和冷战的循环圈；避免周边结成旨在对付中国的同盟；避免中国周边的热点问题失控。积极与东盟国家开展全面合作，确保东盟在安全议题上对中国保持善意中立；通过经济手段等途径防止美、日、澳、印在安全议题上形成制度化协调，全力防止美国、日本、菲律宾、越南在安全问题上结成针对中国的安全同盟；防止朝核问题再次爆发并引发东北亚的安全争端，确保东北亚安全主导权在我。与此同时，加快促成地区"全面经济伙伴关系协定"（RCEP）和亚太自贸区（FTAAP），全面而有效地降低南海争端的冲突烈度，与东盟国家在东亚安全上达成积极共识。

第四，维护和扩展国家战略利益的范围和空间。推动多边安全合作，参与并在一定情势下主导构建周边安全制度，参与营造国际安全体系，拓展中国的安全利益。完善总体安全理论并积极传播，使之成为全球主要大国理解、发展中国家接受、周边国家落实的主流安全理论；积极推动以联合国安理会为核心的国际安全合作。在东亚经济合作深化的基础上，以东盟地区论坛（ARF）为平台初步建立开放性的东亚安全协调机制，有效抑制美国对东亚安全事务的主导；积极参加国家安全维护，拓展国家安全利益。

第五，发展军事力量，保障国家安全。为国家安全计，必须稳步增加军费开支，大力推进新军事变革，建立可靠的战略威慑力量，加速常规武装力量的现代化，同时进一步加强对外军事合作与交流，既强调中国军队的和平使命，也要适当展示中国的军威。在新军事变革方面迈出坚实的步伐，实现常规武器力量的有效升级换代，进一步强化"杀手锏"核武器的研发，确保可靠的战略威慑力量。进一步推进深蓝海军的建设目标，为维护国家安全提供坚实的军事保障。

三　中国国家安全观念的创新

国家安全观是一个国家对安全的主观认识。自中华人民共和国成立至20世纪70年代末，中国国家安全的边界基本上完全由地理疆域确定，中国对国家安全的认识主要基于国家生存安全的需要。20世纪80年代迄今，随着国际局势的发展，威胁人类生存的各种因素跨越国界，其控制也超出了单一国家的能力范围，因而成为世界所有国家共同面对的安全问题，国家安全的传统边界已经被打破，安全威胁可谓无处不在。这些变化要求各国突破过去的国家安全观念，从全球安全、综合安全、合作安全角度看待和处理国家安全问题。有鉴于此，中国顺应时代潮流，对国家安全的关注并不局限于政治安全等传统安全观念，"新安全观"和"总体国家安全观"就是中国国家安全观念创新的标志。

第二次世界大战迄今，世界发生着翻天覆地的变化，时而波澜壮阔，令人振奋；时而风雨如磐，惊心动魄。在世界格局的急遽变化中，安全是任何国家战略目标的首要乃至最高的诉求。无政府状态成为认识国际政治的基本起点，安全困境是每一个国家必须面对的现实，"强者能其所事，弱者受其所难"仍然是国家在安全问题上的切实感受。自助、结盟、集体安全等成为国家维护自身安全的可求途径。但是，与以往不同是，第二次世界大战结束以来，全球化进程明显加快，国际关系的内涵大大丰富，国际关系日益多极化、制度化和有序化；非国家行为体的作用增强，并逐步得到应有的重视；国际关系中的复合相互依赖日益加深，一损俱损、一荣俱荣的观念逐渐深入人心。表现在安全问题上，大规模的国际冲突得到一定程度的抑制，零合博弈模式在减少；出现国际缓和与一定程度的国际合作，双赢博弈越来越普遍。随着冷战的结束，国际合作越来越成为国际关系的主流，国家安全与整个国际社会的和平与安全的关系越来越密切，出现了合作安全、全球安全等新的认识模式。

随着全球化的不断发展，安全问题的跨国性和综合性日益突出，安全的范畴不再局限于传统的军事、政治、经济安全，日益涉及社会、环境、文化等非传统安全领域。全球化不仅导致国家的经济安全利益越来越重要，而且使得科技安全、信息安全、生态安全等成为安全利益的新内容。有鉴于此，合作安全成为维护国际安全的有效途径，各国需要通过加强各领域合作扩大共同利益，提高应对威胁和挑战的能力与效率。和平只能建立在相互的、共赢的安全利益之上，共同安全是维护国际安全的最终目标。过去，中国最担心的是自身安全受到威胁；进入20世纪90年代，周边国家以及世界主要大国对中国崛起是否会带来威胁充满疑虑。正是这种内外互动，促使中国领导人在1995年提出了以互信、互利、平等、协作为核心的新安全观，通过上海合作组织付诸实践，并将其延伸到中国—东盟自由贸易区的构建之中。新安全观是一种"立体安全观"，它不仅强调国家安全的外部性变革（如扩大到经济安全、金融安全等非军事领域），也扩大到政治昌明、社会安定等国内安全领域，

第六讲 总体国家安全观与中国特色国家安全道路

体现了将国际战略与国内战略综合考虑的高度。新安全观体现的防御性现实主义思想，代表着中国在安全问题与国际认同的深化、合作型战略文化的内化。

随着中国的崛起，其国家战略利益在拓展，国家安全在深度和广度上也在迅速扩展。全球化背景之下的安全概念可谓无所不包，而国家维护国家安全的手段也变得多样了，其难度无疑也在增加。2014年4月15日，习近平主席在中央国家安全委员会第一次会议上发表讲话指出，要准确把握国家安全形势变化的新特点新趋势，坚持总体国家安全观，以人民安全为宗旨，以政治安全为根本，以经济安全为基础，以军事、文化、社会安全为保障，以促进国际安全为依托，走出一条中国特色国家安全道路。贯彻落实总体国家安全观，必须既重视外部安全，又重视内部安全，对内求发展、求变革、求稳定、建设平安中国，对外求和平、求合作、求共赢、建设和谐世界；既重视国土安全，又重视国民安全，坚持以民为本、以人为本，坚持国家安全一切为了人民、一切依靠人民，真正夯实国家安全的群众基础；既重视传统安全，又重视非传统安全，构建集政治安全、国土安全、军事安全、经济安全、文化安全、社会安全、科技安全、信息安全、生态安全、资源安全、核安全等于一体的国家安全体系；既重视发展问题，又重视安全问题，发展是安全的基础，安全是发展的条件，富国才能强兵，强兵才能卫国；既重视自身安全，又重视共同安全，打造命运共同体，推动各方朝着互利互惠、共同安全的目标相向而行。2014年5月21日，习近平主席在亚信会议上海峰会上发表讲话，倡导共同、综合、合作、可持续的亚洲安全观，创新安全理念，搭建地区安全和合作新架构，努力走出一条共建、共享、共赢的亚洲安全之路，[①]集中体现了中国总体国家安全观的国际运用。习近平指出，共同，就是要尊重和保障每一个国家安全，利益交融、安危与共，平等而包容；综合，就是要统筹维护传统领域和非传统领域安全；合作，就是

[①] 习近平：《积极树立亚洲安全观 共创安全合作新局面——在亚洲相互协作与信任措施会议第四次峰会上的讲话》，《人民日报》2014年5月22日第2版。

要通过对话合作促进各国和地区安全；可持续，就是要发展和安全并重以实现持久安全。2015年1月23日，中共中央政治局审议通过《国家安全战略纲要》。2015年7月1日，第十二届全国人大常委会第十五次会议通过《中华人民共和国国家安全法》。党的十九大报告指出，必须坚持国家利益至上，以人民安全为宗旨，以政治安全为根本，统筹外部安全和内部安全、国土安全和国民安全、传统安全和非传统安全、自身安全和共同安全，完善国家安全制度体系，加强国家安全能力建设，坚决维护国家主权、安全、发展利益。

习近平提出的总体国家安全观，强调发展与安全相结合，要秉持为发展求安全、以安全促发展的理念，让发展和安全两个目标有机融合。[1] 与此同时，习近平高度关注以国际合作求安全，他指出，"在经济全球化时代，各国安全相互关联、彼此影响。没有一个国家能凭一己之力谋求自身绝对安全，也没有一个国家可以从别国的动荡中收获稳定"，[2] "安全应该是普遍的。不能一个国家安全而其他国家不安全，一部分国家安全而另一部分国家不安全，更不能牺牲别国安全谋求自身所谓绝对安全"，[3] "要通过坦诚深入的对话沟通，增进战略互信，减少相互猜疑，求同化异、和睦相处。要着眼各国共同安全利益，从低敏感领域入手，积极培育合作应对安全挑战的意识，不断扩大合作领域、创新合作方式，以合作谋和平、以合作促安全"。[4] 他呼吁，安全利益你中有我、我中有你，必须摒弃唯我独尊、损人利己、以邻为壑等狭隘思维。各方应该坚定奉行双赢、多赢、共赢理念，在谋求自身安全时兼顾他国安全，努力走出一条互利共赢的安全之路。各国应该树立共同、综合、合作、可持续的全球安全观，树立合作应对安全挑战的意识，以合作谋安全、谋稳定，以安全促和平、

---

[1] 习近平：《在荷兰海牙核安全峰会上的讲话》，《人民日报》2014年3月25日第2版。
[2] 习近平：《携手构建合作共赢新伙伴 同心打造人类命运共同体——在第七十届联合国大会一般性辩论时的讲话》，《人民日报》2015年9月29日第2版。
[3] 习近平：《积极树立亚洲安全观 共创安全合作新局面——在亚洲相互协作与信任措施会议第四次峰会上的讲话》，《人民日报》2014年5月21日第2版。
[4] 同上。

促发展，努力为各国人民创造持久的安全稳定环境。①

四 创设中央国家安全委员会，完善顶层设计

伴随着中国的全面崛起，中国国家安全的任务和挑战更加多样化与复杂化，需要国家安全委员会机制来协调和统一。中国必须完善决策机制，整合外交、军事、经济、情报和宣传力量，在重大战略议题上做出更为全面、系统而前瞻性的规划。在领土、领海、资源、社会稳定、国家统一等战略议题上，中国国家安全均面临着方方面面的严峻挑战，需要完善全球化条件下实现长治久安与持续成长的国家战略体系，强化国家全局谋划和战略决策的能力。

中央国家安全委员会经由中国共产党第十八届中央委员会第三次全体会议于2013年11月12日决定成立，习近平任主席，李克强、张德江任副主席，下设常务委员和委员若干名。习近平指出，"我们党要巩固执政地位，要团结带领人民坚持和发展中国特色社会主义，保证国家安全是头等大事。……党的十八届三中全会决定成立国家安全委员会，是推进国家治理体系和治理能力现代化、实现国家长治久安的迫切要求，是全面建成小康社会、实现中华民族伟大复兴中国梦的重要保障，目的就是更好适应我国国家安全面临的新形势新任务，建立集中统一、高效权威的国家安全体制，加强对国家安全工作的领导"。② 中央国家安全委员会作为中共中央关于国家安全工作的决策和议事协调机构，向中央政治局、中央政治局常务委员会负责，统筹协调涉及国家安全的重大事项和重要工作。

习近平指出，"国家安全委员会主要职责是制定和实施国家安全战略，推进国家安全法治建设，制定国家安全工作方针政策，研究解

---

① 习近平：《坚持合作创新法治共赢 携手开展全球安全治理——在国际刑警组织第八十六届全体大会开幕式上的主旨演讲》，《人民日报》2017年9月27日第2版。
② 《习近平主持召开中央国家安全委员会第一次会议强调 坚持总体国家安全观 走中国特色国家安全道路》，《人民日报》2014年4月16日第1版。

决国家安全工作中的重大问题"。① 我们研究认为,中央国家安全委员会聚焦于研究事关国家安全的领土、领海、外交、军事、资源、经济、民生等重大战略议题,制定相关重大战略决策,监督国家安全战略的实施,并对国内外突发事件做出高效、有力的反应。设立中央国家安全委员会,反映了中国国力迅速增长的同时,在对外战略、对外政策、安全方面的挑战日益复杂和多样化,更加需要能够集中高层权力、协调各有关部门的机构。

中央国家安全委员会置于中共中央政治局常委会的坚强领导之下,实现在国家安全问题上的党中央大权独揽、开放研究、各方协作。② 中央国家安全委员会充分利用既有的决策优势,积极吸收和借鉴现有国外国家安全委员会的设置,创设符合中国基本国情的国家安全体制。国家安全委员会的设置,密切结合国内国际两个大局,匹配且形成合力,并同国家发展中长期战略相契合,实现国家安全决策的统一。在上述原则的基础上,实现中央国家安全领导小组的制度化、实体化、专职化、职能进一步扩大和完善是建设中央国家安全委员会的基本路径。中央国家安全委员会致力于将国家安全和外交事务提高到最高决策者的政治层面,作为党中央在国家安全领域行使领导权、决策权的强大工具,在国家安全的整体目标和框架之下,对政治、军事、外交、内政、经济、情报等职能领域和部门实施集中统筹协调,形成横向和纵向整合机制,担负统筹规划、战略协调、危机管控的核心职能,以维护国家安全、谋划国家长远利益。

中央国家安全委员会定位为战略规划、统筹协调、危机管控机构,是中共中央政治局常委会领导下的跨部门国家安全决策咨询机构,是党和国家体制的关键部门,其基本职能如下。

首先,承担战略谋划与咨询职能,负责国家安全战略和政策的长

---

① 习近平:《关于〈中共中央关于全面深化改革若干重大问题的决定〉的说明》,《人民日报》2013年11月16日第1版。

② 毛泽东同志在论述工作方法时指出,"大权独揽,小权分散,党委决定,各方去办。"参见毛泽东《工作方法60条(草案)》,《毛泽东文集》(第7卷),人民出版社1999年版,第355页。

期规划。在深入分析国内外安全趋势的基础上，对中国的长远利益和国家安全目标有更深层次的战略思考，确立大政方针，制定安全战略，就国家安全和外交政策向国家主席提出建议，对中国国家安全领域的重要事务做出战略评估与政策建议。

其次，履行沟通与协调职能，形成国家安全事务一盘棋的格局。协调、管理安全战略与政策的制定工作，并监督决策执行情况；统筹各有关部门的行动，保证国家各项安全决策的执行与落实；开放研究，各方协作，召开有相关官员及专家参与的开放型战略协调会议。

最后，发挥危机处理与管控职能，为危机决策提供应急机制和技术支持。负责信息收集，并对相关信息进行预警分析，制定应对突发事件的有效机制，为危机决策提供相关技术支持。协调各国家安全关涉机构，形成跨部门危机处理协同行动，共同关注危机处理进展情况，实现国家安全一盘棋，做到咨询到位、决策有力、落实迅速。

五 完善中国国家安全战略，奉行底线思维

当前，中国国家安全形势相对稳定，尤其是中国以夯实国家实力基础为根本的战略定力，使得其战略步伐稳健而不乏良性冲击力；随着中国国家实力的增强，军事入侵威胁不复存在；随着国际经济影响力提升，中国维护经济安全能力有所增强；随着国家全面转型的加速，大国心态和大国风度正在形成之中。面向未来，中国国家安全战略基本趋向应是，以国内安全为基石，持续夯实国家实力基础，力争将国家实力转化为国际影响力，保持谦虚平和的心态，锤炼勇于担当的锐气，致力于成为和平发展国际环境的塑造者，为和平发展成世界强国而谋划。[1] 以此为指导，中国国家安全战略应秉持的原则包括以下几方面。

第一，把握重点与全面铺展并重，以把握重点为首要。未来10年，中国国家安全战略的重点在东亚，应立足东亚（当前中国重

---

[1] 肖晞：《加强中国国家安全战略的思考》，《理论视野》2011年第6期。

心），密布亚太（未来世界重心），放眼全球（尤其着力于亚非拉发展中世界）；全力经营领海和专属经济区，利用好资源国家，倚重发展中国家；以积极承担国际责任为契机，在全球热点问题上发挥更积极作用，借此积极拓展中国的国家战略利益。同时，中国应大力塑造新型国际关系，并重点关注既有大国和新兴大国的战略导向，尤其要致力于中美新型大国关系的制度化建设。

第二，正式的安全制度建设与灵活的结伴关系并重，更加重视国际盟友的作用。近年来，中国在整体把握国际局势脉络与国家发展战略的基础上，在和平外交政策与新型大国关系思想的指导下，积极发展战略伙伴关系。中国在继续关注多边主义之时，要进一步回归传统的双边主义。具体地说，要致力于多边安全制度的建设，落实和完善中国新的安全构想，就安全机制建设提出中国的理想和中国的设计，展现中国人的胸怀和情怀；要进一步强调国家间双边协调的重要性，以双边促进有利于中国的多边安排，以双边防范和遏制不利于中国的多边安排。

第三，国际防范与国际合作并重，更加重视国际合作的议程设置能力。面对日趋复杂的安全形势，我们必须加强国际防范的能力，牢记"和平来源于力量"的历史经验总结。当然，国际合作是实现中国安全利益的重要路径，我们不仅要注重国际合作，更要锤炼议程设置能力，把握中国在国际合作中的主动权，促使国际合作进入实质性层面。同各国发展不同领域、不同层次的利益共同体，[①] 推动实现全人类共同利益，以促进世界的和平、发展与稳定。

第四，关注传统安全威胁与非传统安全威胁并重，更加注重应对非传统安全手段的多元化和目标的延展性。中国面临的传统安全威胁和挑战主要来自领土争端和民族分裂势力，兹事体大，事关国本，不容让步。随着全球化的深入、中国融入世界步伐的加快和中国国家利益拓展的铺开，中国面临的非传统安全威胁越来越多、越来越大，应

---

① 门洪华：《新安全观·利害共同体·战略通道——关于中国安全利益的一种解读》，《教学与研究》2004年第8期。

对非传统安全挑战,既需要国际合作,也需要大国决断,中国应藉此进一步锤炼维护安全的能力,采取综合多元的手段,以实现国家安全战略目标的延展。要密切关注社会层面与国家政策层面的互动,防止极端民族主义情绪对理性国家安全战略的冲击。

第五,陆疆防卫与海疆防卫并重,更加重视海疆经营。塞防与海防,是中国边疆战略的核心议题。中国素有塞防重于海防的传统,然而在当前的安全态势下,海防之重要性应予强调。我们必须要构思可行而具有前瞻性的海洋安全战略,打破有海无洋的窘局,确保海上战略防线。与此同时,要加强东海、南海的军事巡航,确保主权在我。

第六,外交与军事手段并重,进一步强化外交能力及对外斗争的部门配合。在加强军事准备和军事威慑力的同时,要强调外交解决的主渠道地位,强化外交能力,同时要致力于加强各涉外部门的密切配合,加强内政外交部门的密切配合,形成内政外交一盘棋的局面,共同致力于国家利益的维护与拓展。

落实这些原则,还需要我们对中国国情和世界潮流有精当的认识与把握,奉行顶层设计和底线思维相结合的原则,这尤其体现在以下几个方面。

第一,冷静客观判断中国国家实力。国家实力堪称国家安全战略的家底,它既是国家安全战略目标体系的组成部分,也是实现国家安全战略目标的手段,又是国家安全战略制定的出发点之所在。国家实力的评估,应强调全球化时代、信息革命时代之时代背景的巨大影响,强调国家实力的相对性和动态性,强调国际比较对客观认识国家实力的重要意义,强调运用国家实力的自我约束意识等。

第二,全面表述中国国家战略利益。国家战略利益是主权国家生存和发展需求的最终体现,其中经济利益、政治利益和安全利益构成其基本核心,国际利益和社会利益的地位和作用越来越突出,而海外利益成为相关研究最为关注的新要素。一般而言,分析国家利益往往采取排序法。就国家利益的轻重缓急进行排序,可以达到统筹安排、突出重点的目的,这是国际上的通行方法。从另一个角度看,国家利益的实现是一个动态的过程,其中不同时段有其不同的侧重点。国家战略利益是一个整体，其中经济利益、安全利益、政治利益、社会利益、国际利益都是根本性的国家战略利益，它们相辅相成，互相影响，只是在不同的时段、不同的国内国际背景下有不同的作用，对达成中国的战略目标而言，上述五方面缺一不可，它们之间不仅是相加关系，也存在着某种乘积关系。当然，不同战略利益之间存在着一定的矛盾冲突，在协调它们之间的关系时，需要统筹考虑国内、国际因素和影响，从全局着眼，从长远利益出发，灵活处置。国家利益的维护，重在根本战略利益和长远战略利益，应该体现出大国眼光、大国气魄、大国风度。

第三，深入研究总体国家安全观。中国国家安全的内在困境在彰显，而安全问题的跨国性和综合性日益突出。习近平总书记提出总体国家安全观，我们应从理论与实践相结合的角度对此深入研究，以此为基础构建指导国家安全战略的理论体系。

第四，审慎评估中国国家安全风险。《左传》曰："居安思危，思则有备，有备无患。"我们必须从世界潮流与基本国情相结合的角度，构建国家安全战略目标的评估和调节体系，对中国国家安全形势进行全面而深入的把握，尤其是对中长期国家安全风险进行审慎评估，找出影响国家安全的重要因素和主要地域，加强对战略态势的跟踪评估和安全风险的重点监控。

第七讲　应对全球治理危机与变革的中国方略

全球治理由全球化所开启，它以相互依赖为基础，以人类整体论和共同利益论为价值导向，[①] 以大国协调和国际合作为路径选择，是推动时代变迁的重要力量来源。尤其是，每一次全球治理危机的爆发与应对，都是国际秩序变革的契机，也往往是构建新型国际关系的契机。

进入21世纪，随着全球化双刃剑效应的进一步显现，大国兴衰进程加速，世界迎来一个全球治理发展与转型的新时代。尤以欧美金融危机和债务危机的应对为契机，全球治理变革成为世界各国高度关注的战略议题。这一波全球治理变革以危机应对为主线，其中不仅涉及国际权力、国际利益的再分配，也涉及国际责任的再分配以及不同全球观念的折冲，导致大国竞争激烈。欧美发达国家与新兴大国实力对比出现巨大变化。与此同时，全球治理由局部性向全局性扩展，加之新的全球性问题层出不穷，既有全球治理领域内的国际规则和制度安排受到严峻挑战，新问题领域的治理则迫切需要制定规则和进行制度安排，全球治理危机与转型、发展并行，给各大国战略均带来巨大挑战与难得机遇。

全球治理的危机、转型与发展，为中国全面融入国际社会、参与全球治理提供了难得的战略机遇，也是中国推动全面崛起、谋划崛起之后的重要国际条件。一方面，当前中国与全球治理的关系日益深化，中国全面参与国际事务，积极推动国际合作创新，在全球性事

[①] 蔡拓：《全球治理的中国视角与实践》，《中国社会科学》2004年第1期。

务、地区性问题的解决上发挥着越来越重要的作用，中国思想、中国方案举世瞩目。另一方面，当前各国所秉持的治理思想和治理模式偏好差距甚大且竞争激烈，应对危机的同舟共济或为"同舟共挤"所替代，展望未来五到十年，我们仍处于不同治理模式激烈竞争的时期。① 正如联合国全球治理委员会（Commission on Global Governance）指出的，全球治理是一个广泛的、充满活力的、复杂的进程，"建立适当的治理机制是一件复杂的工作，因为它没有排他性，需要方方面面的参与。这种机制还必须具有足够的灵活性，以便能够应对新的问题以及对一些老问题作新的理解。它必须是一个大家一致赞同的全球性架构，以便在各相应的层次上采取行动和执行政策"。② 基于此，中国全球治理战略的核心目标应是，抓住全球治理危机、转型与发展的契机，积极参与和推动全球治理体系建设，成为塑造未来全球治理体系的设计师，对新型治理范式的形成做出建设性的贡献，③ 为中华民族伟大复兴创造更好的国际环境。

一　全球治理危机应对：历史与理论

联合国全球治理委员会指出，治理是个人和机构管理共同事务的诸多方式的总和，它是持续的过程，人们通过这样的过程可以调和冲突的或不同的利益，并且采取合作的行动，它包括有权迫使人们服从的正式机构和体制，也包含非正式的各种安排。基于此，全球治理是一种通过国际合作解决全球性问题的机制，为应对共同的问题与挑战、寻求共同利益而进行制度化合作，共克时艰，共享权益，共同管理、规范我们生存的世界。④ 全球治理天然与国际规范和国际机制联

---

① 何帆、冯维江、徐进：《全球治理机制面临的挑战及中国的对策》，《世界经济与政治》2013 年第 4 期。
② ［瑞典］英瓦尔·卡尔松、［圭］什里达特·兰法尔主编：《天涯成比邻——全球治理委员会的报告》，中国对外翻译出版公司 1995 版，第 4—5 页。
③ 薛澜、俞晗之：《迈向公共管理范式的全球治理：基于"问题—主体—机制"框架的分析》，《中国社会科学》2015 年第 11 期。
④ 何亚非：《选择：中国与全球治理》，中国人民大学出版社 2015 年版，第 1 页。

第七讲　应对全球治理危机与变革的中国方略

系在一起：唯有形成国际规范，才有可能约束各国意愿与行为，通过谈判和妥协达成合作；唯有建立国际机制，才能保证全球治理的制度化运行。由于国际社会缺乏统一的权威，全球治理从本质上不同于国内治理，它缺乏普遍承认的权威制定治理规则并进行有效执行。因此，全球治理一方面是一个多样性主体参与的多层次体系，另一方面又是以主权国家相互合作和竞争为主导的权力与权威框架。[1] 尽管如此，全球治理概念的提出依旧具有划时代意义，它堪称是对传统国际关系理论的直接挑战，因为全球治理把世界作为一个整体来看待，是全球化发展到一定阶段的产物。

全球治理由全球化所开启，人类历史上的第一波全球化浪潮肇端于资本主义大工业的产生和工业革命时期，正如马克思和恩格斯指出的，"资产阶级，由于开拓了世界市场，使一切国家的生产和消费都成为世界性的了。……过去那种地方的和民族的自给自足和闭关自守状态，被各民族的各方面的互相往来和各方面的互相依赖所代替了"。[2] 胡健就此指出，资本开创世界历史进程后而兴起的全球治理则是为谋取最大的剩余价值服务的，以资本为工具和手段的全球治理是一种基于非道德价值取向的畸形秩序。[3] 任剑涛则认为，广义的全球治理伴随着资本开创世界历史进程以及由此产生了跨国界、跨民族的关系而出现，当今所说的全球治理存在着事实与价值的疏离，既处于一种事实上的资源贫困状态，也存在着价值上的严重亏空。[4]

全球治理伴随着全球化浪潮和全球治理危机应对而发展，前者催生了战争的全球化和国际体系从欧洲到全球的扩展，后者则催生了全球性的国际制度，尤其是第二次世界大战之后国际秩序的制度化安排，真正意义上的全球治理体系开始出现。然而，全球治理的开篇之作却

---

[1]　庞珣：《全球治理中的金砖国家外援合作》，世界知识出版社2016年版，第64页。
[2]　《马克思恩格斯选集》第1卷，人民出版社2012年版，第404页。
[3]　胡键：《资本的全球治理——马克思恩格斯国际政治经济学思想研究》，上海人民出版社2016年版，第48页。
[4]　任剑涛：《在一致与歧见之间——全球治理的价值共识问题》，《厦门大学学报》（哲学社会科学版）2004年第4期。

是霸权政治，尤其是美苏争霸体系，这实际上为局部全球治理的形成奠定了基础，即只有部分国家参与到全球治理之中，只有部分问题领域纳入到全球治理之中，参与者和问题领域均受制于霸权政治，西方国家、霸权国家藉此在规则制定、资源分配等方面占得先机。① 20世纪60年代，西方殖民体系土崩瓦解，昔日的边缘地带纷纷走向独立，第三世界形成一股巨大的力量，改变了既有的两极霸权格局，也使得全球性问题激增。20世纪60年代末70年代初，鉴于联合国越来越沦为两个超级大国争霸的工具，美国经济主导力下降导致的全球经济治理危机频发，国际事务的处理需要新的国际机制，七国集团应运而生。

冷战时期，七国集团受到两级体系的制约，一直以讨论经济问题、协调西方国家宏观经济政策以及联合对抗苏联为主要目标。它虽也关注全球问题，但影响主要局限于欧美资本主义国家。从20世纪90年代开始，七国集团逐渐从保持和受制于两级霸权结构，转变为推动和塑造国际体系新结构成形的角色，为弥补自身在面对各种国际挑战中的不足，七国集团通过成员扩大、议程增设和机制深化的方式进行制度改革，推动发达国家与发展中国家共商机制的建设，力求向有效的全球治理中心的定位转变。② 与此同时，发展中大国的群体性崛起渐成气候，地区主义勃兴，国际格局酝酿巨大变革；联合国改革被推上日程，而伴随着1997年亚洲金融危机的爆发和应对，既有国际制度无法在日益全球化的世界中发挥有效作用，③ 国际金融体系的改革提上日程。这些变革为新的全球治理时代的到来准备了条件。

---

① 相关分析可参见张茗《全球公域：从"部分"治理到"全球"治理》，《世界经济与政治》2013年第11期。

② 1997年俄罗斯正式被七国集团吸纳，扩员后的八国集团向推动形成和塑造新的国际体系角色转变的力度更大，朝着构建新权力中心方向迈进的步伐更快。随后，八国集团加强了与新兴发展中国家的对话，2005年形成较为固定的"G8+5"对话机制，成为吸纳发展中国家参与国际事务的新形式。但"G8+5"机制并没有从实质上改变"发达国家为主、发展中国家从属"的不平等格局。参见何亚非《选择：中国与全球治理》，中国人民大学出版社2015年版，第30—32页。

③ [加]约翰·J.柯顿：《二十国集团与全球治理》，上海人民出版社2015年版，第485—486页。

第七讲　应对全球治理危机与变革的中国方略

2008年国际金融危机的爆发及其应对,是全球治理史上的标志性事件。这场危机充分证明,在世界政治、经济、外交、军事等格局发生深刻复杂变化的今天,现有国际体系和治理机制已无法适应全球化新形势,也无法破解全球化快速发展引发的新挑战和新问题。新时代全球治理需要探索新思路、新路径。2008年11月,在华盛顿举行首次二十国集团(G20)峰会,开启了全球治理改革的先河。自此,中国等新兴大国进入全球治理核心决策圈,各国在全球发展合作、经济治理改革、促进全球经济增长和反对贸易保护主义等领域达成一些重要共识,进一步确立了其在全球经济治理中定规则、定重点、定风向的主要平台作用。以此为基础,全球治理危机应对取得了重要进展,为全球治理转型发展奠定了重要基础。

当前全球治理架构承继第二次世界大战结束至今的各种国际制度,曾由美国领衔打造,现由美国娴熟经营。[①] 但各国皆有其不满和修改完善的冲动,美国亦然。冷战结束以来,多极化进程加速,全球政治经济版图在重新绘制,尤其是拉美、俄罗斯、亚洲乃至发达国家的核心地区欧美相继爆发金融和经济危机,"华盛顿共识"受到普遍质疑,新自由主义造成全球动荡,全球治理的模式变革势在必行。随着昔日边缘地带的新兴大国群体性崛起并进入到全球治理体系的核心决策机制之中,既有的以美欧主导为基础的传统治理机制难以为继,新型全球治理范式尚未形成,全球治理危机并未完全消除。

全球治理危机四伏的现状和新型治理模式的前景,给了我们反思既有理论解释、构建新理论模式的契机。首先,全球治理危机频发,尤其是美欧危机的爆发,促使我们重新解读霸权稳定论。霸权稳定论是查尔斯·金德尔伯格在分析自由贸易维持的条件和20世纪20—30年代的大萧条时提出来的,因而被视为世界经济发展动力的解释。[②] 金德尔伯格

[①] 庞珣:《全球治理中的金砖国家外援合作》,世界知识出版社2016年版,第56页。
[②] Isabelle Grunberg, "Exploring the 'Myth' of Hegemonic Stability", *International Organization*, Vol. 44, No. 4, Autumn 1990, pp. 431–477.

指出,"要稳定世界经济,就需要稳定者,一个稳定者"。[1] 他强调,霸权领导国的无私和远见是确保世界利益的核心条件。[2] 霸权稳定论的基本主张是:霸权国家建立其自己的霸权体系,并制定该体系的基本原则、规则、规范和决策程序,霸权国的实力与威望是其他国家接受这些国际制度的重要前提;霸权国利用这些机制维持霸权体系,最大限度地获得自己的利益;为了维持该体系,它愿意向体系内的其他国家提供公共物品,容忍搭便车行为;霸权国衰落或急剧变化导致该体系的国际制度发生相应变化。[3] 霸权国首先为自由贸易提供稳定的国际制度,进而主导各问题领域之国际制度的建立,从而造就稳定的国际经济秩序,霸权的衰落必然导致全球不稳定。[4] 霸权稳定理论主要基于权力的物质资源,未能解释更多的权力维度,故而经常受到批判。[5] 传统的全球治理体系深受霸权政治的困扰,也常常为霸权国家所绑架,这是联合国全球治理地位弱化和全球治理机制碎片化的主要原因。2008年金融危机爆发以来,美国更显霸权自私本性,提供公共物品的能力与意愿大大降低,对参与大国协调、共同应对挑战也表现得三心二意。霸权自身的不稳定影响全球的不稳定,这种情势困扰着既有的全球治理体系,成为全球治理难以摆脱彻底危机的核心根源之一。

其次,全球治理危机的爆发及其应对,凸显了以个体为中心的新

---

[1] Charles Kindleberger, *The World in Depression 1929 – 1939*, London: Allen Lane, The Penguin Press, 1973, p. 305.

[2] Arthur A. Stein, "The Hegemon's Dilemma: Great Britain, the United States, and the International Economic Order", *International Organization*, Vol. 38, No. 2, Spring 1984, pp. 355 – 386.

[3] Andreas Hasenclever, Peter Mayer, and Volker Rittberger, *Theories of International Regimes*, London: Cambridge University Press, 1997, p. 86.

[4] Charles Kindleberger, "Dominance and leadership in the International Economy: Exploitation, Public Goods, and Free Rides", *International Studies Quarterly*, Vol. 25, 1981, pp. 242 – 254; Duncan Snidal, "The Limits of Hegemonic Stability", *International Organization*, Vol. 39, No. 4, Autumn 1985, pp. 579 – 614.

[5] G. John Ikenberry, "Rethinking the Origins of American Hegemony", *Political Science Quarterly*, Vol. 104, Fall 1989, pp. 375 – 400; Arthur A. Stein, "The Hegemon's Dilemma: Great Britain, the United States, and the International Economic Order", *International Organization*, Vol. 38, No. 2, Spring 1984, pp. 355 – 386.

第七讲 应对全球治理危机与变革的中国方略

自由主义的失败，彰显了大国协调的战略价值和国际制度重塑的必要。罗伯特·吉尔平指出，霸权衰落和和新兴国家成长导致一场决定性的权力再分配。霸权国家可采取两种行动路线恢复体系平衡：寻求增加用于保持国际体系地位和承担义务所需要的资源；或减少现在承担的义务，以不致最终危害其国际地位。进一步说，为防止霸权转移，主导大国可以采取如下具体的战略：第一也是最有吸引力的反应是消除产生这个问题的根源，即发动预防性战争消灭或削弱新兴的挑战者；第二可以通过进一步扩张来寻求减少保持其地位的成本；第三是减少承担的外交义务，包括直接放弃承担的某些义务、与威胁性较小的国家结盟或寻求和睦关系、对新兴大国退让从而寻求对其野心进行绥靖等。[1] 他进一步提出霸权与大国政策协调（policy coordination）并存的理论，强调多边管理与政策协调的价值。[2] 新自由制度主义的代表人物罗伯特·基欧汉则对霸权稳定论进行了颠覆性的批判，强调如果国际制度适应的话，合作并不需要一个霸权领导。后霸权合作也是可能的。[3] 他提出国际制度稳定论的观点，认为国际制度拥有自己的独立生命，随着国际社会相互依赖程度的提高，国际制度将不断发展，其发展并不完全依赖霸权国的意愿。[4] 基欧汉深刻地认识到新自由主义的局限性，指出全球化有赖于有效治理，但有效治理并非必然的结果，局部全球化世界的有效治理需要更为广泛的国际制度，要防止全球化的停滞或逆转，就需要发展促进合作、有助于解决冲突的治理安排。他开出的药方是，将理性战略行为与信念和价值观相结合。[5]

---

[1] ［美］罗伯特·吉尔平：《世界政治中的战争与变革》，武军等译，中国人民大学出版社1994年版，第109、146、158—191页。

[2] ［美］罗伯特·吉尔平：《国际关系政治经济学》，杨宇光等译，经济科学出版社1989年版，第405—411页。

[3] Robert Keohane, *After Hegemony: Cooperation and Discord in the World Political Economy*, Princeton: Princeton University Press, 1984, p. 10.

[4] Robert Keohane, *International Institutions and State Power: Essays in International Relations Theory*, Boulder: Westview Press, 1989, pp. 130–131.

[5] Robert Keohane, "Governance in a Partially Globalized World", *American Political Science Review*, March 2001, pp. 1–13.

最后，全球治理危机的应对呼唤新的理念和规则，为新理论的出现奠定了重要的实践基础。一方面，现有的全球治理规则严重滞后于全球化的现实，不能适应全球化的迅速发展和全球性问题的大量涌现；① 另一方面，新兴大国群体崛起并成为世界和平发展的核心动力，但在国际体系尚未获得应有的地位与影响力。上述因素加上应对全球治理危机的经验积累，我们认为，一种基于全新理念的国际合作理论呼之欲出。它建立在近年来国际协调和全球治理重塑的基础上，应进一步强调人类共同利益，强调风雨同舟的现实，强调各国一荣俱荣、一损俱损的命运与共，强调共克时艰、共享前景的可能。

二 当前全球治理危机及其应对

冷战结束迄今，世界转型主要体现为权力转移、问题转移和范式转移。权力转移（power shift）指的是国际关系中的行为体及其权力组成发生巨大变化，具体表现为大国兴衰、权力资源从西方向东方转移、从国家向非国家流散。首先，权力转移最重要的表现是大国兴衰，即发展中大国群体性崛起，中印崛起举世瞩目，美国主导力下降，欧洲重心作用淡化。其次，国家集团化既是权力转移的结果，也是权力转移的来源，欧盟、东盟通过联合影响世界格局和地区格局，成为大国战略设计必须纳入的核心要素。最后，国家的传统主导地位受到挑战，地区组织、全球组织和非国家行为体均力图分享部分权力。所谓"问题转移"（problem shift），即国家面对和关注的问题重点发生了变化，权力转移导致国家战略的必然调整，生存不再是国家唯一的关注核心，发展和繁荣在国家战略中的重要性进一步提升。意识形态竞争不再像冷战期间那么剧烈，而是退居幕后，表现在前台的主要因素是：全球性问题激增，国际议程愈加丰富，这些问题与各国利益相关，单边方式难以解决；安全趋于泛化，非传统安全上升为国际议程的主导因素之一；大国兴衰使得美国、中国的发展及其战略调整都成为举世关注

---

① 蔡拓：《全球治理的反思与展望》，《天津社会科学》2015年第1期。

第七讲 应对全球治理危机与变革的中国方略

的重心,中国研究的勃兴在一定程度上代表了这种趋势;国际制度的"民主赤字"(democratic deficit)进一步凸显。权力转移和问题转移进一步推动了世界转型,而中国崛起与这一波世界转型并行,推动世界进入到一个新的战略时代,中国的战略调整成为世界关注的重心,而中国高举和平、发展、合作、共赢的旗帜,进一步推动了国际关系范式转移(paradigm shift),这具体表现在国家间合作变得至关重要,这一基本诉求推动了国际关系民主化的实质性增强,全球治理理念得到强化;与此相关,国家之间的权力关系不再完全是零和游戏,也会出现积极成效乃至共赢,而国家间基于共同利益的合作具有更基础性的作用。上述要素既是导致 2008 年以来全球治理危机的重要根源,也是应对全球治理危机、推动全球治理转型与发展的重要力量。

2008 年以来爆发于世界政治经济中心地区的全球治理危机由来有自。当前全球治理处于一个发展的关键期。种族冲突、传染性疾病、恐怖主义以及新一轮的全球挑战正逐渐来到舞台中央的聚光灯下。[1] 地缘政治和文明冲突、金融和经济危机、粮食和水资源安全、能源安全、环境恶化、气候变化、全球移民等全球性挑战和问题更加突出、更加尖锐。全球性问题和全球风险的出现,也对国家中心的全球治理体系提出了挑战,[2] 全球治理体系日益体现出碎片化和多元中心的特征,全球治理的整体性方案难以确定和落到实处。[3] 全球各种峰会、力量组合风起云涌,国际社会力求凝聚共识,共同寻找解决全球问题的办法,终因各国利益诉求不同,全球治理机制陈旧落后,不能适应全球化和多极化的迅猛发展势头,全球化积累起来的一系列问题甚至到了无法得到有效治理的地步。[4] 各国都深刻认识到发达国家和新兴发展中大国的战略分野,如今深陷债务危机而难以自拔的,是

---

[1] 美国国家情报委员会、欧盟安全问题研究所编:《全球治理 2025:关键的转折点》,《国外社会科学文摘》2011 年第 3 期。

[2] 杨雪冬、王浩主编:《全球治理》,中央编译出版社 2015 年版,导论第 7 页。

[3] 何帆、冯维江、徐进:《全球治理机制面临的挑战及中国的对策》,《世界经济与政治》2013 年第 4 期;卢静:《当前全球治理的制度困境及其改革》,《外交评论》2014 年第 1 期。

[4] 庞中英:《重建世界秩序:关于全球治理的理论与实践》,中国经济出版社 2015 年版,第 70 页;何亚非:《选择:中国与全球治理》,中国人民大学出版社 2015 年版,第 4 页。

那些掌握着国际储备货币发行权和国际规则制定权的发达经济体。①全球治理危机爆发以来,发达国家长期低迷、新兴大国持续高增长成为不可移转的长期趋势。这个此长彼消的历史进程带来了现行全球治理机构的合法性与有效性危机,意味着完全由发达国家主导的旧全球治理模式无法延续下去,这就是传统全球治理体系的结构性困境。另外,传统全球治理机制主要应对国家间维持和平稳定等传统治理议题,当今世界所面临的全球性问题越来越多,传统治理机制无法有效应对这些新问题,从而产生了传统治理体系的进程性困境。其中,必然伴随着全球治理主体日益多元化和全球治理价值日益分散化,传统全球治理体系的观念性困境也凸现出来。以此为指向,全球治理困境逐步钝化,既有国际规则体系不能有效管理全球事务,不能应对全球性挑战,致使全球问题不断产生和积累,出现世界秩序失调的状态。②

上述困境是导致全球治理危机的主要根源所在。应对2008年以来的欧美债务危机和全球金融危机,各国深刻地认识到变革的必要。金融危机的爆发使昔日居于全球霸主地位的美国正逐渐失去绝对优势地位,更多国家开始关注自身的国家利益。与此同时,全球治理理念得了前所未有的重视。此次国际金融危机和随后各国相继陷入紧急衰退和经济发展的困境,进一步暴露了资本主义制度以及民族国家体系与全球化之间的深刻矛盾,人们普遍认为解决这一内在矛盾的唯一途径只能是加强全球治理、推动国家层面的善治以及国际层面的协调和合作,这一共识来之不易。各大国全球治理理念和方略上的竞争依旧异常激烈,在如何处理国际议程上不断增多的新的和长期的问题方面,不同的利益和观点导致世界政坛更加严重的分裂。③美欧诸大国提供全球公共物品的能力和意愿大为降低,④并把全球治理体系改革

---

① 李扬、张晓晶:《失衡与再平衡——塑造全球治理新框架》,中国社会科学出版社2013年版,前言第7—8页。
② 秦亚青:《全球治理失灵与秩序理念的重建》,《世界经济与政治》2013年第4期。
③ 朱立群、[意]富里奥·塞鲁蒂、卢静主编:《全球治理:挑战与趋势》,社会科学文献出版社2014年版,代序第1、25页。
④ 黄仁伟:《新兴大国参与全球治理的利弊》,《现代国际关系》2009年第11期。

第七讲 应对全球治理危机与变革的中国方略

的矛头指向以中国为首的发展中大国,认为后者从免费搭车中获益太多,尽管主动邀请新兴国家共同应对金融危机带来的损害和日益增多的全球性问题,进一步整合全球秩序,但对自身利益的关注越发成为其应对战略的出发点,从而使得传统大国继续维持全球治理现状和新兴大国试图促进全球治理发生变革的矛盾愈发凸显。[1]

一方面,既有发达国家深刻认识到共克时艰的必要,力图通过满足新兴大国在关键性全球机构中发挥更大作用的诉求来维持自身地位的合法性。为应对全球治理危机,主要国家展开一系列政策协调与合作努力,其中最为重要的就是召开由发达工业国家和新兴大国领导人共同参加的二十国集团(G20)峰会。G20峰会的讨论主题从最初为应对紧迫的金融危机而相互协调经济刺激方案,发展到讨论中长期全球经济问题和设计国际经济组织改革方案,成为全球经济治理机制的核心,并在改革世界银行和国际货币基金组织上达成了初步共识。[2] G20的主要功用是,设置议程、建立共识、协调政策、交流知识及制定规范。[3] 新兴大国在议程设置方面日益上升的影响力是G20治理取得的关键性成就,[4] 也是其能够取得成功的关键要素。G20不以意识形态划线,发达国家和发展中国家比例平衡,且以主要大国相互协调为核心功能,又有国际货币基金组织、世界银行、金融稳定论坛等国际经济金融机构作支撑,比较适应现阶段世界经济多元发展、发展中国家力量上升的经济全球化新形势,[5] 正在发展为受到各成员国高度

---

[1] [美]迈尔斯·凯勒:《新兴大国与全球治理的未来》,游腾飞译,《学习与探索》2014年第10期。

[2] 2010年,国际货币基金组织通过将6%的份额向发展中国家和新兴市场转移的方案,2016年1月新的份额分配正式生效,美国依旧保持超过15%的重大决策否决权,中国份额升至第三位,印度、俄罗斯和巴西份额都跻身前10位,标志着发展中大国在全球治理中的话语权有所上升。具体分析参见辛本健《全球治理的中国贡献》,机械工业出版社2016年版,第9页。

[3] [美]约瑟夫·奈:《权力大未来》,王吉美译,中信出版社2012年版,第297—298页。

[4] [美]约翰·J.柯顿:《二十国集团与全球治理》,郭树勇、徐谙律译,上海人民出版社2015年版,第484页。

[5] 何亚非:《选择:中国与全球治理》,中国人民大学出版社2015年版,第37页。

重视的俱乐部、全球治理网络的中心。① 展望未来，如何从危机应对机制向全球经济长效治理机制发展是 G20 保持长期有效的关键。

另一方面，发达国家在危机初步得到缓解之后故态复萌。美国受到实力相对衰落和提供公共物品能力下降等因素的制约，② 但通过重新制定规则和加强国际制度安排维系主导地位的战略意图未改，美国并未放弃在传统国际制度中的主导地位（如国际货币基金组织中 15% 以上份额所确定的否决权），同时推动《跨太平洋伙伴关系协定》（TPP）和《跨大西洋贸易与投资伙伴协定》（TTIP）谈判，致力于将第二大经济体中国排除在新的制度建设之外。欧盟则倡导多边主义、尊重全球制度、承认文化多样性，促成合作性世界秩序，以确保欧盟在国际规则方面的霸权地位，并为发展中国家问题的解决或至少缓解提供可行选择。③ 欧盟的方案有一定的可取之处，但其自身陷入的危机更深，而英国退出欧盟的决定在某种程度上是地区主义退潮的某种迹象，促使我们对地区治理机制的成效进行深入反思。

新兴大国应对全球治理危机做出了不同的战略选择。中国、印度等国因为没有追随"华盛顿共识"议程而成为世界上最成功的发展中国家，"华盛顿共识"和市场原教旨主义的失败也为这些新兴大国寻求独有的路径提供了反例。④ 它们一方面积极参与 G20 治理，寻求自身影响力的扩大；另一方面在金砖国家峰会和地区性合作联盟方面大显身手。⑤ 金砖国家集团没有地区特征，它走出亚洲、覆盖全球数个大洲，是真正的全球网络。与 G20 国家相比，金砖国家集团没有西

---

① [美] 约翰·J. 柯顿：《二十国集团与全球治理》，郭树勇、徐谙律译，上海人民出版社 2015 年版，第 19 页。

② [美] 斯图瓦特·帕特里克：《全球治理改革与美国的领导地位》，杨文静译，《现代国际关系》2010 年第 3 期；刘丰：《美国霸权与全球治理——美国在全球治理中的角色及其困境》，朱旭译，《南开学报》（哲学社会科学版）2012 年第 3 期。

③ 彭云、刘伟：《合作性世界秩序：欧盟的全球治理构想》，《世界经济与政治》2003 年第 11 期。

④ [美] 戴维·赫尔德、凯文·扬：《有效全球治理的原则》，朱旭译，《南开学报》（哲学社会科学版）2012 年第 5 期。

⑤ [美] 迈尔斯·凯勒：《新兴大国与全球治理的未来》，游腾飞译，《学习与探索》2014 年第 10 期。

第七讲　应对全球治理危机与变革的中国方略

方势力，其议程不仅限于经济及相关事务，其未来的议程可以涉及全球治理的各方面，具有高度的灵活性，①在全球和地区治理机制改革的顶层设计发挥了引领作用。

上述情势表明，在应对全球治理危机的进程中，各大国既有深度合作，也存在着激烈的博弈。推动全球治理转型与发展，各国分歧甚多，方案不一，既有治理困境的根源并未拔除，并具体表现为全球治理代表性不足、责任性不高、包容性不强、有效性不够等方面。戴维·赫尔德指出："当今全球治理所存在的根本性困境就是参与的赤字和责任的赤字。就参与赤字来说，一方面现有的治理结构未能充分表达许多国家与非国家行为体的意见，许多行为体没有参与到全球治理中去的渠道；另一方面，许多行为体也没有参与到全球治理体系中的愿望。就责任赤字来说，在不存在任何超国家的实体来调节全球公共物品的供给和使用的情况下，对于诸多紧迫的问题，许多行为体往往采取免费搭车而不是寻求持久的集体解决的行为。"②此外，各国治理理念和治理价值之争激烈，由于全球治理在实践上具有不同于国家治理的历史性、具体性、复杂性和流变性，全球治理面临尚待解决的理论困境，③全球治理体系的包容性受到质疑。上述问题的存在会使得争取全球治理改革话语权成为各国的主要考虑，直接影响全球治理的效率。

三　中国应对全球治理危机的战略举措

中国是全球治理的积极参与者。改革开放以来，中国的快速发展与全球治理转型发展同步，这既是中国融入全球治理体系的过程，也是中国影响全球治理体系变革的进程。20世纪90年代亚洲治理危机的应对和2008年以来全球治理危机的应对，为中国在地区和全球事

---

① 庞珣：《全球治理中的金砖国家外援合作》，世界知识出版社2016年版，第23页。
② [英]戴维·赫尔德等著：《驯服全球化：管理的新领域》，童新耕译，上海译文出版集团2005年版，第125页。
③ 吴畏：《全球治理的理论困境》，《武汉大学学报》（哲学社会科学版）2016年第3期。

务中发挥建设性作用提供了难得的战略空间,积极参与全球治理被视为中国走向世界大国的必由之路。以全面建成小康社会的社会理想为基础条件,中国追求以中华民族伟大复兴为国家理想、以人类命运共同体为世界理想的战略目标,这一理想大国的前景与全球治理的未来休戚相关,而高举和平、发展、合作、共赢的旗帜,大力推进国际合作是中国应对全球治理危机与变革的必然战略选择,中国特色的国际合作理论呼之欲出。① 联合国工业发展组织前总干事卡洛斯·马格里诺斯就此指出,"中国俨然已成为推进全球治理的负责任的贡献者,并成为拉动世界经济摆脱危机的积极主力"。②

党的十八大以来,以习近平总书记为核心的党中央不仅仅着眼于中国自身的发展,更将中国发展放到全球视野中,就世界和平发展的诸多议题提出了一系列的"中国方案"。③"中国方案"以完善全球治理机制为核心目标,以伙伴关系网络为全球视野,以东亚和中国周边为地区重点,以"一带一路"建设为核心抓手。"中国方案"深刻把握中国崛起与世界转型相辅相成造就的新格局,将发展问题置于全球宏观政策框架核心位置,为开辟新全球化时代贡献了中国智慧,是构成人类命运共同体、塑造更美好世界的密钥。

(1) 中国参与全球治理的时代背景

恩格斯指出:"每一个时代的理论思维,……都是一种历史的产物,它在不同的时代具有完全不同的形式,同时具有完全不同的内容。"④ 进入 21 世纪,面对全球治理转型与发展,中国决策者锐意创

---

① 中国的国际合作思想以变革自身为基础,以融入国际社会为路径,以渐进为核心方式,以内外兼修推动国际合作的展开与深入,体现出后来者应有的谨慎和大国应有的气度。中国国际合作理论以命运共同体为指向、以共同利益为前提、以共赢为目标、以积极承担大国责任为重要条件。中国深刻认识到中国崛起的全球震动,申明走和平发展道路的坚定意愿,提出欢迎其他国家搭乘中国发展列车的倡议,致力于与世界各国发展友好合作关系,强调合作者的地位平等,并致力于分享发展红利,适当让渡非战略性利益,积极承担大国责任。

② [阿根廷] 卡洛斯·马格里诺斯:《G20 的未来以及中国在其中的角色》,仝真译,《国外社会科学》2013 年第 6 期。

③ 周文、包炜杰:《中国方案:一种对新自由主义理论的当代回应》,《经济社会体制比较》2017 年第 3 期。

④《马克思恩格斯文集》(第 9 卷),人民出版社 2009 年版,第 436 页。

第七讲 应对全球治理危机与变革的中国方略

新，提出治国理政的新理念新思想新战略并付诸实践，这是中国领导人立足国情、世情，预防可能的"中等收入陷阱"风险和"修昔底德陷阱"风险而进行的战略判断和积极筹划。一方面，中国发展取得了巨大成功，中国自2010年以来成为世界第二大经济体，并成为世界最大的货物贸易进出口国，可以说中国从来没有像今天处在世界市场舞台的中心，从来没有像今天成为世界治理的重要成员，从来没有像今天更广泛深入地参与全球治理，中国也从来没有像今天这样引起关注。另一方面，中国大而不强的底色仍在，在经济、社会、政治、文化发展等诸方面仍体现着社会主义初级阶段的显著特点，目前中国经济发展进入"新常态"，仍处于经济起飞阶段，总体基本方向没有变，但必须清醒认识长期制约中国发展的深层次因素，以及现实所遇到的突出矛盾和问题，处于经济下行压力增大期、社会矛盾凸显期、人与自然矛盾凸显期，必须积极应对、妥善处理。与此同时，中国与世界的互动进入到更加密切、更加敏感的时期。世界多极化、经济全球化、文化多样化、社会信息化深入发展，世界在加速转型，国际社会对中国崛起的战略走向更为敏感，随着中国新的大战略框架逐步显现，金砖国家开发银行、亚洲基础设施投资银行等新国际制度的构想与落实，"一带一路"倡议的提出和实施，中国是否正在试图改变既有国际秩序，成为既有国际秩序的塑造者乃至挑战者，被视为国际社会观察和看待中国崛起的重要标尺。[1] 当前，世界面对着一个快速崛起和更加自信、开放的中国，中国面对着一个形势更加复杂、变化更加深刻、机遇与挑战并存的世界。[2] "中国威胁论"和"中国责任论"相互交织，中国承担国际责任的意愿、能力与国际社会的期望存在着落差，国际社会对中国崛起的疑虑增加。发达国家加紧制定新的国际规则，围堵中国的意图明显。中国周边环境趋于复杂化，部分周边国家出于对中国崛起的疑虑与恐惧，加紧与美国的联合。可以说，随着

---

[1] 门洪华：《中国崛起与国际秩序变革》，《国际政治科学》2016年第1期。
[2] 胡鞍钢：《民主决策：中国集体领导体制》，中国人民大学出版社2014年版，第184页。

中国进一步发展壮大，其面临的疑虑、担心、困难和挑战也在增多。为直面国内外挑战、抓住国际机遇、实现可持续发展，中国正在构建以融入—变革—塑造（融入全球、变革自身、塑造世界）为核心的和平发展战略框架，如何通过和平、发展、合作、共赢的方式参与塑造全球治理的未来，成为中国超越和平崛起、丰富和平发展、规划崛起之后的战略着眼点。①

中国崛起与世界转型并行，中国成为世界变革的重心。尤其是2008年国际金融危机以来，中国综合国力迅猛提升，中国从一超多强的格局中脱颖而出。党的十八大以来，习近平总书记提出"实现中华民族伟大复兴的中国梦"，展现了中国的国家理想，中国梦以其丰富内涵和宏伟愿景为中国勾勒出一幅理想蓝图，成为引领整个国家走向现代化更高阶段的新动员。随之，习近平总书记提出打造"人类命运共同体"，展现出积极的世界理想情怀。中国一手抓全面深化改革，一手抓全球利益拓展，成长为世界强国的战略谋划已是国际社会尤其是主要大国的关注重心。②

（2）中国参与全球治理的战略思想与顶层设计

随着中国日益走向世界舞台的中心，国际上对中国未来走向的各种疑虑也不断上升，甚至还夹杂着猜忌，如何正面解释和回答这些疑虑和猜忌，减小我们发展的外部阻力，是必须面对的问题。与此同时，经济全球化快速发展，综合国力竞争更加激烈，国际形势复杂多变，我们认为，中国要抓住机遇、迎接挑战，实现新的更大的发展，从根本上还要依靠改革开放。③ 世界正在发生巨大的变化。当今世界是一个变革的世界，是一个新机遇新挑战层出不穷的世界，是一个国际体系和国际秩序深度调整的世界，是一个国际力量对比深刻变化并朝着有利于和平与发展方向变化的世界；我们前所

---

① 门洪华：《构建新型国际关系：中国的责任与担当》，《世界经济与政治》2016年第3期。

② 门洪华：《开启中国全面深化改革开放的新时代——兼论未来十年中国的大战略走向》，《学习与探索》2015年第8期。

③ 《习近平谈治国理政》（第一卷），外文出版社2018年版，第100页。

未有地靠近世界舞台中心,前所未有地接近实现中华民族伟大复兴的目标。中国同国际社会的互联互动已变得空前紧密。基于此,中国要高举和平、发展、合作、共赢的旗帜,统筹国内国际两个大局,统筹发展安全两件大事,牢牢把握坚持和平发展、促进民族复兴这条主线,维护国家主权、安全、发展利益,为和平发展营造更加有利的国际环境,维护和延长中国发展的重要战略机遇期,为实现"两个一百年"奋斗目标、实现中华民族伟大复兴的中国梦提供有力保障。

中国已经站在新的历史起点上。这个新起点,就是中国全面深化改革、增加经济社会发展新动力的新起点,就是中国适应经济发展新常态、转变经济发展方式的新起点,就是中国同世界深度互动、向世界深度开放的新起点。[1] 在这一中国迅猛崛起与世界快速转型并行的时刻,中国明确自己的全球战略定位:现行国际体系的参与者、受益者、建设者、贡献者,国际合作的倡导者,和平发展的实践者、共同发展的推动者、多边贸易体制的维护者和全球治理的积极推动者和引领者。具体地说,中国不仅要抓住当前和平、发展、合作、共赢的时代机遇进一步发展自己,同时也应当努力为世界和平与发展善尽义务、多做贡献,积极承担国际责任和义务,积极参与全球治理,为各国提供共同发展的机遇和空间,欢迎大家搭乘中国发展的快车,分享中国发展的红利。

中国高度重视全球治理议题。党的十八大报告明确指出,要加强参与全球治理能力建设,主动参与全球治理进程,深化新兴国家治理合作,重视发挥区域治理作用。习近平总书记高度关注全球治理,指出全球治理体制变革正处在历史转折点上,随着全球性挑战增多,加强全球治理、推进全球治理体制变革已是大势所趋。这不仅事关应对各种全球性挑战,而且事关给国际秩序和国际体系定规则、定方向;不仅事关对发展制高点的争夺,而且事关各国在国际秩序和国际体系长远制度性安

---

[1] 习近平:《中国发展新起点 全球增长新蓝图——在二十国集团工商峰会开幕式上的主旨演讲》,《人民日报》2016年9月4日第3版。

排中的地位和作用。① 他明确提出中国参与推动全球治理体制变革的定位和责任，并提供了推动全球治理体制变革的"中国方案"。2015年10月12日，习近平总书记在主持中共中央政治局第27次集体学习时讲话指出，全球治理体制变革离不开理念的引领，全球治理规则体现更加公正合理的要求离不开对人类各种优秀文明成果的吸收。要推动全球治理理念创新发展，积极发掘中华文化中积极的处世之道和治理理念同当今时代的共鸣点，继续丰富打造人类命运共同体等主张，弘扬共商共建共享的全球治理理念。② 2016年9月27日，在主持中共中央政治局第35次集体学习时讲话指出，我们要积极参与全球治理，主动承担国际责任。③ 2016年10月16日，习近平主席出席在印度果阿举行的金砖国家领导人第八次会晤，发表题为《坚定信心 共谋发展》的讲话指出，"继续做全球治理变革进程的参与者、推动者、引领者，推动国际秩序朝着更加公正合理的方向发展，继续提升新兴市场国家和发展中国家代表性和发言权。我们要继续做国际和平事业的捍卫者，坚持按照联合国宪章宗旨、原则和国际关系准则，按照事情本身的是非曲直处理问题，释放正能量，推动构建合作共赢的新型国际关系"。④ 2017年5月14日，习近平主席在"一带一路"国际合作高峰论坛开幕式上发表演讲，指出治理赤字，是摆在全人类面前的严峻挑战，呼吁弘扬以和平合作、开放包容、互学互鉴、互利共赢为核心的丝路精神，提出携手构建广泛的利益共同体的主张。⑤ 以上述战略判断为基础，中国确立了推动全球治理走出困境、转型发展的基本定位：理念引领者、智慧贡献者、方案提供者和积极行动者。

---

① 《习近平：推动全球治理体制更加公正更加合理 为我国发展和世界和平创造有利条件》，《人民日报》2015年10月14日第1版。
② 同上。
③ 《习近平在中共中央政治局第三十五次集体学习时强调 加强合作推动全球治理体系变革 共同促进人类和平与发展崇高事业》，《人民日报》2016年9月29日第1版。
④ 《坚定信心 共谋发展——在金砖国家领导人第八次会晤大范围会议上的讲话》，《人民日报》2016年10月17日第2版。
⑤ 《携手推进"一带一路"建设——在"一带一路"国际合作高峰论坛开幕式上的演讲》，《人民日报》2017年5月15日第3版。

第七讲 应对全球治理危机与变革的中国方略

新型国际关系是中国推动全球治理变革的重要标签。它以合作共赢为基础,致力于建立平等相待、互商互谅的伙伴关系;营造公道正义、共建共享的安全格局;谋求开放创新、包容互惠的发展前景;促进和而不同、兼收并蓄的文明交流;构筑尊崇自然、绿色发展的生态体系。① 构建以合作共赢为核心的新型国际关系,是对传统国际关系理论的重大创新,也是对中国丰富外交实践的提炼升华,指明了处理国与国关系的崭新思路。② 在世界处于转型之际,在中国崛起的关键时期,中国领导人倡导建立新型国际关系,代表了中国对未来世界的理想与愿望,深刻体现了中国的责任与担当。可以说,塑造新型国家关系代表着中国对自身与世界互动关系认识的新高度,是推动全球治理转型的密钥。

(3) 中国应对全球治理危机的战略举措

大力推进国家治理体系和治理能力的现代化建设是中国应对全球治理危机的基础性举措。中国与世界密切互动,而全球治理与国家治理相辅相成、相互促进。一方面,中国国内治理本身就具有全球治理的价值和意义,其在全球治理中的角色相当程度上取决于国内治理。作为世界上最大的发展中国家,中国能将占世界1/5人口的国家治理好本身就是对全球治理的巨大贡献;另一方面,中国还可以把国内治理的成功经验介绍给世界,为其他国家提供借鉴。中国深刻认识到国情的巨大变化,强调全面建成小康社会进入决定性阶段,改革进入攻坚期和深水区,国际形势复杂多变,面对的改革发展稳定任务之重前所未有、矛盾风险挑战之多前所未有。基于上述认识,中国大力推进国家治理体系和治理能力的现代化建设。其具体部署是:在制度建设上,中国在大力推进国家治理体系建设的同时,致力于铁腕反腐,为国家长治久安奠定基础;在经济社会战略上,中国提出"经济新常态"判断,大力推进经济体制改革,积极保障和改善民生,确保社会

---

① 习近平:《携手构建合作共赢新伙伴 同心打造人类命运共同体——在第七十届联合国大会一般性辩论时的讲话》,《人民日报》2015年9月29日第2版。
② 王毅:《风云激荡中开创新局面》,《人民日报》2014年12月26日第17版。

健康稳定；在文化建设上，坚持社会主义核心价值观，同时强调传统文化复兴的重要性；在安全战略上，提出"总体国家安全观"，致力于国家安全机制的完善。以此为基础，中国积极推进经济建设、政治建设、文化建设、社会建设、生态文明建设五位一体的总体布局，形成并积极推进全面建成小康社会、全面深化改革、全面依法治国、全面从严治党的战略布局。与此同时，中国提出创新、协调、绿色、开放、共享五大发展理念，指明了破解经济新常态下各种问题的根本路径。①

同时注重发达国家和发展中国家，积极担当发展中世界和发达国家的桥梁，在全球层面推动中国全球治理理念的落实，是中国应对治理危机的全球方略。中国一方面强调塑造长期稳定健康发展的新型大国关系，致力于通过增进互信、聚同化异、避免对抗、互利合作维护国际体系的和平转型，超越新兴大国和守成大国必定冲突的历史宿命，避免并克服旧有大国关系中互不信任、相互敌视、相互排斥、相互为敌的消极因素，增强相互信任、相互尊重，追求合作共赢，建立合作共赢的新模式，健全风险管理机制，为国际关系发展输入正能量；与此同时以正确义利观为引领创新发展中国家关系，致力于从世界和平与发展的大义出发，以更加积极的姿态参与国际事务，坚持不懈做和平发展的实践者、共同发展的推动者、多边贸易体制的维护者、全球经济治理的参与者，为推动人类进步事业发挥更大作用。②中国致力于弘扬共商共建共享的全球治理理念，提出新型国际关系的塑造，并通过打造全球伙伴关系网络和参与 G20 机制建设推动全球治理体系的优化。打造全球伙伴关系网络是中国构建新型国际关系的重要体现，也是成为新型国际关系得以持续发展的重要基础。③ 从 1993

---

① 胡鞍钢等：《中国新理念：五大发展》，浙江人民出版社 2016 年版，第 9—10 页；李君如：《发展新理念和中国大趋势》，《理论视野》2015 年第 12 期。
② 王毅：《坚持正确义利观 积极发挥负责任大国作用》，《人民日报》2013 年 9 月 10 日第 7 版。
③ 习近平在 2014 年 11 月 28 日的中央外事工作会议中指出，"要在坚持不结盟原则的前提下广交朋友，形成遍布全球的伙伴关系网络"。参见《中央外事工作会议在京举行》，《人民日报》2014 年 11 月 30 日第 1 版。

第七讲 应对全球治理危机与变革的中国方略

年与巴西建立战略伙伴关系开始，中国伙伴关系战略不断深化完善，迄今与 80 多个国家和国家集团建立了不同形式的伙伴关系，在全球、地区、双边和国家层面上均取得积极成效。中国伙伴关系战略以和平共处五项原则作为战略基础，以维护国家利益和拓展国际影响作为战略方向，以政治互信、经济互赖、文化交融、社会互动和安全支撑作为战略手段，通过双边关系的改善带动全球战略的拓展。它以实现共同利益为基准，以促进互利共赢的目标，以国际合作为路径，代表了中国和平、合作、共赢的发展路径。中国伙伴关系战略最直观的全球意义在于，提供对话合作的战略框架，从而成为新型国际关系的典范。作为一项基于双边而遍及全球的战略部署，中国伙伴关系战略对维护国际战略平衡、促进世界和平发展、推动国际关系民主化和世界多极化进程都有着不可忽视的作用。全球伙伴关系网络是大国与大国之间、大国与小国之间互动的范例，发展这种双赢乃至多赢的新型国际关系，对世界政治和国际秩序都将产生深远的影响。[①] 与此同时，中国与国际社会一道共克时艰，推动全球经济治理机制改革，坚定帮助欧洲应对主权债务危机，应邀向国际货币基金组织等增资，推动全球治理机制向着更加公正合理方向发展。中国和平发展道路需要必要的国际制度来保障，完善确保和平发展的国际制度，是中国外交重要的价值追求，中国在 G20 的积极作为体现了上述意愿，"一带一路"倡议的付诸实施体现了中国塑造国际经济关系的制度化努力，并成为以地区为基础、以全球为视野的重要部署。中国强调，全球经济治理应该以平等为基础，更好反映世界经济格局新现实，增加新兴市场国家和发展中国家代表性和发言权，确保各国在国际经济合作中权利平等、机会平等、规则平等；全球经济治理应该以开放为导向，坚持理念、政策、机制开放，适应形势变化，广纳良言，充分听取社会各界建议和诉求，鼓励各方积极参与和融入，不搞排他性安排，防止治理机制封闭化和规则碎片化；全球经济治理应以合作为动力，各国要加

---

① 门洪华、刘笑阳：《中国伙伴关系战略评估与展望》，《世界经济与政治》2015 年第 2 期。

强沟通和协调，照顾彼此利益关切，共商规则，共建机制，共迎挑战；全球经济治理应该以共享为目标，提倡所有人参与，所有人受益，寻求利益共享，实现共赢目标。全球经济治理特别要抓住以下重点：共同构建公正高效的全球金融治理格局，维护世界经济稳定大局；共同构建开放透明的全球贸易和投资治理格局，巩固多边贸易体制，释放全球经贸投资合作潜力；共同构建绿色低碳的全球能源治理格局，推动全球绿色发展合作；共同构建包容联动的全球发展治理格局，以落实联合国《2030年可持续发展议程》为目标，共同增进全人类福祉。①

中国深刻认识到所在地区的治理对全球治理转型发展的基础性作用和示范性意义，致力于促进周边国家关系的改善，推动东亚地区秩序建设。中国崛起带来地区震动，中美日等大国竞争围绕东亚展开，地区治理出现"九龙治水"的博弈格局，对中国的深刻挑战不容小觑。中国积极推进与邻为善、以邻为伴，坚持睦邻、安邻、富邻，突出体现亲、诚、惠、容的理念。② 亲、诚、惠、容堪称重塑中国周边关系的"四字箴言"，是对中国周边外交理论与实践的创新性概括，体现了党中央外交理念的新发展。中国决策者为进一步拓展周边外交制定了宏伟蓝图，提出打造中国—东盟自贸区升级版、建立亚洲基础设施投资银行、建设"一带一路"等重大倡议，大力提升与周边国家的战略合作关系。中国抓住了既有国际金融秩序坍塌、亟需重建的机遇，回应国际社会期望中国发挥更大作用、承担更大责任的诉求，主导亚洲基础设施投资银行（AIIB）的创设和实践。国际货币基金组织、世界银行以及亚洲开发银行等金融机构担负着诸如社会发展、减贫、融资等多种责任，而亚投行专注于基础设施建设融资，可以有效地弥补现有基础设施建设融资缺口，在减轻现有金融体系负担的同时推动国际金融体系的改革，使其更有效地服务于各国的金融需求。③

---

① 习近平：《中国发展新起点全球增长新蓝图——在二十国集团工商峰会开幕式上的主旨演讲》，《人民日报》2016年9月4日第1版。
② 《习近平谈治国理政》（第一卷），外文出版社2018年版，第297页。
③ 辛本健：《全球治理的中国贡献》，机械工业出版社2016年版，第52页。

在东亚秩序建设上，中国深刻认识到东亚地区机制的复杂性主要来自于中、美、日、东盟四股力量相互影响、相互制约，当前东亚秩序建构面临的最大挑战是上述四股战略力量之间正在展开着新的博弈，难以就未来目标达成一致，甚至在地区稳定与繁荣上也出现了越来越多不同的考虑。有鉴于此，中国必须充分认识中国崛起的地区效应，完善东亚共同体的中国论述，推动地区制度建设的顶层设计，致力于以汇聚共同利益为基础开展开放的东亚共同体建设，通过制度化合作发展东亚利益共同体、责任共同体，大力促成东亚命运共同体，奉行开放地区主义，积极承担大国责任，坚持循序渐进的原则，抱持战略耐心。东亚地区治理历史渊源深厚，现实利益交织，大国博弈激烈，中国以建设性姿态维系其开放包容的态势颇为关键。

四 中国推动全球治理转型发展的战略取向

积极推动全球治理转型发展，符合中国的战略诉求。近年来，中国抓住应对全球治理危机的契机，大力推进国家战略体系建设和国家治理能力的提升，推动国际战略思想创新，在全球和地区两个层面加强国际合作，尤其是经济治理层面发挥着越来越重要的发动机作用，成为全球治理的积极推动者，提供了推动全球治理体制变革的"中国方案"，中国在全球治理上的积极作为引起了举世关注。笔者认为，中国把积极推动全球治理转型发展视为成长为世界大国的必由之路，视为中国推动全面崛起、谋划崛起之后的重要国际依托。未来5—10年，是全球治理转型发展的关键时期，也是中国实现全面崛起的关键时期，我们应秉持知行合一的思想，坚持理论与实践的密切结合，深化对新全球化和全球治理的研究，在全球治理理念、理论、战略设计等方面形成完整的"中国方案"，并在国家治理体系建设、东亚地区治理、全球治理和某些有优势的领域治理上重点发力，成为新全球化时代的理论旗手和实践引领者，为中国成长为世界大国奠定更为坚实的基础。有鉴于此，中国推动全球治理转型发展的主要战略取向有如下几个方面。

第一，深化对新全球化的研究，强化中国的历史责任感和历史使命感。全球化的两面性均在彰显，而逆全球化、反全球化的潮流体现出人们对既有全球化效应的深度忧虑。我们必须深刻认识到，全球化符合生产力发展要求，符合各方利益，是大势所趋，故而不存在全球化退场的可能，但面对全球化的双刃剑效应，各国选择的差异性、复杂性在扩大。[①] 有鉴于此，推进新全球化，中国既要和世界诸大国协调合作，联合进行顶层设计，又要勇于承担起推进新全球化的历史使命，自觉高举新全球化大旗，积极推动贸易自由化、投资自由化和服务便利化，以开放促改革，以改革谋发展，以发展赢繁荣。

第二，深入全球治理研究，将中国外交思想创新落到实处，形成符合世界潮流、国家战略利益的"中国方案"。在推动全球治理的实践中，中国致力于推动战略思想创新，逐步形成了中国特色的大国外交理论框架，这就是：站在统筹国内国际两个大局的战略高度，以实现中华民族伟大复兴的中国梦为理想指引；以和平发展为战略选择，恪守和平发展的理念，创新和平发展的思想，夯实和平发展的基础；以塑造新型国际关系为战略目标，以打造人类命运共同体为世界理想，以合作共赢为战略路径，强调发展和安全两手同时抓、两手都要硬，以健康稳定为引领寻求新型大国关系的突破，以亲诚惠容理念为引领重塑周边关系，以正确义利观为引领创新发展中国家关系，以完善全球伙伴关系网络、积极参与全球治理、倡导"一带一路"建设等为引领推动多边合作。上述外交思想创新亦可视为中国推动全球治理转型发展的路线图，要将其落实到实处，真正形成关乎全局的全球治理方案，我们还需要深入研究。

第三，进一步加强国家治理体系建设，夯实中国全面而积极推动全球治理转型发展的基础。改革开放开启了中国国内的国际化进程，跨国合作全面开花，[②] 中国高度重视统筹国内国际两个大局，强调国

---

① 黄仁伟：《从全球化、逆全球化到有选择的全球化》，《探索与争鸣》2017年第3期。

② 蔡拓：《中国如何参与全球治理》，《国际观察》2014年第1期。

家治理体系建设和治理能力提升是更好地参与全球治理进程的基础条件。当前中国以实现中华民族伟大复兴为主题,以坚持中国特色社会主义与和平发展道路为主线,其战略布局是统筹推进经济建设、政治建设、文化建设、社会建设、生态文明建设"五位一体"总体布局、协调推进全面建设小康社会、全面深化改革、全面依法治国、全面从严治党"四个全面"战略布局。上述国家发展战略思想的提出和落实,为加强国家治理体系建设指明了方向、确定了核心内容。

第四,确定中国推进全球治理转型发展的全球战略定位,进一步提升全球治理能力。中国已经成为全球治理的深度参与者和积极建设者,议程倡议者的身份愈加彰显。在此基础上,中国要深刻认识到自身全球治理能力的不足,明确构建一个与综合实力相适应、权力和责任基本对称、发展共同利益和促进本国利益相结合的参与全球治理的战略框架,[1] 确立与其他大国实现在全球治理议程上的合作共赢目标。中国在推进全球治理转型发展的进程中,要积极倚重联合国、G20这两个中国居于优势地位的全球治理平台,通过菜单式合作、议题式结盟等方式积极构建在全球性问题上的统一战线。[2] 中国一方面要加强新型大国关系建设,明确落实不冲突、不对抗、相互尊重、互利共赢的目标管理,注重推进大国在全球治理议程的协调合作,另一方面也要加强与新兴大国的沟通与协调,共同推进全球治理体系变革,使全球治理体系朝着公正、均衡、有效的方向发展。

第五,稳定东亚诉求,稳步推进东亚经济治理和安全治理,提出东亚治理的中国主张和中国方案。东亚合作的进程已不可逆转,但向高层次推动地区合作的政治共识不强,东亚合作可能继续推进功能性合作,保持和发展地区的合作对话框架,就重大问题进行对话、沟通、协商和改善地区关系。中国相继提出了一系列创新性的东亚战略倡议,如21世纪"海上丝绸之路"构想、建设中国—东盟命运共同

---

[1] 广东国际战略研究院课题组:《中国参与全球经济治理的战略:未来10—15年》,《改革》2014年第5期。

[2] 何亚非:《选择:中国与全球治理》,中国人民大学出版社2015年版,第178页。

体、打造中国—东盟自由贸易区升级版、建设孟中印缅经济走廊、筹建亚洲基础设施投资银行等，致力于通过引导地区安排的方向，发展开放性全地区合作，缓解东亚疑虑，凝聚共同利益，深化地区认同。中国要深刻认识到东亚开放性高、渗透性强的现实，以及经济、安全既有所分离又高度相关的矛盾存在，以经济合作为抓手推进地区治理的深化。中国要深化对地区公共物品的认识，与各国一道确立地区和平发展的目标，客观评估地区国家的根本利益诉求，既能够做到雪中送炭，又能够实现共享繁荣，从而深化东亚命运共同体意识，实现东亚秩序的重塑。

第六，抓住重点，在中国熟悉、有优势的领域推动全球治理深化。全球治理转型发展涉及方方面面的内容，中国全面推动其变革既不可能，又缺乏经验。基于此，中国应在自己熟悉和有优势的经济、金融领域优先推进。2016年召开的G20杭州峰会进一步确立了中国在这一全球经济治理平台的核心地位，而经济金融治理仍然是最为重要的全球治理任务，我们应大力推进G20从危机应对的平台向长效治理的机制转移、从侧重短期政策向与中长期政策并重转型，确保中国在全球经济治理中的话语权、主动权和主导权。中国抓住国际金融秩序坍塌、亟需重建的机遇，通过主导筹建亚洲基础设施投资银行来推动国际金融秩序变革，回应国际社会期望中国发挥更大作用、承担更大责任的诉求。中国应在此领域继续深化耕耘，积累经验，进而推动全球金融治理机制的优化。

第八讲　四大力量博弈与中国东亚秩序战略

地区秩序建设是任何一个崛起大国必须回答的战略和外交议题。随着中国的崛起，中国如何看待和参与东亚秩序建构已经成为世界瞩目的重要问题，也成为东亚各国乃至世界主要国家观察中国崛起效应的重要标尺。

东亚秩序建构与中国战略息息相关。20世纪90年代中期以来，中国开始接受地区的概念，将其国际战略重点放在促进东亚一体化进程上，积极参与东亚地区新秩序的建构，为引导世界秩序演变创造条件。[1] 进入21世纪以来，中国立足临近地区，致力于促成东亚地区全面合作的制度框架，加强地缘政治经济的塑造能力。中国促动的东亚合作机制代表了中国外交的新思路，即在自己利益攸关的地区培育和建立共同利益基础之上的平等、合作、互利、互助的地区秩序，在建设性的互动过程中消除长期积累起来的隔阂和积怨，探索并逐步确立国家间关系和国际关系的新准则。中国在地区合作中的积极进取，既促进了地区内国家对中国发展经验和成果的分享，也提高了中国的议程创设能力。中国在地区秩序建设中的努力为国际秩序变革提供了一种可堪借鉴的范式。随着东亚秩序转换的加速，地区内外各国均致力于促成有利于自己的东亚秩序架构，地区秩序走向竞争激烈，中国完整提出自己的地区秩序战略框架，恰逢其时。

---

[1] 朱云汉：《中国人与21世纪世界秩序》，《世界经济与政治》2001年第10期。

一　东亚的重要性

东亚既是一个地域概念，又是一个历史文化概念。传统上，我们把东亚当作一个文化概念来看待，如费正清所言："东亚在文化上为深受中国文化影响的地区，即中国、朝鲜、日本、越南等。"① 有的学者则视之为儒教文化影响所及的地区，如北京大学教授梁志明所言："狭义的东亚指中国及其岛屿（如中国台湾），以及日本列岛、朝鲜半岛、蒙古等；广义的东亚则不仅包括上述东北亚地区，还包括东南亚，即中南半岛和南洋群岛地区诸国。"② 从地域意义上，目前尚有各不相同的界定。按照西方人的传统理解，东亚一般而言包括东部西伯利亚、中国、蒙古、朝鲜半岛、日本和东南亚。③ 大多数中国学者在讨论东亚问题时，往往把中日韩＋东盟十国（"10＋3"）等同于东亚。这种界定清晰明确，故而得到了其他国家许多学者的赞同。④ 美国学界一般把东亚视为东北亚与东南亚之和。例如，彼得·卡赞斯坦（Peter Katzenstein）认为："东亚地区的定义包括了东南亚和东北亚，主要有东盟加上中国、朝鲜、韩国和日本，同时它不包括北美、澳大利亚、新西兰、南亚。对于建设亚洲和东亚地区主义的诸多倡议来说，它是相当稳定的一个定义。"⑤ 日本学界则往往扩大东亚的地域所属，将某些南亚、大洋洲等国家纳入其中，如中村哲指出："所谓东亚是指东北亚和东南亚组成的地区。东北亚是指中国、日本、韩国、朝鲜及中国台湾地区，将来可能包括蒙古、俄罗斯远东部分。……东南亚

---

① [美] 费正清、赖肖尔：《中国：传统与变革》，陈仲丹等译，江苏人民出版社1992年版，第3页。
② 梁志明：《关于东亚现代化历史进程的几个问题》，《东南亚研究》2004年第3期。
③ [美] 马士、宓亨利编：《远东国际关系史》，姚曾廙译，上海书店出版社1998年版，第1—11页。
④ Shaun Breslin, "Understanding China's Regional Rise: Interpretations, Identities and Implications", *International Affairs*, Vol. 87, No. 4, 2009, pp. 817–835.
⑤ [美] 彼得·卡赞斯坦：《地区构成的世界：美国帝权中的亚洲和欧洲》，秦亚青、魏玲译，北京大学出版社2007年版，第11—12页。

第八讲 四大力量博弈与中国东亚秩序战略

与以印度为中心的南亚和东亚的中间地带设定为东南亚地区是十分有效的,东南亚将来还会包括澳大利亚、新西兰、巴布亚新几内亚等部分。"[①] 韩国学者白永瑞认为:"东亚不仅仅是一种地理上的固定实体,也是文化和历史的产物。广义的东亚包含着东北亚和东南亚,从这一地域在经济上相互依赖日益增强的现实看,也蕴含了在政治和安全保障等方面追求合作的趋势。"[②] 综上所述,作为一个西方人提出的地域概念,东亚的文化历史范畴相对明确(即儒教文化影响所及之地区),而其地理范畴则一直处于变动之中,鉴于东亚地区的开放性,其地理范畴扩大是一个基本趋势,东亚峰会将澳大利亚、新西兰、印度、美国、俄罗斯纳入其中,就是一个明显例证。鉴于此,我们当以开放包容的态度认识东亚,并从文化深度、战略高度把握其趋向。

东亚有着鲜明的独特性。整体而言,东亚处于从边缘到中心的发展进程之中,既面临着外来文化的持续渗透,又普遍存在着文化保护和文化复兴的问题,可以说传统问题尚未解决,新问题又层出不穷,因而既有合作的强烈愿望和战略空间,又存在着阻碍一体化与合作的各种障碍。具体而言,东亚各国体制各异,发展水平各异,拥有从发达国家到最贫穷国家之间巨大的收入差距。[③] 东亚的独特性还体现在,东南亚作为一个异质性众多的次地区相对稳定和东北亚作为时代火药桶的地位凸显形成了鲜明对照。[④]

世界从来没有像今天这样如此重视东亚。20世纪下半叶,东亚一波波的经济崛起牵动着世界的关注,推动着东亚世界经济政治地位的提升。以日本、亚洲四小龙、中国大陆和东盟国家为代表,一股生气勃勃的潮流形成,创造了令世人瞩目的"东亚奇迹"。东亚不但在经济发展,而且在社会生活的方方面面也发生了显著改变,它提供的

---

① [日] 中村哲:《东亚近代史理论的再探讨》,陈应年译,商务印书馆2002年版,第32页。
② [韩] 白永瑞:《思想东亚》,《读书》2009年第11期。
③ [日] 大野健一郎、樱井宏二郎:《东亚发展经济学》,史念译,民族出版社1999年版,第2页。
④ 门洪华:《东亚秩序建构:一项研究议程》,《当代亚太》2008年第5期。

新鲜经验和发展模式预示着东方现代文明发展的一种新方式。尤其是中国崛起带动了东亚经济发展，推动了东亚的战略竞争，也促进了东亚地区的深入合作。东亚正在逐渐赢得更大的影响力和自主权。过去几十年，亚洲奇迹除了应该归功于东亚各经济体的社会和经济发展政策外，东亚国家之间的积极合作也功不可没。[1] 促进东亚合作是所有东亚国家在全球化趋势下的必然反应，符合东亚所有国家的利益。与此同时，东亚经济崛起带动了其国际政治地位的提升，世界贸易集中在北美、欧洲和东亚三个地区内部和地区之间，[2] 东亚被视为与欧美三足鼎立的世界经济支柱。东亚向来是世界诸大国竞争重地，美国长期视之为确保世界大国地位的核心区域，甚至认为美国若退出东亚必将堕落为地区国家，为东亚的未来充满忧虑；日本长期把东亚视为确保其战略利益和谋取世界大国地位的支撑；为维护自身利益和东亚一体化的核心地位，东盟奉行大国平衡战略，以"10＋1"为核心战术应对东亚变局；中国崛起牵动着世界关注的目光，而中国在东亚的一举一动都牵动着周边国家的神经。以上四股力量相互影响、相互制约，使得东亚剧变举世关注。

二　四大力量博弈与东亚秩序演变

传统的东亚秩序总是围绕一个中心国家而运转，地区国家关系伴随着中国、日本、美国等中心国家的交替变化而不断被重新规定。[3] 冷战结束以来，随着东盟国家在地区一体化的领导地位得到中日韩等国家的认可，以及东盟积极实施"10＋1"这一大国平衡术，东亚秩序建构有了可预期的目标。东亚各国积极应对全球化和地区化两大并行不悖的世界潮流，在拥抱全球化浪潮的同时全面融入地区一体化，

---

[1] 余永定：《我看世界经济》，生活·读书·新知三联书店2004年版，第567—568页。
[2] ［美］彼得·卡赞斯坦：《地区构成的世界：美国帝权中的亚洲和欧洲》，秦亚青、魏玲译，北京大学出版社2007年版，第27页。
[3] ［韩］白永瑞：《东亚地域秩序：超越帝国，走向东亚共同体》，《开放时代》2008年第3期。

第八讲 四大力量博弈与中国东亚秩序战略

开始将东亚共同体视为未来东亚秩序的愿景；东亚各国奉行开放地区主义，使得地区外大国尤其是美国继续在东亚秩序建构中扮演重要角色。这些因素构成东亚秩序建构的主要动力，其互动在一定程度上决定了东亚秩序的未来路径。

东亚有三个传统的地区秩序，即中国主导的朝贡体系、美国寻求的门户开放体系和日本主导的"大东亚共荣圈"。[①] 在古代东亚，中国是地区秩序的主导建构者。周边邻国定期派遣朝贡使向中国皇帝称臣纳贡，成为天朝藩属；中国对接受"诰谕"的各国授予金银印章，发给勘合符，提供政治承认、优惠贸易、安全保证等公共物品。朝贡秩序所倡导的是域外诸邦对中华帝国以小事大、慕德向化、梯山航海、克修职贡；中华帝国对各国则是抚驭万邦、一视同仁、导以礼义、变其夷习。无疑，这是儒家学说在处理中华帝国对外关系所能构建的理念原则和理想框架。这个框架所要达到的境界是：域外诸藩国，如群星参斗、葵花向阳一般，围绕着中华帝国运转、进步。在这一向心、垂直体系之下，庶几共享太平之福，维持一种中华模式的国际和平局面，[②] 或可称之为"中华治下的和平"（Pax Sinitica）。朝贡体系是中华中心主义的文化秩序和贸易交流体系，是华夏伦理性政治秩序的自然扩展，其背后隐含着一种超越民族、种族畛域的包容性的天下概念。当然，天朝的至高无上不仅体现在文化上，还体现在政治结构和贸易往来上，作为一种同心圆式的等级秩序，朝贡体系的不平等性是内在的。

19世纪中叶，朝贡体系因西方工业国家的殖民入侵而瓦解，美国在19世纪末20世纪初提出"门户开放"政策，日本则在20世纪30、40年代追求"大东亚共荣圈"，这两种秩序均属不平等的殖民主义安排。[③] "门户开放"体系是一种均势性的殖民秩序，地区外大国

---

① Norman Palmer, *The New Regionalism in Asia and the Pacific*, Lexington: Lexington Books, 1991, p.4.
② 何芳川：《"华夷秩序"论》，《北京大学学报》（哲学社会科学版）1998年第6期。
③ 关于美日因不同东亚秩序追求导致的矛盾与冲突，可参见：Akira Iriye, *Pacific Estrangement: Japanese and American Expansion, 1897–1911*, Cambridge: Harvard University Press, 1972; Akira Iriye, *Power and Culture: The Japanese-American War, 1941–1945*, Cambridge: Harvard University Press, 1972.

在秩序建构和维持上扮演主导角色，它在一定意义上代表了东亚秩序的可渗透性。自此，美国在东亚秩序中一直扮演着强权角色，从而使得开放地区主义成为东亚秩序建构的必然特征。

总体而言，中国的朝贡体系和日本的"大东亚共荣圈"均具有不平等性，前者以文化优势为主导，后者则以军事入侵和征服为路径。中国朝贡体系对东南亚诸国的历史遗产与20世纪80年代以来中国经济的繁荣结合在一起，增强了东南亚对中国崛起的疑惧心理。当然，朝贡秩序在一定意义上是自然形成的，而日本的"大东亚共荣圈"则更具有主动追求的刻意，体现了日本的战略攻击性。这种历史遗产也使得日本慎言地区秩序，害怕因此引起其他东亚国家的恶感。鉴于此，中日两国均提出明确的全球秩序图景，却很少言及东亚秩序，尤其是日本更把东亚秩序倡议视为帝国主义禁忌。[①] 因而，两国均同意东盟在东亚秩序设计及实践中扮演领导角色。

第二次世界大战结束以来，东亚出现了三个部分性地区秩序安排：美国主导的安全体系、日本主导的雁行经济秩序、东盟主导的次地区共同体秩序。美国领导的东亚安全体系具有霸权稳定的性质，依旧被某些成员国视为东亚稳定的柱石；日本领导的雁行秩序则体现了日本的经济强势和战略谋划能力。在一定意义上，雁行经济秩序和东盟次地区共同体秩序在新一波全球化、地区化浪潮中确立，并成长为与美国安全体系并行的秩序形态，体现了东亚秩序的变动性。

进入21世纪以来，中国的全面崛起、日本的政治右倾化、东南亚的规范性崛起、美国霸权安排调整成为东亚秩序变动的核心要素，各方力量致力于寻求自身的优势和对其他力量的制衡。当前，东亚秩序建构面临的最大挑战是：所涉中、日、东盟、美四股战略力量之间正在展开着新的博弈，难以就未来目标达成一致，甚至在地区稳定与繁荣上也出现了越来越多不同的考虑。

从20世纪90年代中后期提出东亚共同体的考虑看，其基本设想

---

① Yonosuke Hara, *New East Asia Theory*, Tokyo: NTT Press, 2002, pp. 32 – 33.

第八讲　四大力量博弈与中国东亚秩序战略

是：以中小国家为主导,以问题领域为驱动,以社会互动实践为具体模式,东盟是东亚合作和一体化进程的核心,中日韩分别加入这一进程,一方面主动发挥作用,另一方面也愿意接受经东盟协商一致做出的决定。① 毋宁说,这是一种较为务实的软性地区主义(soft regionalism)的秩序建设路径。其主要取向是,从实际需要开始,在进程中不断增加合作的内容,逐渐超越和突破经济合作的框架,容纳政治、社会、文化、安全等各种因素,培养互信、互惠、互赖的共同体意识,把优惠性的自由贸易安排、货币与金融合作、安全问题的处理作为优先选项,以此为基础逐步建立整体性的宏观合作机制。② 这一秩序建构思路的基础条件之一就是,中国发挥着稳定器的建设性作用,其他国家接受和适应中国的和平发展。然而,我们看到的东亚现实却是各国均进入战略深刻调整期,四大力量的博弈愈加激烈。随着中国的快速崛起和以东盟为同心圆的一体化进程的加速推进,以及中国—东盟自由贸易区建设和双边关系的健康发展,日本在东亚的影响力迅速下降。与此同时,美国在东亚的影响力也经历了相对衰退,东亚秩序出现了中国、东盟及美国分别在经济、政治及安全领域各领风骚的"三驾马车"鼎足局面。正在涌现的这一地区秩序与第二次世界大战结束以来美国主导的东亚秩序有很大不同,反映出东亚地区正在发生的权力转移,随之而来的是地区内外各种矛盾加速显现。

对东亚发展进程始终不能释怀的是日本。日本运用军事手段("大东亚共荣圈")和经济手段("雁行模式")企图主导东亚的历史,决定了日本对东亚主导地位有着明晰而持久的渴望。进入21世纪,不仅中国在东亚的经济和政治影响力迅速扩大,中日实力对比也发生了逆转。日本经济界精英普遍认为,中日竞争已经深刻影响到东亚经济制度建设的所有核心层面,如东南亚和东北亚国家之间优惠贸易纽带的性质、相互重叠的自由贸易区网络、东亚一体化进程的包容

---

① 秦亚青:《东亚共同体建设进程和美国的作用》,《外交评论》2005 年第 6 期。
② T. J. Pempel, "The Race to Connect East Asia", *Asian Economic Policy Review*, Vol. 1, No. 2, 2006, pp. 239–254.

性等。在安全领域，两国存在传统的安全困境认知，难以培育基于共同信任、互惠、相互依赖的共同体意识，阻碍了地区安全制度的建构。

美国东亚战略目标明确，即为护持全球主导地位提供东亚支撑，确保东亚安全的主导地位，维系东亚均势格局。美国认识到与中国合作的收益，但更忧虑中国崛起带来的严峻挑战，把维系其主导的地区均势不被打破、防止因退出东亚或进而丢失亚洲主导地位而退守为地区国家视为战略底线。因此，美国极力充当"离岸平衡手"，有意在东亚保持适度的紧张关系，利用中国和邻国的嫌隙，特别是周边国家对中国崛起的担心，推动这些国家加强与美国的政治、经济、安全合作，进而扰乱东亚地区内部整合的步伐。防止和打破亚洲国家对中国在经济、安全等方面的战略依赖成为美国对华关系的一条主轴，其主要做法是大肆渲染中国崛起威胁论，巩固和发展盟友关系，尤其是加强与中国有争端的周边国家关系，挑拨中国周边国家惹是生非，从东北亚、东南亚、南亚等各战略方向加强对中国的战略遏制。美国战略调整引发了东亚权力重新组合，使得东亚安全形势更趋复杂，传统的领土争端与愈演愈烈的海权竞争相互交织，中美安全冲突成为世界各国关注的焦点。美国战略调整的矛头直指中国，在热点问题上采取明显偏袒中国邻国的干预立场，强化与相关国家的同盟、准同盟关系，推行海空一体化，着力前沿部署，对中国进行战略试探，对地区争端升温起到了火上浇油的作用，使得中国感受到了军事遏制态势和强大的战略压力，并造成了中美两国地缘战略竞争的深化。

在东亚秩序建构进程中，东盟扮演着领导者和制衡者的双重角色，而二者内在的矛盾性正在凸显，使得东盟主导推动地区秩序建构的动力不足、创新乏力。一方面，东盟在东亚一体化进程中的领导地位得到了东北亚三大国的尊重，也得到了美国、俄罗斯等国家的尊重，东盟处理次地区多样性和多重矛盾上的成功经验为东亚秩序建构提供了范例。另一方面，东盟明确认识到自身在推动地区一体化进程中作用的吃力以及对丧失主导地位的担心，因此，东盟采取所有措施

第八讲　四大力量博弈与中国东亚秩序战略

的不变核心是通过大国平衡确保自身主导地位，为此，甚至不惜放缓地区一体化的速度和深度。具体而言，东盟总体上对中国崛起普遍持有欢迎的态度，主动适应的态势明确，但平衡和冲淡中国地区影响力的扩大也是其必然的趋向；抵消和平衡美国的作用也是催生东亚制度安排的重要动力。[①] 东盟欢迎美国的军事存在，希望借助美国力量平衡中国、制约日本，同时也对美国争夺东亚经济合作主导权的企图充满警惕。鉴于此，东盟对防止东亚秩序建构走向歧途可以起到关键性作用，但推动秩序建构的动力不足。当然，最近美国的一系列频繁动作也给东盟制造了困难。美国战略东移对东盟的主导地位构成了挑战；与此同时，美国针对中国的战略作为，实际上将既有盟友和潜在盟友置于两难境地。多数东盟国家把美国看成是消除焦虑的工具，但并不完全将中国崛起视为自己的威胁，而是期望美国在既有的领土领海争端中发挥制衡中国的作用，东盟各国并不愿意在中美之间做出选择，或为美国火中取栗。以上几股力量的战略调整，使得东亚地区的未来充满了变数。[②]

迄今，东亚合作在低度政治为主要特征的功能性领域取得了丰硕的成果，但在政治和安全合作上依旧荆棘密布。当然，即使在经济领域，各国不同的自由贸易区构想及其实践也有可能导致"意大利面条效应"（Spaghetti Effect），增加地区一体化的成本。东亚秩序建构的困境在于，目前的东亚秩序仍然处于领域分割状态（安全与经济的分离尤其明显），出现多种秩序主张。2010 年之前，东亚共同体的理念已经为东亚国家所接受，尽管存在着不同制度设计的竞争，但东盟中心的地位得到了地区内外诸国的尊重，东盟规范发挥着支点性作用，东亚秩序看起来有着审慎乐观的前景。然而，这一秩序设计不仅存在着内在的不足，也与美国寻求的规范存在对冲，尤其是在安全机制上，同盟安全与合作安全两种模式既有冲突也有竞争。这导致的结果

[①] ［美］芮效俭：《中国和平崛起和东亚合作：中国和美国的视角》，《外交评论》2005 年第 6 期。

[②] 武心波：《"东亚变局"与"日本风险"及其外溢效应》，《东北亚论坛》2013 年第 6 期。

是双边同盟、多边对话和特殊外交的混合,既不构成军事竞争对抗,也难以形成多边合作体系,① 其变数天然存在。

三 中国东亚战略的演进

从历史角度看,世界大国都是先从自己所在的地区事务中逐渐拥有主导地位而发展起来的。传统而言,大国地区战略以国家实力为基础,以获取地区主导地位为目标,而在全球化和地区一体化并行不悖的趋势之下,大国的地区战略路径转而追求地区共同利益,将开放地区主义作为战略工具,将地区制度建设作为地区合作的主脉络,将地区秩序建设作为地区合作的愿景。

近代以降,西方势力在东亚扩张与中国在东亚影响力的下降并行,而中国把外交重点放在与西方打交道上,与东亚国家反而冲突不断,难以在东亚确立牢固的国家间合作关系。长期以来,中国不是从地区(region)角度出发处理与各国尤其是周边国家的关系,而是在双边层次上处理与各相关国家的关系;② 20 世纪 90 年代中期迄今,中国才开始积极接受地区的概念,并将其战略重点放在促进东亚一体化的进程上。以全球化与地区一体化两大趋势并行不悖为观照,这一转变显然深得中国古代战略思想之三昧③。在诸大国均以促进乃至主导本地区一体化作为未来国际竞争基础的情势下,中国将加强东亚合作视为国际战略的重中之重实为长远之举。

作为古代东亚政治、文化、经济乃至安全秩序的主导者,中国的强盛、开放与东亚密切相联。中国拥有自成体系的悠久文明,以华夏伦理性政治秩序的自然扩展为基本路径,在东亚地区形成了自成一体

---

① G. John Ikenberry and Jitsuo Tsuchiyama, "Between Balance of Power and Community: the Future of Multilateral Security Co-operation in the Asia-Pacific", *International Relations of the Asia-Pacific*, Vol. 2, 2002, pp. 69 – 94.

② Louse Fawcett and Andrew Hurrell, eds., *Regionalism in World Politics: Regional Organization and International Order*, London: Oxford University Press, 1995, p. 239.

③ 《孙子兵法·九地篇》云:"诸侯之地三属,先至而得天下者,为衢地。"

的帝国架构——朝贡体系。16世纪之后,中国进入传统政治制度的衰落阶段,故步自封,开始闭关锁国。19世纪初中期,在运用外交手段与清王朝建立更广泛、更直接联系的努力接连受挫后,西方列强诉诸武力,发动一系列对华战争,用坚船利炮砸碎了中国天下一统的格局思想,将中国强行纳入一个强迫性的自由贸易体系之中。中华帝国完全沦为列强半殖民地,历经近两千年的华夷秩序寿终正寝。自此,中国长期受到列强的欺凌,领土被肆意瓜分,更谈不上东亚地位的维护了。

东亚传统秩序的最终崩溃,与日本崛起并追求侵略性的"大东亚共荣圈"直接相关,中日困境就此种下根苗。第二次世界大战和冷战使中日的敌对状态久拖不决。1945年日本的投降并未带来地区的和解、东亚的融合,也没有带来日本国内对帝国所犯罪行的普遍和深刻的认识。① 第二次世界大战结束之后,东亚地区一直被冷战的阴影所遮盖,并为东亚民族主义浪潮所淹没。东南亚地区与朝鲜半岛忙于非殖民化与国家重建,中国也忙于国内革命建设以及突破西方的封锁。尽管东盟在1967年成立,但受外部力量牵制和内部聚合力不足的影响,东盟在促进东亚合作上的能力有限。20世纪90年代之前,东亚地区尚未建立起全地区性经济合作的制度框架,日本在东亚的投资促进了地区经济的繁荣,并成为东亚一波波经济崛起的重要推动力。

中国实行改革开放政策以来,东亚一直在其经济崛起进程中扮演着投资发动机的作用,在相当长时期内中国对外经济活动的70%是在东亚进行的,而投资中国的外商85%来自东亚。② 与此同时,中国进入东亚产业链之后,对加快东亚产业转移和产业结构升级起到了积极作用,为亚洲各经济体提供了巨大的市场空间和发展机遇。然而,20世纪90年代中期之前,中国对东亚合作的态度是消极而游离的。中国官方1999年前甚至从来没有发表过对亚洲经济和安全的系统看

---

① Minxin Pei, "A Simmering Fire in Asia: Averting Sino-Japanese Strategic Conflict", *Policy Brief*, Carnegie Endowment for International Peace, No. 44, November 2005.
② 陈迎春:《中国参与区域经济合作的现状、问题及建议》,《经济研究参考》2004年第41期。

法。当时的东亚缺乏地区性的、正式的政府间合作协议,有亚太合作而无东亚合作,市场力量是东亚一体化的天然推手。[1] 东亚一体化处于市场或投资驱动阶段,日本经济复兴、"四小龙"经济奇迹和中国经济崛起成为东亚发展的助推力量,但东亚经济增长主要依靠各自的经济和贸易政策,而非多边框架下的经济合作。

1997年的亚洲金融危机成为东亚合作的催化剂,促使各国在经济一体化上做出了积极的政治决定,避免了传统的"以邻为壑"战略。地区内各国积极采取合作措施应对危机,并为未来挑战未雨绸缪。此际,中国宣布"做国际社会负责任的大国",坚持人民币不贬值,成为东亚较快走出金融危机的重要支柱,其积极作为得到国际社会的高度认可。中国迅速成为东亚合作最重要的推动力,其东亚战略开始从消极观望转为积极融入。自此,东亚经济一体化进入经济、政治双轮驱动阶段。2001年中国加入WTO并倡议建立中国—东盟自由贸易区,为深化东亚一体化注入了新的动力,东亚一体化进入经济、政治、制度、战略四轮驱动阶段。中国—东盟自由贸易区建设触发了地区自由贸易区热潮。地区经济一体化是东亚稳定和繁荣的基础,其溢出效应反过来加强了政治、安全、社会、文化等领域的地区合作,一些制度框架开始建立,东亚共同体理念被接受为地区合作的愿景。与地区内国家加强合作、提供更多的地区性公共物品和优惠条件成为大国竞争的新趋向,各国之间合作与竞争并存,而竞争深化了合作。共同利益的汇聚和制度化逐步成为东亚合作的主导要素。

中国对地区合作的参与是一个逐步演变的过程。冷战结束后,中国与周边国家特别是东南亚国家关系陆续正常化、经济全球化迅猛发展,构成了这一转变的历史背景。中国周边安全面临的挑战和隐患,中国与世界,尤其是与周边关系的日趋紧密,东亚金融危机的爆发,则提供了启动地区合作的契机和动力。党的十六大以来,中国将加强

---

[1] Shujiro Urata, "The Emergence and Proliferation of Free Trade Agreement in East Asia", *The Japanese Economy*, Vol. 32, No. 2, Summer 2004, pp. 5–52.

第八讲　四大力量博弈与中国东亚秩序战略

地区合作与交流作为实现亚洲共赢的有效途径，积极探索新的合作新方式。中国在地区合作中的积极进取，既促进了地区内国家对中国发展经验和成果的分享，也提高了中国的议程创设能力及其在东亚的战略地位。在相互接触的进程中，中国成为东亚负责任的利益攸关方，中国的东亚经济贸易主导地位也初步确立起来。在参与东亚一体化的进程中，中国进行了基于共同利益的地区战略调整，与东亚国家达成了以共同利益为导向的建设性合作。中国积极参与了一系列基于合作原则和共识的东亚制度建设，支持东盟提出的东亚峰会模式和东盟在东亚共同体建设中的领导地位，并持续表明了支持开放地区主义的立场。东亚国家对中国的地区战略走向高度关注，它们愿意拉中国参与地区合作，但又普遍担心中国主导地区合作事务，[①] 而美国等在东亚拥有重要利益的国家对中国的动向也颇为敏感。有鉴于此，中国东亚战略尤其是对东亚秩序建构的部署，引起了地区内外国家的高度关注。党的十八大以来，中国相继提出了一系列创新性的东亚战略倡议，秉持"亲、诚、惠、容"的合作理念，深化互利共赢格局，推进地区安全合作。中国升级其地区战略，提出"一带一路"倡议，积极促进地区合作的制度化。中国致力于与东盟携手建设中国—东盟命运共同体，与打造中国—东盟自由贸易区的升级版，建设孟中印缅经济走廊，倡议筹建亚洲基础设施投资银行等，通过引导地区安排的方向，发展开放性全地区合作，缓解东亚疑虑，凝聚共同利益，深化地区认同，力争在新一轮东亚乃至亚太秩序的构建中发挥强有力的塑造和引导作用。

四　中国东亚秩序战略的核心目标

中国东亚秩序战略的核心目标是，充分认识中国崛起的地区效应，有效降低中国崛起的负面冲击力，促进地区稳定与共同发展，完善东亚共同体的"中国论述"，致力于以共同利益为基础开展开放透

[①] 张蕴岭：《东亚合作之路该如何走？》，《外交评论》2009年第2期。

明的东亚共同体建设，[①] 通过制度化合作发展东亚利益共同体，创立责任共担、大国多担的责任共同体，大力促成东亚命运共同体，培育并巩固建立在共同利益基础之上的平等、合作、互利、互助的东亚秩序。

中国东亚战略的深化体现在，从推动多元并行的东亚一体化合作发展到致力于东亚共同体的制度化建设，实现更高层面的战略设计和战略运作。中国促成东亚命运共同体的核心路径是，以共同利益为基础，推动创建东亚利益共同体和责任共同体。1997年至今，经过地区各国持续的努力，东亚已经在次地区、地区和超地区层面建立起颇具效用的制度框架（如东盟、"10+3"、东亚峰会、东盟地区论坛等），这些都是共同利益汇聚和制度化（或处于制度化进程中）的结果。随着东亚进入制度建设和寻求认同的时代，共同利益成为地区各国思考问题的基础和出发点。随着中国进一步融入东亚地区合作以及中国地区影响力的增强，寻求和扩大地区共同利益成为中国的战略趋向，中国主导推动创建东亚利益共同体的基本条件正在走向成熟。我们认为，中国应该在宏观层面上构想基于共同利益的东亚战略框架，并与东亚各国联合推进，推动创建东亚利益共同体。

表8-1　　　　　中国基于共同利益的东亚战略框架[②]

	国家层面	双边层面	地区层面	全球层面
政治维度	东亚各国坚守"一个中国"政策	建立高层对话、互访的常规机制	加强政治对话与协调；秉持开放性地区主义	加强磋商，共同在全球事务处理上发挥建设性作用
安全维度	中日均坚持和平发展道路	保持并加强战略对话；加强军队之间的交流，建立安全互信	共同努力促进朝鲜核危机等地区热点问题的解决，预防地区冲突	合作应对各种非传统安全问题

[①] 毛里和子：「東アジア共同体と中国」、『国際問題』第551号 2006年5月号。
[②] Men Honghua, "East Asian Order Formation and Sino-Japanese Relations", *Indiana Journal of Global Legal Studies*, Vol. 17, No. 1, Winter 2010, pp. 47–82.

续表

	国家层面	双边层面	地区层面	全球层面
经济维度	—	经济贸易关系良性发展，扩大经济共同利益	促进地区的宏观经济繁荣和金融稳定	保持世界经济稳定态势
文化维度	—	加强文化、学术交流，尊重文化多样性	加强文化、学术交流，尊重文化多样性	加强文化、学术交流，促进世界的文化繁荣
社会维度	—	促进旅游等民间交往，加强青年人之间的交流机制	促进民间交往，加强青年人之间的交流机制	促进民间交往，加强青年人之间的交流机制

作为东亚关键的利益攸关方，中国迎来为地区和平发展做出更大贡献的时代，承担地区大国责任是中国必然的战略选择。中国承担地区责任，以大有作为为目标，以力所能及为条件，以循序渐进为原则。与此同时，地区事务纷繁复杂，各国利益诉求不一，唯有逐步建立责任共担、大国承担重要责任的责任共同体，地区合作才能有更为牢固的制度化基础，地区命运共同体的意识才能逐步强化。有鉴于此，中国要深化对地区公共物品的认识，与各国一道确立地区和平发展的目标，客观评估地区国家的根本利益诉求，既能够做到雪中送炭，又能够实现共享繁荣，从而深化东亚命运共同体意识，实现东亚秩序的重塑。

五 中国东亚秩序战略的原则

中国东亚秩序战略应秉持的基本原则包括如下方面。

第一，奉行开放地区主义。在东亚这样一个经济、文化、政治和民族多样性的地区，开放地区主义是建立共同体的必经之路。开放地区主义要求摒弃冷战思维，实现政策的非歧视性和透明性，对地区外国家参与地区秩序建设秉持开放的态度，尊重地区国家与地区外国家在互惠开放基础上的各种合作，愿意倾听和响应各方呼声，共同致力于地区秩序的开放性重塑。对中国而言，这意味着中国既应立足东亚又要具有超越东亚的胸怀和眼界，不急于倡导明确的地区概念，对各种并存的地区主义采取温和的态度，鼓励多样性和多样化，谨慎对待封闭性的地区合作，对美国、俄罗斯、印度、澳大利亚等国在东亚发挥更积极作用的态度和做法持开放态度。

第二，坚持共同利益路径。东亚地区秩序的构建，一方面，应当从各方具有共同利益的领域先行，逐渐扩大到更多的领域。另一方面，以共同利益为基础，才能防止或制止大国将其个别利益置于多数国家之上。[1] 中国朝贡秩序的历史表明，中国强而不霸、大而不蛮、富而不骄，是践行共同利益路径的典范。中国从 1994 年至今参与东亚地区合作的 20 年间，一直坚持共同利益的路径，与东亚国家达成了以共同利益为导向的战略合作。东亚秩序的重塑应以共同利益为基础，而中国既有的经验弥足珍贵。

第三，积极承担大国责任。东亚各国经济社会水平不一，战略诉求各异，凸显出对地区公共物品的渴求。中国应抓住历史机遇，积极提供公共物品、让渡非战略利益并开展对外援助（开放援助与战略援助并行），以此深化对共同利益和命运共同体的认知，为地区秩序的塑造提供可预期的收益。东亚秩序的公共物品，包括市场、金融合作、安全合作和自由贸易区建设等几个方面。[2] 在多边合作的框架下提供公共物品，是缓解地区国家对华疑虑的最有效途径。中国奉行"得道多助"的原则，在积极为东亚各国发展提供广阔市场的同时，积极与地区国家开展金融合作（亚洲基础设施开发银行就是典型的事例），共同促进东亚自由贸易区建设，并致力于逐步开展和深化安全合作，在地区秩序建设上的导航作用日趋显现。

---

[1] 黄仁伟：《新安全观与东亚地区合作机制》，《世界经济研究》2002 年增刊，第 24—29 页。

[2] 樊勇明：《区域性国际公共产品——解释区域合作的另一个理论视点》，《世界经济与政治》2008 年第 1 期。

第八讲　四大力量博弈与中国东亚秩序战略

第四，适时推进地区制度建设。从全球各地区的发展来看，促进地区合作的深化，尤以制度建设为基本特征，通过地区制度建设实现国家战略目标是一种可行的范式。中国将地区制度建设视为塑造地区秩序的主要手段。① 近年来，中国立足临近地区，开始参与乃至着手主导构建地区全面合作的制度框架，加强地缘政治经济的塑造能力。中国在地区合作中的积极进取，既促进了地区内国家对中国发展经验和成果的分享，也提高了自身的议程创设（agenda-setting）能力。中国地区制度建设战略通过参与、创设、主导三种基本方式来实现。20世纪90年代中期以来，中国一改昔日对地区合作的消极姿态，参与了所有中国有条件、有资格参加的东亚多边合作机制，并开始在这些多边机制中发挥积极作用。② 主动创设地区多边机制并发挥主导性作用是近几年来中国着力而为的战略体现，中国在持续推动构建"10 + 1""10 + 3"两个合作框架的同时，也积极推进RCEP进程和中日韩三边FTA建设，致力于扩大中国在地区合作中的运作空间，③ 为积极塑造地区秩序奠定坚实的基础。

第五，坚持循序渐进的原则。东亚地区政治、经济、文化背景差异甚大，各国难以接受对主权的让渡，地区秩序的重塑必然是一个循序渐进的过程，应该遵循先易后难、由功能性合作起步的思路，从贸易、投资、金融等合作开始分阶段重塑经济秩序的框架；然后推及政治安全领域，而在政治安全领域又从共同利益比较集中的非传统安全合作起步，如创立有关能源、环境、海上安全等的合作机制，同时大力推进作为长远合作基础的文化交流，以促进相互理解和地区认同。这一情势实际上给了中国一个通过渐进方式逐步实现地区整合目标的机遇。有鉴于此，中国应深入把握东亚的历史基础和基本特点，既不应裹足不前，也不应急于求成，更不应试图"扛大旗"，而应循序渐

---

① Morton Abramowitz and Stephen Bosworth, "Adjusting to the New Asia", *Foreign Affairs*, Vol. 82, No. 4, 2003, pp. 119 – 131.
② 郭清水：《中国参与东盟主导的地区机制的利益分析》，《世界经济与政治》2004年第9期。
③ 姜跃春：《亚太区域合作的新变化与中日韩合作》，《东北亚论坛》2013年第2期。

进，因势利导，同时推进多种进程，采用先易后难、循序渐进、多轨并行、开放包容的路径，在逐步推进过程中实现自身的战略目标。①

第六，抱持战略耐心。中国应深刻认识到，东亚多个地区机制、多层参与、多样发展符合中国的利益，② 这需要中国进行长远的战略谋划。另外，东亚国家对中国仍存在矛盾心理，一方面对中国的经济需求强烈，希望从中国的发展中受益，另一方面与中国存在领土领海争端、历史问题和意识形态的矛盾，这些矛盾加剧了它们对中国崛起的担忧。在对中国崛起心存疑虑的情况下，一些国家试图强化与美国的政治、军事关系，为美国加强在地区内的政治影响和军事存在提供了借口。③ 这些问题意味着，中国与诸国达成条约式的制度安排不易，且要为将来预留战略空间，更需要战略耐心和时间。

六 中国东亚秩序战略的路径

中国的东亚秩序战略既要深刻理解和顺应东亚一体化的基本路径选择，也要实现自身的观念创新、路径创新，从而为东亚合作注入活力，进一步巩固引领东亚制度建设的战略效应。具体地讲，中国应积极推进基于开放地区主义思路上的新单边主义、新双边主义和新多边主义，并实现三者之间的相辅相成。

开放地区主义被视为在一个经济、文化、政治和民族多样性地区建立地区秩序的必经之路。我们认为，中国应将开放主义视为地区合作的一种基本价值观，通过地区开放主义实现中国与地区内外国家的积极合作。具体地讲，对美国、澳大利亚、新西兰等地区外国家介入东亚一体化进程秉持开放态度，积极称许亚太经济合作组织的合作框架，并对其进一步制度化秉持开放性态度；对非东亚国家（如印度、澳大利亚、新西兰）进入东亚一体化的讨论（如东亚峰会）和相关

---

① 门洪华：《东亚秩序建构：一项研究议程》，《当代亚太》2008 年第 5 期。
② 张蕴岭：《东亚合作之路该如何走？》，《外交评论》2009 年第 2 期。
③ 刘丰：《安全预期、经济收益与东亚安全秩序》，《当代亚太》2011 年第 3 期。

经贸活动持开放态度,并积极探讨与相关国家缔结双边自由贸易协定的可能性;对地区内国家间的活动持开放性态度,促进地区合作的良性竞争;对中国国内部分边境省份与周边国家的合作持有积极开放的态度,促进中国国内的全面开放等。

在开放地区主义基础上,中国要实行新单边主义、新双边主义和新多边主义。大国素有单边主义的传统,而中国昔日处理东亚关系中的诸多理念、方式在很大程度上是单方面的外交指针,未形成多边共有观念。所谓新单边主义(Neo-unilateralism),就是中国在扬弃一些传统理念和方式的同时,从深化东亚合作着眼,进一步推动单边利益(尤其是非战略利益)让渡,加强单边援助,以改善中国的地区形象,展现中国的大国风度。

双边主义是中国传统的国际合作方式。总体而言,中国对地区双边主义的运用多基于政治而不是经济考虑。[①] 鉴于近年来东亚优惠安排体现出以双边为主要形式、在地理上开放的特征(尤以美日推进的双边自由贸易协定为体现),中国尽管不能放弃将双边主义视为地区多边主义之过渡性工具的基本考虑,但有必要加强双边主义的经济分量、战略分量,推行新双边主义(Neo-bilateralism)。具体地说,中国应进一步深化与东盟的双边合作,积极推进与俄罗斯、印度、澳大利亚等地区内外国家的双边自由贸易协定,加强与欧盟等地区外国家集团的双边合作;发展中美新型大国关系,提升双边战略对话的层次,使之成为全球性战略协调平台;以安全、经济战略对话为路径,与日本等东亚大国进行更深入的双边协调等。

改革开放以来,中国以参与多边国际制度为基本路径,成为多边主义的重要获益者和秉持者。总体而言,鉴于中国融入国际社会未久,对多边国际制度的运用尚欠圆熟,中国一般奉行工具性多边主义战略(instrumental multilateralism strategy),将多边国际制度视为国家

---

① Elaine S. Kwei, "Chinese Trade Bilateralism: Politics Still in Command", in Vinod K. Aggarwal and Shujiro Urata, eds., *Bilateral Trade Agreements in the Asia-Pacific*, New York: Routledge, 2006, pp. 134-135.

利益得以实现的工具，体现出选择性或工具性的特征。近年来，中国在东亚国际制度的参与和创设上采取了越来越积极、开放的态度。随着东亚共同体愿景的深化和竞争，东亚迎来推进地区制度建设的新时代，中国总结和反思既有的国际制度战略，推行新多边主义恰当其时。所谓新多边主义（Neo-multilateralism），即原则性多边主义和工具性多边主义的结合，换言之，在扬弃既有的工具性多边主义战略的同时，进一步强调多边国际制度的战略意义和道义价值，坚信可以通过国际制度建设实现中国国家利益的维护与拓展。

中国应以推进基于开放地区主义思路上的新单边主义、新双边主义和新多边主义为指导原则，全面推进东亚制度性合作。在宏观层面上，中国应以东亚秩序建设为地区战略的制高点，强调共同利益的汇聚和制度化是地区秩序建构的唯一路径，以此稳定和进一步发展与东亚各国之间的战略互动关系，把握地区战略上的主动权。把开放地区主义作为自我战略约束和约束他国的战略工具，稳定东亚各国对中国的战略预期。具体地说，以开放地区主义促进东亚经济相互依赖的进一步深化，提升中国经济主导地位的战略价值；以开放地区主义促进东亚政治合作和安全协调，积极化解围绕中国的软性战略包围圈；以开放地区主义引进更多的非东亚力量，构成对美日同盟的战略约束。在一定意义上，东亚的未来取决于中国的战略走向，应以建设性姿态和负责任的态度全面参与各类地区磋商，力所能及地提供地区性公共物品。

中国必须在东亚秩序建设进程中潜在但实质性地发挥主导作用，并着重处理如下中微观层面问题：其一，制定推动东亚贸易自由化、投资自由化、金融合作、能源合作的中长期战略规划；其二，稳定和发展与东亚国家的双边关系，抓住时机率先推进双边贸易、投资、交通运输的便利化；其三，利用传统关系加强内陆地区与周边国家的一体化，西南地区和南亚、东南亚的资源有着较多的互补性，在生产要素的组合方面也有较多的互补性，可修建国际高速公路和铁路，使中国西南货物通过南丝绸之路到达南亚、西亚和非洲；东北地区与日本有着传统的经贸联系，在软件开发、机械制造等方面已经建立了较深入的合作，仍有深化的空间；其四，落实自由贸易区战略的整体布局，加强与东亚及其他周边国家的自由贸易区谈判，尤其是着重与印度和俄罗斯等国的自由贸易区谈判，并将之提升到反战略包围圈的高度加以认识和推行。

第九讲 "一带一路"与中国—世界互动关系

中国与世界的互动是一个颇具特色的历史进程，是两个世界相互试探、碰撞的历史，是中国传统的"世界秩序"被打破，被强行纳入、历尽挣扎和逐步适应西方主导的国际体系的历史，也是中国融入并影响进而塑造世界的历史，这一互动加速了中国的变革，也促进了世界的转型。① 中国快速发展既是世界大变局的重要组成部分，也是推动世界变革的主要动力之一。② 中国成为牵动世界变革的核心力量之一，逐渐位移到世界变革的中心。进入新时代，中国致力于为世界提供促进和平发展、构建人类命运共同体的思想、理念和文化，为世界发展提供新动能，推动世界的可持续发展，为和平发展提供公共产品，以中国智慧、中国方案推动构建平等、包容与合作的国际新关系和新秩序，③"一带一路"建设就是推动中国与世界良性互动的战略抓手。

"一带一路"是中国面对错综复杂的国内国际形势，党中央统揽全局、审时度势、多方权衡之后提出的重要发展倡议，被视为中国构建与国际社会命运共同体的战略之梯。④ "一带一路"建设得到100多个国家和国际组织的支持和积极参与，成为当今世界最具影响力的合作倡议，代表着中国迈向世界大国的征程。⑤ "一带一路"建设以

---

① 门洪华：《中国崛起与国际秩序变革》，《国际政治科学》2016年第1期。
② 杨洁篪：《新时期中国与世界的互动》，《国际问题研究》2011年第5期。
③ 张蕴岭：《中国对外关系40年：回顾与展望》，《世界经济与政治》2018年第1期。
④ 邢广程：《海陆两个丝路：通向世界的战略之梯》，《学术前沿》2014年第4期。
⑤ 李景治：《"一带一路"建设与中国新型大国外交》，《新视野》2016年第3期。

第九讲 "一带一路"与中国—世界互动关系

各国政策与规划的对接实现发展的国际协同,以合作路径与方式的创新推进经济全球化,同时也推动中国开放型发展布局的历史性转型升级。[①] 可以说,"一带一路"建设已超越发展合作的传统范畴,上升到国内治理与全球治理的高度,[②] 是中国开放与地区合作、全球发展的有机结合,是促进中国与世界良性互动的战略抓手和核心路径。

一 新时代中国与世界互动的新特征

中国与世界互动的模式深受关注。与古代的朝贡秩序、近现代的"冲击—回应"模式形成鲜明对比的是,当代中国与世界的关系发生了根本性、历史性的变革,尤其是40多年的改革开放逐步促成了中国与世界的良性互动,使得中国与世界处于卯榫相合的地步,中国无法置身于世界变化之外,世界无法摆脱中国发展的影响。[③] 进入新时代,中国对世界的全方位影响更加明显,中国与世界的利益碰撞频发,中国发展面临的机遇和挑战同步增加,深入研究新时代中国与世界的互动有其必要性和迫切性。

改革开放是推动中国与世界关系发生历史性变革的核心力量。以党的十一届三中全会为标志,中国进入改革开放时代,这是中国现代化的历史性转折点,也是中国发展历程的重要界碑。中国打破长期闭关自守的局面,积极参与经济全球化和地区一体化。中国崛起与世界转型相约而行,这种历史性重合给世界经济发展带来了无限活力。中国加速与国际接轨的步伐,迅速崛起为世界经济大国、贸易大国、开放大国,为世界和平发展做出重大贡献,中国理念、中国思想、中国智慧、中国方案为世界所高度关注,中国成长为一个合作性的、负责

---

① 张幼文:《"一带一路"建设:国际发展协同与全球治理创新》,《毛泽东邓小平理论研究》2017年第5期。
② 顾春光、翟崑:《"一带一路"贸易投资指数:进展、挑战与展望》,《当代亚太》2017年第6期。
③ 苏长和:《在新的历史起点上思考中国与世界的关系》,《世界经济与政治》2012年第8期。

任的、建设性的、可预期的国际体系塑造者，对国际事务发挥重大乃至引领性影响。① 中国推动世界发生着前所未有的巨大变化。最大的变化就是世界各国相互联系越来越密切，相互依存越来越深入。在这个相互依存的世界里，面对各种各样的挑战，再强大的国家也不可能单打独斗，独善其身。同舟共济、合作共赢已不是一种选择，而是别无选择。②

习近平总书记指出："从历史维度看，人类社会正处在一个大发展大变革大调整时代。世界多极化、经济全球化、社会信息化、文化多样化深入发展，和平发展的大势日益强劲，变革创新的步伐持续向前。各国之间的联系从来没有像今天这样紧密，世界人民对美好生活的向往从来没有像今天这样强烈，人类战胜困难的手段从来没有像今天这样丰富。从现实维度看，我们正处在一个挑战频发的世界。世界经济增长需要新动力，发展需要更加普惠平衡，贫富差距鸿沟有待弥合。地区热点持续动荡，恐怖主义蔓延肆虐。和平赤字、发展赤字、治理赤字，是摆在全人类面前的严峻挑战"。③ 人类正处在一个挑战层出不穷、风险日益增多的时代。世界经济增长乏力，金融危机阴云不散，发展鸿沟日益突出，兵戎相见时有发生，冷战思维和强权政治阴魂不散，恐怖主义、难民危机、重大传染性疾病、气候变化等非传统安全威胁持续蔓延。④ 我们一方面要看到各国相互联系、相互依存，全球命运与共、休戚相关，和平力量的上升远远超过战争因素的增长，和平、发展、合作、共赢的时代潮流更加强劲，另一方面也要深刻认识到世界进入转轨时期，出现了严重的"逆全球化"的潮流，各国间宏观政策协调难度加大，为加快经济复苏，各国利益诉求和政策着力点的差异日益显现；各国保护主义抬头，贸易壁垒逐渐增加；

---

① 门洪华：《新时代的中国对美方略》，《当代世界与社会主义》2019 年第 1 期。
② 乐玉成：《关于中国与世界关系的十点思考》，《国际问题研究》2012 年第 3 期。
③ 习近平：《携手推进"一带一路"建设（2017 年 5 月 14 日）》，《习近平谈治国理政》（第二卷），外文出版社 2017 年版，第 508—509 页。
④ 习近平：《共同构建人类命运共同体（2017 年 1 月 18 日）》，《习近平谈治国理政》（第二卷），外文出版社 2017 年版，第 538 页。

第九讲 "一带一路"与中国—世界互动关系

有些国家和利益群体把利益分配不均、贫富分化加剧错误地归咎于全球化，成为反全球化的主要力量。① 习近平明锐地指出："20 年前甚至 15 年前，经济全球化的主要推手是美国等西方国家，今天反而是我们被认为是世界上推动贸易和投资自由化便利化的最大旗手，积极主动同西方国家形形色色的保护主义作斗争。……我们今天开放发展的大环境总体上比以往任何时候都更为有利，同时面临的矛盾、风险、博弈也前所未有，稍不留神就可能掉入别人精心设置的陷阱"。② 当前，和平赤字、发展赤字、治理赤字，成为摆在全人类面前的严峻挑战。人类又走到了一个发展的十字路口，面临着能否做出正确抉择的重要考验。③ 在世界经历困境且进入"系统性失调"的时期，中国特色社会主义进入新时代，④ 中国发展给世界带来广泛而深刻的影响，强烈的对比刺激着许多人的战略神经。一些国家在看到中国发展给世界带来巨大"红利"的同时，对于中国在世界的影响力不断扩大又充满着矛盾，甚至带有敌意，⑤ 许多国家对中国的疑虑、猜疑甚至不满也随之增加。⑥

世界转型对中国复兴的挑战显而易见。中国与世界的互动进入到更加敏感的时期。随着中国新的大战略框架的逐步显现，金砖国家开发银行、亚洲基础设施投资银行等新国际制度的构想与落实，"一带一路"倡议的提出和实施，中国是否正在试图改变既有国际秩序，成为既有国际秩序的塑造者乃至挑战者，被视为国际社会观察和看待中国崛起的重要标尺。⑦ 当前，世界面对着一个快速崛起和更

---

① 林毅夫：《一带一路与自贸区：中国新的对外开放倡议与举措》，《北京大学学报》（哲学社会科学版）2017 年第 1 期。
② 习近平：《深入理解新发展理念（2016 年 1 月 18 日）》，《习近平谈治国理政》（第二卷），外文出版社 2017 年版，第 211—213 页。
③ 曲青山：《"一带一路"倡议的中国担当》，《人民论坛》2017 年第 23 期。
④ 周文：《中国特色社会主义道路拓展了发展中国家走向现代化的途径》，《财经科学》2017 年第 12 期。
⑤ 杜正艾：《中国在国际格局中的战略新定位》，《当代世界》2014 年第 11 期。
⑥ 张蕴岭：《寻求崛起中国与世界的良性互动》，《国际经济评论》2013 年第 4 期。
⑦ 门洪华：《中国崛起与国际秩序变革》，《国际政治科学》2016 年第 1 期。

加自信、开放的中国,中国面对着一个形势更加复杂、变化更加深刻、机遇与挑战并存的世界。[①] 需要密切关注的是,当前中国大而不强的底色仍在,必须清醒认识长期制约中国发展的深层次因素,以及现实所遇到的突出矛盾和问题,积极应对、妥善处理。情势棘手之处在于,当前"中国威胁论"和"中国责任论"相互交织,中国承担国际责任的意愿、能力与国际社会的期望存在着落差,国际社会对中国崛起的疑虑增加。发达国家加紧制定新的国际规则,围堵中国的意图明显。中国周边环境趋于复杂化,部分周边国家出于对中国崛起的疑虑与恐惧,加紧与美国的联合。可以说,随着中国进一步发展壮大,面临的疑虑、担心、困难和挑战也在增多。从地区角度看,经济复兴的新时代正在东亚地区展开,中国既是东亚经济复兴的领头羊,又有可能成为最大的获益者,东亚对中国未来发展的机遇与挑战均不可低估。从消极的方面来看,全球化可以迅速带来资本和技术,但不会迅速带来良好的经济制度和市场管理能力,反而会带来巨大的挑战;对依赖市场推动而不是制度推动的东亚一体化而言,整体性的制度框架短期之内仍难以建立起来,未来走向地区主义的制度化安排均有可能产生长期的负面影响。设若一味依赖对外开放而没有内在体制的深刻转型,没有国内一体化作为战略依托,则中国与全球接轨只是一种泡沫式开放。所谓全球化机遇的掌握必须通过国内体制的深层改革才能获致,这正是构建开放型新经济体制的要义所在。换言之,国家、地区和世界的互动逼迫并推动着中国国家战略体系的优化。为直面国内外挑战、抓住国际机遇、实现可持续发展,中国正在构建以融入—变革—塑造(融入全球、变革自身、塑造世界)为核心的和平发展战略框架,致力于丰富和平发展、规划崛起之后。[②]

今天,全球化走到了十字路口,何去何从,全世界的目光都聚焦

---

① 胡鞍钢:《民主决策:中国集体领导体制》,中国人民大学出版社2014年版,第184页。
② 门洪华:《构建新型国际关系:中国的责任与担当》,《世界经济与政治》2016年第3期。

中国，中国不能当旁观者、跟随者，而是要做参与者、引领者。[1]"一带一路"倡议以共商共建共享为原则，顺应并助推经济全球化、世界多极化、文化多样化与各国互联互通、包容互鉴、互利共赢的时代潮流，从中国自身发展经验出发，为解决世界发展难题贡献中国智慧，成为维护和推进全球化的一股清流。[2] 与此同时，中国发展不平衡、不协调、不可持续的问题亟待解决，如何实现"请进来"与"走出去"的结合，建立全新的开放发展模式；如何在开放中坚持问题导向，用开放倒逼改革，善用国内国际两个市场、两种资源，在全球范围内整合经济要素、配置发展资源，推动实现互利共赢和构建人类命运共同体，是摆在我们面前的重大任务。概言之，新时代的中国与世界，面临着如何确保并实现良性互动的核心议题。

二 中国迎来塑造新战略机遇期的关键时刻

中国发展的历史经验表明，认清国际环境，把握战略机遇期是成功的关键。所谓战略机遇期，通常是指内部外部各种因素综合作用形成的，能为国家经济社会发展提供良好机会或条件，并对其历史命运产生全局性、长远性、决定性影响的某一特定历史时期。[3] 战略机遇期具有时间的长期性、空间的开阔性、影响的全局性等特点，[4] 而且战略机遇往往与战略挑战并存，二者相辅相成从来都是事物的两面。[5] 从中国发展的历史经验看，尤其是21世纪第一个十年，我们几乎每一次战略突破，都同把重大危机转化为发展机遇密切相关。[6] 危机确

---

[1] 《加快实施自由贸易区战略 加快构建开放型经济新体制》，《人民日报》2014年12月7日第1版。
[2] 林毅夫：《一带一路与自贸区：中国新的对外开放倡议与举措》，《北京大学学报》（哲学社会科学版）2017年第1期。
[3] 张宇燕：《战略机遇期：外生与内生》，《世界经济与政治》2014年第1期。
[4] 秦宣：《重要战略机遇期的提出及新变化》，《中共福建省委党校学报》2016年第3期。
[5] 鲁世巍：《判断"战略机遇期"的三个视角》，《理论参考》2005年第10期。
[6] 郑必坚：《21世纪第二个十年的中国和平发展之路》，《国际问题研究》2013年第3期。

确实实蕴涵机遇。在一定条件下善于审时度势、因势利导，就能变压力为动力，化挑战为机遇。这是一条成功的历史经验。然而，进入21世纪的第二个十年，中国似乎突然陷入了某种战略性困境，在安全、经济、政治等各领域都面临着突如其来的严峻战略压力，[1] 特朗普主政美国之后更是把中国视为战略对手，遏制、围堵中国的意图彰显，中国战略机遇期是否存在？各界众说纷纭。

21世纪初，中国抓住战略机遇期，经济迅速崛起，推动中国迈入中国特色社会主义建设的新时代，中国站到新的历史起点上。当前，中国与世界的关系逐渐从"学习""对标"转向"引领"，这将给中国带来更大的机遇和挑战，中国将在更广阔的舞台之上充分展现大国风范，引领世界方向，这是中国的新战略机遇期。[2]

随着国内外情势的重大变化，对战略机遇期的把握愈加关键。习近平提出决胜全面建成小康社会、开启全面建设社会主义现代化国家的新征程，规划出新时代的"三步走"战略：从现在到2020年，是全面建成小康社会决胜期；从十九大到二十大，是"两个一百年"奋斗目标的历史交汇期。综合分析国际国内形势和我国发展条件，从2020年到本世纪中叶可以分两个阶段来安排。第一个阶段，从2020年到2035年，基本实现社会主义现代化。第二个阶段，从2035年到本世纪中叶，把我国建成富强民主文明和谐美丽的社会主义现代化强国。[3] 实现上述战略目标，推动形成全面开放新格局至为关键。习近平强调，"实现中华民族伟大复兴，必须合乎时代潮流、顺应人民意愿，勇于改革开放，让党和人民事业始终充满奋勇前进的强大动力"，"主动参与和推动经济全球化进程，发展更高层次的开放型经济"，"推动建设开放型世界经济"。[4] 党的十九大报告规划出推动形成全面

---

[1] 袁鹏：《中国仍处于战略机遇期》，《当代世界》2011年第9期。
[2] 俞正樑、唐喜军：《新战略机遇期：中国引领世界大方向》，《毛泽东邓小平理论研究》2017年第8期。
[3] 习近平：《决胜全面建成小康社会 夺取新时代中国特色社会主义伟大胜利——在中国共产党第十九次全国代表大会上的报告》，人民出版社2017年版，第28—29页。
[4] 同上书，第14、22、60页。

第九讲 "一带一路"与中国—世界互动关系

开放新格局的路线图：以"一带一路"建设为重点，坚持引进来和走出去并重，遵循共商共建共享原则，加强创新能力开放合作，形成陆海内外联动、东西双向互济的开放格局。①

实现上述战略目标，中国既面临着重要的战略机遇，也有着深刻而严峻的挑战。中国领导人高度关注战略机遇期问题。2002年党的十六大报告提出，"纵观全局，21世纪头20年，对我国来说，是一个必须紧紧抓住并且可以大有作为的重要战略机遇期。"这是党中央面对国内国际形势深刻变革提出的重大战略判断，为中国战略的顶层设计和谋划提供了认识基础。2012年党的十八大报告指出，"综观国际国内大势，我国发展仍处于可以大有作为的重要战略机遇期。我们要准确判断重要战略机遇期内涵和条件的变化，全面把握机遇，沉着应对挑战"。习近平总书记高度重视战略机遇期问题。2013年10月24日，他在周边外交工作会议上指出，周边外交要"维护和用好我国发展的重要战略机遇期"，"为我国发展争取良好的周边环境，使我国发展更多惠及周边国家，实现共同发展"，从而有助于"实现'两个一百年'奋斗目标、实现中华民族伟大复兴"。② 2014年11月，习近平总书记在中央外事工作会议上提出"我国发展仍然处于可以大有作为的重要战略机遇期。我们最大的机遇就是自身不断发展壮大，同时也要重视各种风险和挑战，善于化危为机、转危为安"，③ 再次强调善于寻找和转化机遇的重要性。在同年12月的中央经济工作会议上，习近平总书记强调"经济发展进入新常态，没有改变我国发展仍处于可以大有作为的重要战略机遇期的判断，改变的是重要战略机遇期的内涵和条件"，④ 并明确提出中国应在新的国内外环境下去发现、寻找和利用好机遇期。2017年2月，习近平总书记在国家安全

---

① 习近平：《决胜全面建成小康社会 夺取新时代中国特色社会主义伟大胜利——在中国共产党第十九次全国代表大会上的报告》，人民出版社2017年版，第35—35页。
② 《为我国争取良好周边环境 推动我国发展更多惠及周边国家》，《人民日报》2013年10月26日第1版。
③ 《中央外事工作会议在京举行》，《人民日报》2014年11月30日第1版。
④ 《中央经济工作会议在北京举行》，《人民日报》2014年12月12日第1版。

工作会议上要求国家安全工作必须"立足我国发展重要战略机遇期大背景来谋划"。① 党的十九大报告强调,"当前,国内外形势正在发生深刻复杂变化,我国发展仍处于重要战略机遇期,前景十分光明,挑战也十分严峻。"② 这是以习近平同志为核心的党中央审时度势,就国内外形势发展做出的重要战略判断,是指导中国战略的重要依据。

中国拥有重要的战略机遇期,其基础在于中国自身的持续发展。正如郑必坚指出的,把握战略机遇期,要从统筹国内国际两个大局出发,且应当充分估计到,一个将持续影响世界大势的愈益重大的变量就是中国本身的发展,这是我们在21世纪第二个十年以至更长时期获得新的重要战略机遇期的根本立足点。③ 与此同时,世界经济处于深度调整期,全球治理处于变革期,国际环境新变化蕴含着新机遇。无论是新技术革命的汹涌蓬勃、跨国公司的全球开拓还是发展中世界强烈的发展诉求,都是中国进一步发展的重要机遇,也都是中国推动全面开放的战略机遇。④ 在逆全球化潮流汹涌之下,中国积极推动经济全球化的立场、通过自身努力创造战略机遇的作为得到世界的广泛认可,⑤ 这也是中国拥有战略机遇期的重要条件。中国发展也面临着严峻的挑战。中国战略机遇期正在经历重大背景转换,这就是国际格局进入全面重构期、中国经济社会进入转型发展期。在此背景下,中国战略机遇期的生成条件从相对稳定型和自发型为主向相对脆弱、更加依赖主动塑造能力的方向转变。⑥ 习近平总书记指出:"国际经济合作和竞争局面正在发生深刻变化,全球经济治理体系和规则正在面

---

① 《习近平主持召开国家安全工作座谈会强调 牢固树立认真贯彻总体国家安全观 开创新形势下国家安全工作新局面》,《人民日报》2017年2月18日第1版。
② 习近平:《决胜全面建成小康社会 夺取新时代中国特色社会主义伟大胜利——在中国共产党第十九次全国代表大会上的报告》,人民出版社2017年版,第2页。
③ 郑必坚:《中国能够抓住和用好重要战略机遇期》,《求是》2012年第24期;《把握战略机遇促进中国与世界的共同发展》,《毛泽东邓小平理论研究》2012年第12期。
④ 隆国强主编:《构建开放型经济新体制》,广东经济出版社2017年版,第24—25页。
⑤ 张幼文:《新时代中国国际地位新特点和世界共同发展新动力》,《世界经济研究》2017年第12期。
⑥ 徐坚:《重新认识战略机遇期》,《国际问题研究》2014年第2期。

第九讲 "一带一路"与中国—世界互动关系

临重大调整,引进来、走出去在深度、广度、节奏上都是过去所不可比拟的,应对外部经济风险、维护国家经济安全的压力也是过去所不能比拟的。……我国对外开放水平总体上还不够高,用好国际国内两个市场、两种资源的能力还不够强,应对国际经济摩擦、争取国际经济话语权的能力还不够强,运用国际规则的本领也不够强,需要加快弥补"。① 当前,世界面临增长动力不足、需求不振、金融市场反复动荡、国际贸易和投资持续低迷等多重风险和挑战,② 存在严重的和平赤字、发展赤字和治理赤字,逆全球化思潮涌动,单边主义、保护主义抬头,③ 美国特朗普政府采取的政策和战略趋向加重了世界的不确定性和不稳定性。中国经济进入新常态,经济发展的目标与动力正在转换,经济增长要实现中高速,产业升级迈向中高端,"五大理念"指导下的新发展战略对开放提出新要求。中国对外开放面临"三期叠加",即金融危机后世界经济的深度调整修复期、全球经济治理变革与新一轮经贸规则构建期、中国对外经济关系特别是比较优势的转换期,战略机遇期的内涵发生了改变。④ 正如习近平总书记总结指出的,"我们今天开放发展的大环境总体上比以往任何时候都有利,同时面临的矛盾、风险、博弈也前所未有,稍不留神就可能掉入别人精心设置的陷阱。……希望大家不断探索实践,提高把握国内国际两个大局的自觉性和能力,提高对外开放质量和水平"。⑤ 上述分析表明,中国在继续拥有重要战略机遇期的同时,也不可避免地进入了战略挑战期,风险与挑战亦空前绝后。⑥ 有鉴于此,新时代中国

---

① 习近平:《以新的发展理念引领发展(2015年10月29日)》,《习近平谈治国理政》(第二卷),外文出版社2017年版,第199页。
② 习近平:《构建创新、活力、联动、包容的世界经济(2016年9月4日)》,《习近平谈治国理政》(第二卷),外文出版社2017年版,第472页。
③ 钟山:《深化经贸务实合作 推动共建"一带一路"高质量发展》,《求是》2018年第19期。
④ 隆国强:《新兴大国的竞争力升级战略》,《管理世界》2016年第1期。
⑤ 习近平:《深入理解新发展观念(2016年1月18日)》,《习近平谈治国理政》(第二卷),外文出版社2017年版,第213页。
⑥ 俞正樑:《中国进入战略挑战期的思考》,《国际观察》2011年第6期。

战略机遇期的国内外条件和把控方式均发生重大变化，需要我们深入观察、密切把握、主动塑造，中国迎来塑造重要战略机遇期的关键时刻。

三 "一带一路"建设塑造中国新战略机遇期

"一带一路"建设是中国维护、塑造与拓展新战略机遇期的重要抓手。习近平总书记指出，"这项倡议源于我对世界形势的观察和思考。……在各国彼此依存、全球性挑战此起彼伏的今天，仅凭单个国家的力量难以独善其身，也无法解决世界面临的问题。只有对接各国彼此政策，在全球更大范围内整合经济要素和发展资源，才能形成合力，促进世界和平安宁和共同发展。[①] 上述观点表明，"一带一路"建设是中国在面临国际变局之际提出的重大建设性倡议，是统筹国内国际两个大局的战略抓手。

"一带一路"倡议是中国迈向新时代的核心战略设计，攸关中国改革开放的成败，身系世界和平与发展的前景。"一带一路"倡议是中国走进新时代的对外开放设计。"一带一路"倡议的提出和落实，是实施更加主动的对外开放战略的客观需要。作为中国全方位主动对外开放的新型国际经济合作平台，"一带一路"倡议推动形成以中国为中心、周边为腹地的全球开放型经济体系，体现了开放包容、灵活务实的东方智慧。"一带一路"倡议是中国迈向新型世界大国的理想追求与现实路径。"一带一路"倡议强调中国开放、地区合作、全球发展的有机结合。中国呼吁共同推进构建人类命运共同体伟大进程，倡导新型国际关系建设。新型国际关系的基础是中国坚持和平发展道路选择，致力于成为新型大国，奉行具有中国特色的大国外交，并通过国际合作实现共赢，共同为一个更美好的世界而努力。

"一带一路"倡议是中国国际合作模式的探索。"一带一路"建

[①] 习近平：《开辟合作新起点 谋求发展新动力——在"一带一路"国际合作高峰论坛圆桌峰会上的开幕辞》，《人民日报》2017年5月16日第3版。

第九讲 "一带一路"与中国—世界互动关系

设以沿线各国发展规划对接为基础,以经贸合作特别是互联互通建设为重点,以贸易和投资自由化、便利化为纽带,推动政府、企业、社会机构、民间团体开展形式多样的互利合作,构建多主体、全方位、跨领域的合作平台。①"一带一路"倡议体现了以共同发展为核心、以开放包容为特色、以宏观政策协调和市场驱动为两轮的思路,是一种新型的国际合作模式追求。中国深刻认识到中国崛起的全球震动,反复阐明走和平发展道路的坚定意愿,提出欢迎其他国家搭乘中国发展列车的倡议,致力于同世界各国发展友好合作关系,强调合作者的地位平等,并致力于分享发展红利,适当让渡非战略性利益,积极承担大国责任,以实际行动诠释共商共建共享的合作共谋发展新理念。

上述战略定位表明,"一带一路"积极对接中国塑造战略机遇期的重大需求,成为推动中国对内改革深化、对外全面开放的重要抓手。"一带一路"首先要造就的是更加完善的市场经济体系和更具有塑造性的对外环境,致力于塑造一种全新的国际和平、发展、共赢的新秩序、新格局。②"一带一路"建设标志着中国从经济全球化的参与者转变为推动者,以中国实力和能力为推进经济全球化提供支持和活力,③并在提供更多公共产品、提供搭便车机会方面体现出积极的意愿。④正如习近平总书记指出的,"一带一路"建设要以我国发展为契机,让更多国家搭上我国发展"快车",帮助他们实现发展目标。我们要在发展自身利益的同时,更多考虑和照顾其他国家利益。要坚持正确义利观,以义为先、义利并举,不急功近利,不搞短期行为。要统筹我国同沿线国家的共同利益和具有差异性的利益关切,寻

---

① 王亚军:《"一带一路"倡议的理论创新与典范价值》,《世界经济与政治》2017年第3期。
② 林毅夫:《一带一路与自贸区:中国新的对外开放倡议与举措》,《北京大学学报》(哲学社会科学版)2017年第1期。
③ 谢鲁江:《中国成为经济全球化新的推动者——从"一带一路"建设看中国开放新格局》,《桂海论丛》2016年第1期。
④ 刘阿明:《中国地区合作新理念——区域全面经济伙伴关系与"一带一路"倡议的视角》,《社会科学》2018年第9期。

找更多利益交汇点,调动沿线国家积极性。①

"一带一路"的构想与实施表明,塑造中国新战略机遇期的路径是,立足国内、面向全球、聚焦沿线国家,体现出统筹国家、地区和全球的战略视野,构成新时代中国国家战略体系的主脉。中国国家战略体系以国家战略与国际战略相互协调为基点,包括国家战略、全球战略和地区战略等相辅相成的三个层面,其中国家战略是国家战略体系的基础,以基本国情为基础,以完善国内战略布局为核心目标;全球战略反映国家战略体系的宏观视野,以参与、分享为基本诉求,同时积极承担国际责任和义务;地区战略是国家战略体系的地缘依托,将地区制度建设作为地区合作的主脉络,将地区秩序建设作为地区合作的愿景。② 我们可以说,"一带一路"建设以塑造中国战略机遇期为核心指向,以国家基础、全球视野、地区重心为基本布局。

四 "一带一路"建设与中国国家发展布局

"一带一路"建设与区域协调发展、国家发展布局优化密切相连。"一带一路"建设的基础在国内市场,而国内市场的形成需要有效的开发,优先开发国内市场是中国"一带一路"建设成功的重要基石。③"一带一路"建设作为新时代我国构建开放型经济新格局的总抓手,覆盖东中西、南北方、省市县不同区域,承担着带动我国区域开放、改革和发展的历史重任。在今后较长时期内,全国各地不论是沿海发达地区还是内陆欠发达地区,不论是省级行政区还是市县级行政区,都要因地制宜、积极主动参与"一带一路"建设,提升自身开放型经济发展水平。"一带一路"建设给不同区域带来不同机遇和挑战,不同区域在推进"一带一路"建设中也承担不同功能和任务。京津

---

① 习近平:《推进"一带一路"建设,努力拓展改革发展新空间(2016年4月29日)》,《习近平谈治国理政》(第二卷),外文出版社2017年版,第501页。
② 门洪华:《中国国家战略体系的建构》,《教学与研究》2008年第5期。
③ 黄琪轩、李晨阳:《大国市场开拓的国际政治经济学——模式比较及对"一带一路"的启示》,《世界经济与政治》2016年第5期。

第九讲 "一带一路"与中国—世界互动关系

冀协同、长江经济带、粤港澳大湾区三大国家重大区域发展战略,战略目标和重点各不相同,承担着统筹东中西、协调南北方、发挥先行示范和辐射带动的重要功能。上述三者是促进我国区域协调发展的重大战略部署,推动它们与"一带一路"建设深度对接和融合互动,对于新时代我国全面扩大对外开放和促进区域协调发展意义重大。[1] 另外,"一带一路"赋予中国区域协调发展国际视野,提出"一带一路",目的之一在于通过国际合作实现国内区域协调发展,这极大地拓展了中国经济活动的回旋余地,为中国经济增长找到了新的引擎。[2] 与"一带一路"建设相对接,中国发展的一个重要内容就是打通西南部、西部与北部的对外通道,包括陆路通道与海上通道,使这些地区在地理上的劣势得以克服,进而为实现开放型发展创造条件。[3] "一带一路"建设推动我国向西陆地开放和向东海洋开放,助推内陆沿边地区成为对外开放的前沿,在推进中蒙俄、新亚欧大陆桥、中国—中亚—西亚、中国—中南半岛、中巴、孟中印缅六大经济走廊的建设中,新疆、广西、云南、内蒙古等沿边省区成为新一轮对外开放的前沿和桥头堡群,这就使中国过去的内陆边缘成为新时代对外开放战略的重点、前沿和突破口。[4]

中国必须进一步强调依靠国内条件支撑其和平发展进程,努力实现国内国际协调发展,其中最重要的因素就是实现国内一体化。[5] 中国国内一体化相对落后,既有深刻的历史原因,也有对外开放政策倾向的较大影响。中国的改革开放以"先富论"开局,但邓小平同志早就明确指出:"沿海地区要加快对外开放,使这个拥有两亿人口的广大地带较快地先发展起来,从而带动内地更好地发展,这是一个事关大局

---

[1] 高国力等:《促进"一带一路"与三大区域发展战略对接》,《宏观经济管理》2018年第8期。
[2] 张可云:《"一带一路"与中国发展战略》,《开发研究》2018年第4期。
[3] 张幼文:《"一带一路"建设:国际发展协同与全球治理创新》,《毛泽东邓小平理论研究》2017年第4期。
[4] 陈文玲:《"一带一路"建设开启新型全球化伟大进程》,《学术前沿》2017年第8期。
[5] 门洪华:《中国国家战略体系的建构》,《教学与研究》2008年第5期。

的问题，内地要顾全这个大局。反过来，发展到一定的时候，又要求沿海拿出更多力量来帮助内地发展，这也是个大局。那时沿海也要服从这个大局。"① 进入21世纪以来，中国大幅度优化区域协调发展战略。党的十九大报告提出的"强化举措推进西部大开发形成新格局，深化改革加快东北等老工业基地振兴，发挥优势推动中部地区崛起，创新引领率先实现东部地区优化发展，建立更加有效的区域协调发展机制"，② 是实现区域统筹发展的核心战略抓手。新时代的区域开放布局以"一带一路"为统领，与京津冀协同发展、长江经济带发展、粤港澳大湾区建设等国家战略对接，积极促进区域平衡发展和开放，推进形成陆海内外联动、东西双向互济的开放新格局。可以说，"一带一路"也是处于基础地位和起着统领作用的地区协调战略。"一带一路"倡议的实施，将充分发挥中国国内各地区比较优势，实行更加积极主动的开放战略，加强东中西互动合作，全面提升开放型经济水平。开创全新开放模式，形成东西南北四个方向、陆海空网四位一体、"一带一路"链接各地、两个引擎多点开花的开放局面。③ "一带一路"倡议致力于打造新疆、福建两个"核心区"，加强东、中、西互动合作，统筹西北、东北、西南、沿海开发，统筹港澳台地区与内陆地区的发展合作，是一个覆盖全国、因地制宜、同心协力、共襄盛举的举国一体战略，是一个由国家主导推动、各地区各部门共同参与的宏大构想。"一带一路"是中央吸引地方参与最为成功的对外经济合作倡议，超过20个省份积极参与到"一带一路"建设之中，此前没有任何一个经济外交倡议能吸引如此多的省份参与其中。④ "一带一路"倡议提出以来，各地方高度关注，主动与"一带一路"进行对接。

"一带一路"立足中国的资金、产能、技术优势，致力于促进东

---

① 《邓小平文选》（第3卷），人民出版社1993年版，第277—278页。
② 习近平：《决胜全面建成小康社会 夺取新时代中国特色社会主义伟大胜利——在中国共产党第十九次全国代表大会上的报告》，人民出版社2017年版，第33页。
③ 曲青山：《"一带一路"倡议的中国担当》，《人民论坛》2017年第23期。
④ 宋国友：《"一带一路"战略构想与中国经济外交新发展》，《国际观察》2015年第4期；门洪华：《十八大以来中国国际战略布局的展开》，《社会科学》2017年第8期。

部转型、中西部发展，开创中国对外开放的新格局。"一带一路"开辟了我国开放发展新境界，随着"一带一路"建设的持续推进，中西部从开放边缘走向开放前沿。[①] 西部地区在经济总体发展水平和对外开放层次方面长期滞后于东部和中部地区，与后者的发展差距不断拉大，不利于中国经济社会的平稳可持续发展。"一带一路"倡议的实施，为西部开放型经济发展提供了重大历史契机。[②] 党的十九大报告高度关注西部大开发，把加大西部大开发力度作为优化区域布局的重中之重。[③] 目前，中国正与"一带一路"沿线国家一道，积极规划并推进六大经济走廊建设。西部地区应根据"一带一路"建设的总体布局安排，加快基础设施建设和互联互通，推进贸易投资便利化，建设好自由贸易试验区、经济技术开发区、高新产业开发区、海关特殊监管区、边境经济合作区、跨境经济合作区等重点开发开放平台，积极培育特色优势外向型产业集群，不断提升对产业转移的承接能力，开拓外向型经济发展新空间。[④] 与之相关，中部地区位于东西部区域的中间地带，可以充分利用其地理位置上的优势进行发展。[⑤]

"一带一路"建设将有效推动西部、中部和东北地区同沿海地区的经济联系与合作，推动区域协调开放新格局的形成。它将使中国的国土空间开发更加重视向外的互联互通，在东部沿海开放的基础上，在南、北、西三个方向打通国际通道。"一带一路"建设将促进内陆地区形成若干个大都市经济区和内陆开放型经济高地，同时强化与"一带一路"国际大通道相对接的国内开发轴线的地位和作用，形成全方位对外开放的国土空间格局，在进一步提升沿海地区国际竞争力的同时，加快内陆沿边地区主要口岸和沿边城市的发展，形成沿边地

[①] 钟山：《深化经贸务实合作 推动共建"一带一路"高质量发展》，《求是》2018年第19期。
[②] 王永中：《"一带一路"建设与中国开放型经济的转型发展》，《学海》2016年第1期。
[③] 习近平：《决胜全面建成小康社会 夺取新时代中国特色社会主义伟大胜利——在中国共产党第十九次全国代表大会上的报告》，人民出版社2017年版，第35页。
[④] 吴昊：《深入理解"全面开放新格局"的丰富内涵》，《东北亚论坛》2018年第3期。
[⑤] 张原天：《"一带一路"对区域经济发展有何重大意义》，《人民论坛》2017年第17期。

区国土开发新空间,带动沿边地区的发展。① "一带一路"建设也将推动经济体制改革的深化和现代化经济体系的完善,有助于开放型经济新体制的形成。与此同时,各省(区、市)以"一带一路"建设为契机,利用各自的区位、地缘等优势推动沿线区域经济发展,充分发挥其增长极的带动和示范功能,从而形成竞相发展的良好局面。

五 "一带一路"建设与中国—全球互动关系

《道德经》曰:"以天下观天下。"习近平主席指出,"'一带一路'倡议源于我对世界形势的观察和思考。……'一带一路'建设跨越不同地域、不同发展阶段、不同文明,是一个开放包容的合作平台,是各方共同打造的全球公共产品。它以亚欧大陆为重点,向所有志同道合的朋友开放,不排除、也不针对任何一方。在'一带一路'建设国际合作框架内,各方秉持共商、共建、共享原则,携手应对世界经济面临的挑战,开创发展新机遇,谋求发展新动力,拓展发展新空间,实现优势互补、互利共赢,不断朝着人类命运共同体方向迈进"。② 从五年多来的运行效果看,"一带一路"建设实质性地促进了中国与全球的互动关系。

"一带一路"建设体现了中国的战略追求和思想创新。许多人士将"一带一路"倡议视为中国走向综合性全球大国的路线图。③ "一带一路"以人类命运共同体为理想指引,以新型国际关系为路径选择,以发展伙伴关系网络为抓手,以共赢主义为目标追求。"人类命运共同体"内涵丰富,系统回答了在新时代建立一个什么样的世界的重大问题。习近平总书记在党的十九大报告中指出:"各国人民同心

---

① 刘慧等:《"一带一路"战略对中国国土开发空间格局的影响》,《地理科学进展》2015年第5期;迟福林:《推动形成对外开放新格局下的区域开放布局与区域协调发展》,《北方经济》2018年第5期。

② 习近平:《开辟合作新起点谋求发展新动力——在"一带一路"国际合作高峰论坛圆桌峰会上的开幕辞》,《人民日报》2017年5月16日第3版。

③ 马昀:《"一带一路":挑战、风险与应对》,《经济研究参考》2015年第37期。

第九讲 "一带一路"与中国—世界互动关系

协力，构建人类命运共同体，建设持久和平、普遍安全、共同繁荣、开放包容、清洁美丽的世界。"[1] "人类命运共同体"将中国的发展前景与世界的共同期待紧密联系在一起，为新型全球化指明了方向，也为实现全人类的共同繁荣开辟了道路。中国倡导新型国际关系，致力于通过合作共赢打破大国崛起的困境，避免落入"修昔底德陷阱"。新型国际关系的基础是中国坚持和平发展道路选择，致力于成为新型大国，奉行具有中国特色的大国外交；其核心是合作共赢，即通过合作实现共赢，打造人类命运共同体，共同为一个更美好的世界而努力；其本质是顺应世界潮流，摒弃零和博弈思维，避免单边霸权行为，以开放包容的建设性路径促进国家目标的实现，以协调合作的建设性方式促进国际关系的优化。[2] 中国强调积极发展全球伙伴关系，扩大同各国的利益交汇点。迄今，中国与100多个国家和国家集团建立了不同形式的伙伴关系，在全球、地区、双边和国家层面上均取得积极成效。中国伙伴关系战略以和平共处五项原则为战略基础，以维护国家利益和拓展国际影响为战略方向，以政治互信、经济互赖、文化交融、社会互动和安全支撑为战略手段，通过双边关系的改善带动全球战略的拓展。中国伙伴关系战略最直观的全球意义在于，提供对话合作的战略框架，从而成为新型国际关系的典范。中国强调互利共赢的目标追求，深入贯彻互利共赢的开放战略，呼吁以合作取代对抗、以共赢取代独占，推动各国同舟共济、携手共进。强调互利共赢精神，倡导人类命运共同体意识，主张世界各国在追求本国利益时兼顾他国合理关切，在谋求本国发展中促进各国共同发展，呼吁建立更加平等均衡的新型全球发展伙伴关系，这些战略思想都体现出共赢主义的战略思想指向。上述理念创新伴随着"一带一路"建设实践，体现了中国传统的知行合一哲学。

"一带一路"建设推动全球治理转型发展，成为引领新型全球化

---

[1] 习近平：《决胜全面建成小康社会 夺取新时代中国特色社会主义伟大胜利——在中国共产党第十九次全国代表大会上的报告》，人民出版社2017年版，第58—59页。

[2] 门洪华：《构建新型国际关系：中国的责任与担当》，《世界经济与政治》2016年第3期。

的重要力量。"一带一路"源于中国决策者对全球化进程和反全球化思潮的深入思考，具有对症下药的品质。从全球治理角度看，"一带一路"吸取以往全球危机的治理经验，以和平方式突破全球经济发展的瓶颈，引领全球治理朝着更加公平合理的方向发展。①"一带一路"建设秉持以和平合作、开放包容、互学互鉴、互利共赢为核心的丝路精神，坚持共商共建共享原则，顺应了全球治理体系变革的内在要求，彰显了同舟共济、权责共担的命运共同体意识，是国际经济治理的合作版、经济全球化的共赢版、国际公共产品的中国版，为完善全球经济治理体系提供了新思路新方案。②"一带一路"所秉持的多元治理主体、协商治理路径，以及构建人类命运共同体的治理目标，深刻体现了共商共建共享的新型全球治理思想，既是中国对于和平发展、开放合作的道路选择，也是致力于促进世界共同发展、繁荣和安全的责任和承诺。③"一带一路"建设体现了中国塑造国际经济关系的制度化努力，并成为以地区为基础、以全球为视野的重要战略部署。

"一带一路"建设体现出务实的发展导向和对新型合作模式的探索，促成了发展中世界的新联合。"一带一路"建设将中国对外开放的合作对象从以发达国家为主拓展到同时注重广大发展中国家，致力于推动中国向发展中世界全面开放和推动南方国家相互开放，并以发展战略对接为主要抓手，这是中国国际战略优化的重要里程碑，是深入贯彻习近平总书记"共同发展是持续发展的重要基础"战略构想的重要体现。④"一带一路"建设的主要合作对象是亚非不发达经济体。"一带一路"贯穿欧亚大陆，东亚和欧洲之间的广大腹地国家资

---

① 刘再起、王蔓莉：《"一带一路"战略与中国参与全球治理研究——以话语权和话语体系为视角》，《学习与实践》2016年第4期。

② 钟山：《深化经贸务实合作 推动共建"一带一路"高质量发展》，《求是》2018年第19期。

③ 秦亚青、魏玲：《新型全球治理观与"一带一路"合作实践》，《外交评论》2018年第2期。

④ 习近平：《共同创造亚洲和世界的美好未来（2013年3月27日）》，《习近平谈治国理政》（第一卷），外文出版社2018年版，第330页。

源丰富、经济发展相对滞后,是中国拓展对外开放的重点、开拓国际市场的主要目的地、资源能源的重要来源地。"一带一路"将中国优质产能、技术和价格优势与广大亚、欧、非国家的市场、劳动力、发展转型需求等结合起来,通过各层面战略对接来构建利益共享的全球价值链,实现市场经济规律下生产要素在亚、欧、非国家间新的流动和分配,有助于形成以中国为核心的新型全球价值链。"一带一路"建设主要以双边或多边合作协议及亚洲基础设施投资银行等形式予以体现,同时推动各国政府、企业、社会机构、民间团体开展形式多样的互利合作,构建多主体、全方位、跨领域的合作平台,调动各主体自主参与意愿。① 有鉴于此,战略对接成为"一带一路"的核心手段与路径,战略对接的前提是各国制定的发展战略设计,其范畴则是发展战略协调,其途径则是政策沟通、设施联通、贸易畅通、资金融通、民心相通,深刻体现了共商共建共享的原则,具有深刻的战略创新价值。"一带一路"建设没有走"制度先行、承诺先行"的老路,而是通过平等协商、项目合作的方式来推进,避免了参与方在开放承诺上的压力,② 从而为实质性促成新的发展统一战线奠定了坚实的基础。"一带一路"建设实质性地促成了中国与发展中世界的良性互动,带动欧亚非大陆一体化发展,正在重塑世界经济地理,③ 并为全球发展做出积极的贡献。

六 "一带一路"建设与中国—地区互动关系

纵观世界历史发展进程,没有一个真正的世界大国不是先从自己所在的地区事务中逐渐占主导地位而发展起来的。④ 一般而言,不谋

---

① 王亚军:《"一带一路"倡议的理论创新与典范价值》,《世界经济与政治》2017年第3期。
② 秦亚青、魏玲:《新型全球治理观与"一带一路"合作实践》,《外交评论》2018年第2期。
③ 陈曙光:《"一带一路":中国与世界》,《教学与研究》2017年第11期。
④ 门洪华:《地区秩序建构的逻辑》,《世界经济与政治》2014年第7期。

全局者不足谋一域。然而，在经济全球化和地区一体化的潮流之下，不谋一域者不能谋全局。当前，地区合作全面展开，经济与贸易、安全与政治都在地区化的架构内进行着重新组织，各国都在为促进本地区合作进行政策和战略调整，我们迎来地区一体化的新时代。各国深刻认识到，在经济全球化和地区一体化并行不悖的时代，各国的繁荣只有在其所属地区的整体共同繁荣之中才能得到保障。[1]

一般意义上，由于历史承继的影响，中国习惯用周边来描述地区关系，而"一带一路"沿线国家可视为地区和周边的扩大。"一带一路"所经过的国家，基本涵盖中国周边。一方面，"一带一路"沿线国家横跨亚欧非三大洲，从东北亚、东南亚延伸到中亚、南亚和西亚，直至中东欧和北非地区，幅员辽阔，资源丰富，发展空间巨大。另一方面，这些国家大多具有重要的地缘战略价值，如东南亚、南亚、中亚、西亚乃至中东欧都是大国角力的焦点区域。[2] 当前，中国既面临着与这些国家和地区加强经贸合作和政治关系的重大契机，也面临着严峻的地缘政治压力，面临着来自东西两个方向的双向挤压，突破地缘战略封锁，拓展发展合作空间已成为中国实现持续发展的当务之急。通过"一带一路"建设，实施向西、向南的战略拓展，以对冲来自东向的挤压，缓解美国等国家在自由贸易谈判领域孤立中国的战略压力并破解其战略图谋，海陆并举拓展发展空间，为改善中国的整体战略环境奠定坚实基础。[3] 当然，我们更深刻地认识到东亚对中国的战略依托价值，这是中国由地区大国走向全球大国、进而发挥全球责任的重要舞台。[4] 在整个世界战略重心东移之际，中国当然要把战略重点放在这一地区，做出系统性谋划，[5] "一带一路"就是中

---

[1] [韩]李寿成：《希望形成东亚多边安全合作体制》，《日本学刊》2004 年第 6 期。
[2] 周强等：《中国"一带一路"地缘政治研究进展与展望》，《世界地理研究》2018 年第 3 期。
[3] 卢伟、李大伟：《"一带一路"背景下大国崛起的差异化发展策略》，《中国软科学》2016 年第 10 期。
[4] 代帆、周聿峨：《东亚地区秩序的未来：东亚还是亚太？》，《南洋问题研究》2006 年第 1 期。
[5] 俞正樑：《东亚秩序重组的特点与挑战》，《国际展望》2012 年第 1 期。

第九讲 "一带一路"与中国—世界互动关系

国聚焦东亚、立足周边、面向全球提出的倡议,它以提供地区公共产品为路径,致力于重构中国与欧亚大陆国家和周边海洋国家的地缘格局。

"一带一路"是以构建陆海经济合作走廊为形式、以运输通道为纽带、以互联互通为基础、以多元化合作机制为特征、以打造命运共同体为目标的地区合作安排。它是以亚洲国家为重点,以东南亚和中亚为核心地带。正如习近平总书记指出的,"一带一路"源于亚洲、依托亚洲。① 鉴于东南亚和中亚在中国向西、向南拓展的主干线上,其地位之重要不言而喻。鉴于"一带一路"沿线国家和地区的多样性,中国积极推动包容性合作,强调通过优势互补寻求共同发展。② 与之相辅相成的是,"一带一路"建设的创新价值在于提出地区各国协同发展的倡议,通过形成发展共识,共同创造发展的软硬条件,以实现共同发展。协同既不是对各国有约束力的承诺,也不是难以把握的外部条件,而是实实在在的、共同合作确定的各种措施与项目。③

"一带一路"建设拓展了地区合作的空间,加快了地区合作的进程,推动着地区内外互联,提升地区一体化水平。具有标志意义的是,我国与"一带一路"沿线国家自贸区网络加速形成,迄今中国与13个沿线国家建设5个自由贸易区,与欧亚经济联盟签署经贸合作协定,完成中俄欧亚经济伙伴关系协定联合可行性研究,推进完成"地区全面经济伙伴关系协定"(RCEP)的谈判,一个立足周边、覆盖"一带一路"、面向全球的高标准自由贸易企业网络正在加快形成。④ 随着"一带一路"倡议的不断深入推进,在互联互通、共同发展的基础上,沿线国家的政策协调朝着制度化的方向发展,中国引领

---

① 《习近平谈治国理政》(第二卷),外文出版社2017年版,第497页。
② 段晓华:《"一带一路"背景下中国参与全球经济治理的路径选择》,《改革与战略》2017年第12期。
③ 张幼文:《"一带一路"建设:国际发展协同与全球治理创新》,《毛泽东邓小平理论研究》2017年第5期。
④ 钟山:《深化经贸务实合作 推动共建"一带一路"高质量发展》,《求是》2018年第19期。

者的角色得到沿线各国的尊重与支持,一种新型的国际规则制定模式走向成型。

值得我们高度关注的是,"一带一路"建设的地缘政治目标引起美日印欧等国的各种忧虑,① 欧亚非地缘竞争均有所升温。与之相关的是,周边国家对中国战略的走向不乏忧虑之处,它们不仅希望得到收益,更需要时常感受到善意。鉴于"一带一路"沿线国家数量众多、社会经济发展水平差异较大,其建设非一朝一夕之功,应根据实际情况开展不同层次、不同领域的双边、次地区和地区合作,循序渐进进而寻求突破。

---

① 门洪华:《"一带一路"规则制定权的战略思考》,《世界经济与政治》2018年第7期。

第十讲　新时代的中国对美方略

2017年,中美两国均用"新时代"进行定位。2017年10月18日,中国共产党第十九次全国代表大会开幕,习近平总书记提出"中国特色社会主义进入了新时代,这是我国发展新的历史方位",强调这是"我国日益走近世界舞台中央、不断为人类作出更大贡献的时代""我们比历史上任何时期都更接近、更有信心和能力实现中华民族伟大复兴的目标"。① 2017年12月18日,美国白宫发布《国家安全战略报告》,同一天白宫网站发表以"新时代的国家安全战略"为题的报道。该报告宣布"大国竞争时代业已回归",把中国定位为排名第一的"战略竞争者"和"经济侵略者",提出要运用美国力量威慑和制约企图构建与美国价值观和利益对立的世界的修正主义国家中国和俄罗斯。② 上述新时代定位以及随后中美两国在贸易等领域频发的摩擦与冲突震惊世界,其影响深刻而长远。

中美关系是世界上最复杂的双边关系,也是最具挑战性的双边关系,并位移至世界变革的重心,其前景不仅决定着两国的福祉,也深刻影响并塑造着世界的未来。③ 中美关系是左右国际关系大势、决定人类走向和平与否的核心要素,处理得好是世界之福,反之则

---

① 习近平:《决胜全面建成小康社会　夺取新时代中国特色社会主义伟大胜利——在中国共产党第十九次全国代表大会上的报告》,人民出版社2017年版,第10、11、15页。
② The White House, *National Security Strategy of the United States*, Washington, D. C., the United States, December 2017, https://www.whitehouse.gov/wp-content/uploads/2017/12/NSS-Final-12-18-2017-0905.pdf, p. 25.
③ 门洪华:《中国对美国的主流战略认知》,《国际观察》2014年第1期。

是世界之祸。① 当前特朗普在经贸、投资、金融等领域强化与中国的竞争，推动中美关系站在了决定双边乃至世界未来的十字路口。2010年之前，中美之间的冲突摩擦领域相对单一、内容较为集中，而此番博弈则几乎涉及两国关系的方方面面，且时间密集，频度很高，各种问题环环相扣。如何管控好两国明显上升的战略竞争与摩擦，防止爆发全面的贸易战乃至全面对抗，保持中美关系的相对稳定，是摆在中国面前的重大战略挑战。与之相关，中美关系也是美国外交的重中之重，只有处理好这一问题，才能维持稳定、维持全球经济的持续发展。② 中美关系冷暖牵系世界，正如澳大利亚前总理陆克文指出的，"全球范围内战略问题的重中之重，就是中美关系的未来"。③

中美关系正在进入以战略竞争为突出特征的新时代。美国因素是中国崛起与中华民族伟大复兴绕不开的最后一道坎，④ 对中国的影响无出其右者。如何确定新时代的中国对美方略，是一个值得深入讨论的重大议题。

一 中国经济实力与国际影响力增长的战略效应

实现中华民族伟大复兴，是中华民族近代以来最伟大的梦想。为实现中华民族伟大复兴，中国共产党带领全国人民上下求索，终于找到了中国特色社会主义道路，而改革开放成为中国特色社会主义道路最鲜明的特征。1978年以来，以开放和改革为主要路径，中国进入

---

① 门洪华：《关键时刻：美国精英眼中的中国、美国与世界》，《中国社会科学》2012年第7期。
② [美] 威廉·科恩：《变化中的世界格局与中美关系》，王烁译，《南开学报》（哲学社会科学版）2017年第3期。
③ [澳] 陆克文：《习近平治下中美关系的可能未来》，李笑然译，《国际经济评论》2015年第3期。
④ 徐坚：《美国对华政策调整与中美关系的三大风险》，《国际问题研究》2018年第4期。

了经济社会全面发展的快车道，主动开启了融入国际体系的进程，综合国力上升居诸大国之最，成长为一个合作性的、负责任的、建设性的、可预期的国际体系塑造者。1978年中国GDP只有3600亿元，2019年超过99万亿元。1978—2019年，中国GDP年平均增长率9.5%，比1870—1913年美国经济起飞平均增速（3.9%）高出5.6个百分点，比1950—1973年日本经济起飞平均增速（9.3%）高出0.2个百分点。与此同时，中国人均国民总收入从190美元增长到1万美元以上，从低收入国家跨入中等收入国家行列，增长速度堪称世界诸大国之最。中国成为世界第一大贸易国，是130多个国家和地区的第一大贸易伙伴；还是世界第二大外商直接投资国、第二大国际发明专利国、世界最大的国际旅游出境国和出国留学人员国。

党的十八大以来，以习近平同志为核心的党中央系统提出"创新、协调、绿色、开放、共享"的新发展理念，统筹谋划"五位一体"总体布局、"四个全面"战略布局，切实增强"四个自信"，开创了中国特色社会主义建设新时代。中国以自由贸易区为引领，构建开放型经济新体制，积极推动"一带一路"建设和参与全球经济治理体系变革，深化全面开放，努力形成深度融合的互利共赢新格局。[1] 习近平总书记强调，"实现中华民族伟大复兴的中国梦，需要和平稳定的国际环境。我们将始终不渝坚持走和平发展道路，始终不渝奉行互利共赢的开放战略，坚定致力于同世界各国发展友好关系，推动构建以合作共赢为核心的新型国际关系"。[2] 中国GDP从2012年的54万亿元增加到2019年的99万亿元，占世界经济的比重从11.42%提高到16%以上，对世界经济增长的贡献率超过30%；中国居民收入年均增长超过经济增速，形成世界上人口最多的中等收入群体，且脱贫攻坚取得决定性进展；中国对外投资迅速增长，成为世界经济增长的重要发动机和稳定器。

---

[1] 隆国强主编：《构建开放型经济新体制》，广东经济出版社2018年版，第18—20页。
[2] 习近平：《在西雅图出席侨界举行的欢迎招待会时的讲话》，《人民日报》2015年9月25日第2版。

经过40多年持续快速发展，中国成为全球第二大经济体、第一大贸易国、第一大出口国、第一大外汇储备国、第二大引资国、第三大对外投资国，在全球经济格局中的地位和影响力不断提升，创造了战后发展中大国快速崛起的奇迹和以开放促发展的典范。随着经济总量与进口和对外投资规模的不断扩大，中国成为世界经济增长的重要引擎，尤其是2008年国际金融危机爆发以来，中国经济增长对世界经济增长的年均贡献率在30%以上，在世界各国名列前茅。① 改革开放40余年，中国走完了发达国家几百年走过的发展道路，成为世界经济增长的主要稳定器和动力源。

20世纪中后期，中国由贫弱、势弱大国向强国发展，从封闭走向半开放、全面开放；与此同时，世界政治经济体系面临深刻变革，中国改革开放步入关键阶段；进入21世纪，中国崛起的效应全面展现，中国的国家实力和国际影响力与日俱增，举世关注中国理想、中国理念、中国智慧、中国方案。与此同时，中国崛起与世界转型相约而行，这种历史性重合给世界经济发展带来了无限活力。中华民族伟大复兴成为一个现实而又具有冲击力的话题。

中华民族伟大复兴对世界的影响是深刻的。中国成为世界经济增长的新中心，主要经济指标占世界比重及其对世界的边际贡献不断提高，相比许多国家而言，中国的发展更具开放性、可持续性，对世界经济增长、贸易增长、投资增长的带动效应更大，中国以更加积极的方式参与国际分工和国际竞争引起了国际社会的激烈反响。在短短40年里，中国从一个国民经济几乎完全封闭、高度垄断的国家转变为一个享有较高开放度的国家。中国经济规模庞大、增长迅速、高度开放，被视为全球经济增长的一大源泉。② 中国崛起是世界经济发动机、贸易发动机、投资发动机，显然成为塑造当代世界经济最重要的动力之一。为国际社会所公认的是，中国崛起绝非一时震动，而是重

---

① 毕吉耀、李慰：《创新完善我国全方位开放格局》，《中国特色社会主义研究》2018年第1期。

② C. Fred Bergstein, Bates Gill, Nicholas R. Lardy and Derek Mitchell, *China: The Balance Sheet*, New York: Public Affairs, 2006, p. 115.

第十讲 新时代的中国对美方略

塑世界供求关系的一个持续进程。①

中国与世界的互动进入更加敏感的时期。世界多极化、经济全球化、文化多样化、社会信息化深入发展，世界在加速转型，国际社会对中国崛起的战略走向更为敏感，随着中国新的大战略框架的逐步显现，金砖国家开发银行、亚洲基础设施投资银行等新国际制度的构想与落实，"一带一路"倡议的提出和实施，中国是否正在试图改变既有国际秩序，成为既有国际秩序的塑造者乃至挑战者，被视为国际社会观察和看待中国崛起的重要标尺。② 世界面对着一个快速崛起和更加自信、开放的中国，中国面对着一个形势更加复杂、变化更加深刻、机遇与挑战并存的世界。需要密切关注的是，当前中国大而不强的底色仍在，在经济、社会、政治、文化发展等诸方面仍体现着社会主义初级阶段的显著特点，经济发展进入"新常态"，处于经济下行压力增大期、社会矛盾凸显期、人与自然矛盾凸显期，必须积极应对、善加处理。③ 情势棘手之处在于，"中国威胁论"和"中国责任论"相互交织，中国承担国际责任的意愿、能力与国际社会的期望存在着落差，国际社会对中国崛起的疑虑增加。发达国家加紧制定新的国际规则，围堵中国的意图明显。中国周边环境趋于复杂化，部分周边国家出于对中国崛起的疑虑与恐惧，加紧与美国的联合。可以说，随着中国进一步发展壮大，其面临的疑虑、担心、困难和挑战也在增多。

为直面国内外挑战、抓住国际机遇、实现可持续发展，中国积极构建以融入—变革—塑造为核心的和平发展战略框架，致力于超越和平崛起、丰富和平发展、规划崛起之后。党的十八大是中国国际战略创新的关键起点。面对急遽的国际风云变幻，以习近平同志为核心的党中央坚持战略定力，加强战略主动，运筹战略布局，推

---

① Barry Eichengreen and Hui Tong, "How China is Reorganizing the World Economy", *Asian Economic Policy Review*, Vol.1, No.1, 2006, pp.73-97.
② 门洪华：《中国崛起与国际秩序变革》，《国际政治科学》2016年第1期。
③ 门洪华：《应对全球治理危机与变革的中国方略》，《中国社会科学》2017年第10期。

动中国在国际舞台上发挥更为积极、建设性的作用。中国体现出主动的战略态势,进一步强调"有所作为",并审时度势,在全球经济治理、世界经济贸易和东亚全面合作等领域发力,中国战略引领者的新角色为国际社会所高度关注。习近平创造性地提出新型国际关系、人类命运共同体、正确义利观等引领世界发展潮流的新理念和新思想,并积极运筹战略布局,推动"一带一路"倡议的深入实施,在世界经济治理、国际金融秩序、全球基础设施建设和东亚全面合作等领域积极作为。在党的十九大报告中,习近平强调:"中国特色社会主义进入新时代,意味着近代以来久经磨难的中华民族迎来了从站起来、富起来到强起来的伟大飞跃,迎来了实现中华民族伟大复兴的光明前景;意味着科学社会主义在二十一世纪的中国焕发出强大生机活力,在世界上高高举起了中国特色社会主义伟大旗帜;意味着中国特色社会主义道路、理论、制度、文化不断发展,拓展了发展中国家走向现代化的途径,给世界上那些既希望加快发展又希望保持自身独立性的国家和民族提供了全新选择,为解决人类问题贡献了中国智慧和中国方案"。[1] 习近平清晰阐述了中华民族伟大复兴的伟大使命,即实现中国自身的复兴,推动世界社会主义的复兴,展现中国的国际贡献与全球影响力。[2]

二 中美进入战略竞争的新时代

中美建交 40 余年,恰与中国改革开放相契合,伴随着中国积极融入世界,合作成为中美关系的主线。当然,这 40 余年间,有关中国是"伙伴"还是"对手",对华应该"遏制"还是"接触"的争论在美国国内从未停歇。[3] 进入 21 世纪,中国的迅猛崛起引起了美国

---

[1] 习近平:《决胜全面建成小康社会 夺取新时代中国特色社会主义伟大胜利——在中国共产党第十九次全国代表大会上的报告》,人民出版社 2017 年版,第 10 页。
[2] 李景治:《中国特色社会主义道路在世界社会主义发展中的历史地位》,《科学社会主义》2013 年第 2 期。
[3] 《中美建交四十年 一路风雨总向前》,《人民日报海外版》2019 年 1 月 3 日第 6 版。

的关注和高度警觉,从期望中国和平崛起到和平崛起的中国依旧带来威胁,美国对中国的忧虑趋于加深。中美战略界曾提出"战略保证""中美共治""共同演化""两国集团""第四公报"等各种新构想,试图为中美关系确定新框架,弥补以"三个联合公报和三个联合声明"共同支撑的既有框架的不足。① 然而,这些构想均未能纳入官方政策。2008年国际金融危机的爆发是中美关系实现重大转轨的标志性事件,抓住机会在全球进行利益拓展的中国成为美国的眼中钉,中国在亚太地区尤其是东南亚的作为日益引起美国的高度警惕,美国加紧实施"亚太再平衡"战略,针对中国展开战略围堵。党的十八大以来,随着国家实力的迅猛提升,中国强调创新型国家建设,提出并实施"中国制造2025"纲领性计划;在外交愈加表现出积极有为的姿态,中国在维护周边领海安全等议题上,在世界其他地区发展和参与全球经济治理等政治和经济议题上,都比此前表现得更加积极主动。② "奋发有为""积极进取"和"开拓创新"等词汇越来越成为中国外交的新特质。③ 中国大力支持全球化进程,积极参与全球经济治理,倡导并主导推动"一带一路"建设,创建亚洲基础设施投资银行(AIIB),中国全球影响力愈发凸显。④ 中国日益增长的实力和日趋强势的行为引起美国的担心,⑤ "中国制造2025"计划和"一带一路"倡议的推进使美国感受到了巨大的竞争压力和潜在威胁。⑥ 尽管中国领导人提出了新型大国关系的理念,致力于和平崛起和维护世界和平,但未能获得美方的接受和认同,反而引发了美方激烈的对华政策辩论。

美国著名中国问题专家何汉理(Harry Harding)指出,面对中共

---

① 袁鹏:《把握新阶段中美关系的特点和规律》,《现代国际关系》2018年第6期。
② 刘丰:《中美战略竞争与东亚安全态势》,《现代国际关系》2017年第8期。
③ 王毅:《中国特色大国外交的全面推进之年》,《国际问题研究》2016年第1期。
④ 宋国友:《利益变化、角色转换和关系均衡——特朗普时期中美关系发展趋势》,《现代国际关系》2017年第8期。
⑤ 左希迎:《威胁评估与美国大战略的转变》,《当代亚太》2018年第4期。
⑥ 潘英丽、周兆平:《美国的全球化陷阱、贸易争端诉求与中国的战略应对》,《国际经济评论》2018年第6期。

十八大以来中国发展走向和外交姿态出现的新变化，美国战略界围绕对华政策展开了过去 50 多年来"最为激烈的辩论"，这场辩论在 2015 年达到高潮，并一直延续到 2017 年年底《美国国家安全战略报告》的出台。美国战略界人士倾向于认为，加速崛起的中国是美国面临的最大的长期性威胁，主张将美国对华政策从接触向遏制方向回调。即使一向对华态度温和的美国前常务副国务卿詹姆斯·斯坦伯格（James Steinberg）和戴维·兰普顿（David Lampton）也认为，中美关系走到临界点（tipping point），存在进一步恶化甚至走向全面对抗的危险。[1] 在辩论过程中，越来越明显的共识是，无论是建制派或是反建制派，无论是共和党或是民主党、无论是自由派或是保守派，无论是政策界或是产业界，均认为中国崛起对美国国家利益造成了史无前例的巨大压力和挑战。党的十九大报告引起了新的一波"失去中国"的大辩论，美方对中国的新时代诉求产生了严重误判和曲解，认为党的十九大报告是中国未来全球霸权统治的计划，中国意欲实施地缘扩张和意识形态输出，谋求用中国的"新时代"取代美国的"旧时代"，在亚太地区推进"新朝贡"方略。[2] 美国通过接触政策来塑造中国发展方向的幻想已经破灭，中国走向与美国希望相悖的道路，而且向世界输出自己模式。[3] 以此误判和歪曲为基准，美国对华战略出现全面转向。

特朗普明确将中国视为首要的、全面的、全球性的战略竞争者，其对华政策取向呈现出一种全方位的强硬转向。[4] 2017 年 12 月 18 日起相继由美国白宫发布的《国家安全战略报告》、美国国防部发布的

---

[1] Harry Harding, "Has U. S. China Policy Failed?", *The Washington Quarterly*, Vol. 38, No. 3, 2015, pp. 95 – 122; 陶文钊：《美国对华政策大辩论》，《现代国际关系》2016 年第 1 期；吴心伯：《特朗普执政与美国对华政策的新阶段》，《国际问题研究》2018 年第 3 期。

[2] Abraham Denmark, "A New Era of Intensified US-China Competition", Asia Dispatches, Asia Program, The Wilson Center, January 4, 2018, https://www.wilsoncenter.org/blog-post/newera-intensified-us-china-competition.

[3] 倪峰：《常规因素与非常规因素汇合——美国对华政策的质变》，《现代国际关系》2018 年第 7 期。

[4] 赵明昊：《特朗普执政与中美关系的战略转型》，《美国研究》2018 年第 5 期。

《2018年美国国防战略报告》和《核态势评估报告》三份重要安全文件反映了上述辩论的结果。三份报告一致认定,大国竞争时代已经回归,要运用美国的力量威慑和制约修正主义国家中国和俄罗斯。①《美国国家安全战略报告》更是强调中国是美国的战略竞争者和经济侵略者。这是冷战结束以来美国政府首次在官方文件中将"大国竞争"定义为新时代的特征,将中国视为排在第一位的"战略竞争者"。②《2018年美国国防战略报告》强调,"对美国繁荣和安全的主要挑战来自所谓修正主义大国的竞争。这种竞争不是一般意义上的、暂时的和单个领域的,而是战略性、长期性和全面性的竞争。"《美国国家安全战略报告》更是明确提出美国在印太地区的战略构想,致力于通过政治、经济、安全等手段制衡中国在印太地区日益拓展的影响,维护有利于美国的地区平衡。2018年1月30日,特朗普在美国国会发表《国情咨文》,把中国和俄罗斯定位为对手(rival),进一步强调其负面意义。与此同时,美国对华战略开始发生重大调整,其基调由接触转向脱钩、制衡和对抗,在经贸、台湾地区、南海、人文交流、军事交流等众多领域高强度、高频次地连续对华发难,中美关系跌宕起伏,山雨欲来风满楼。

三　对中美关系走向的战略判断

美国认为,中美战略竞争的范围和深度在不断扩大,来自中国的挑战不仅是经济利益和安全层面上的,更是意识形态、制度与文化之争。③ 其中,经贸是当前阶段最为集中的领域,呈现短兵相接的态势。这表明,中美经济利益中的相互依赖关系被竞争关系所替代,经济相

---

① The White House, *National Security Strategy of The United States of America*, December 2017; The Department of Defense, *Summary of the 2018 National Defense Strategy of The United States of America*, Washington, D. C., the United States, January 2018; Office of the Department of Defense, *Nuclear Posture Review*, Washington, D. C., the United States, February 2018.
② 夏立平:《构建新型国际关系视角下的中美关系》,《美国研究》2018年第2期。
③ 王悠、陈定定:《中美经济与战略"脱钩"的趋势及影响》,《现代国际关系》2018年第7期。

互依赖关系对中美战略竞争的缓冲机制和制约作用在快速弱化。美国对华经贸摩擦的动机既有针对和遏制中国自主创新能力体系的崛起和科技创新赶超的战略意图，也有从今后的中国经济高质量发展中谋取更大利益份额的现实诉求，这就决定了此次中美经贸摩擦有"斗而不破""边谈边打"的持久战特征。[1] 中国采取组合拳应对美国，在积极回应、迅速反击的同时，配合扩大开放、深化改革的系列创新举措，并积极推进贸易谈判和磋商，使得特朗普速战速决的企图未能达成。面向未来，双方一方面边打边谈、边谈边打，另一方面也会向安全领域、地缘政治领域等延伸，甚至利用中国台湾、南海等问题滋事，冲击中国国家安全，遏制"一带一路"建设。更为明显的是，中美战略竞争与东亚地区主导权之争密切相联，未来美国在南海、东海问题上向中国发难的危险急遽增加。

　　从美国对华政策的趋势看，中美竞争在增强，竞争的全面性正在显现。如果说过去美方在对华关系中往往是在不同阶段关注不同的问题领域，现在则转而开始全方位关注来自中国的挑战，并采取应对措施。[2] 咄咄逼人的美国与不甘示弱的中国推动着双边关系遭遇前所未有的挑战，[3] 以此为基础，经贸摩擦不过是中美更广泛冲突的开端，中美战略竞争似乎势在难免。而且，我们也要清醒地认识到，中美关系已经不可能再回到从前。堪称标志性的是，2018年10月4日，美国副总统迈克·彭斯在哈德逊研究所发表了被称为"新冷战"的对华演讲，认为"中国比以往更活跃地使用其力量，来影响并干预美国的国内政策和政治。在特朗普总统的领导下，美国使用我们的原则和政策，开始对中国的行动展开决定性的回击"。这一演讲清楚表明了美国政府的立场。中美在贸易、技术、间谍活动、对中国南海控制等一系列问题上陷入对抗，美国根深蒂固的对抗态度显然不是中国降低

---

[1] 张杰：《中美经济竞争的战略内涵、多重博弈特征与应对策略》，《世界经济与政治论坛》2018年第3期。

[2] 吴心伯：《特朗普执政与美国对华政策的新阶段》，《国际问题研究》2018年第3期。

[3] 崔连标等：《中美贸易摩擦的国际经济影响评估》，《财经研究》2018年第12期。

汽车关税或购买更多大豆能够化解的。

陶文钊认为，中美关系正在经历建交40年来最深刻的调整，但要说中美关系已经发生质变则为时尚早。① 张宇燕等认为，中美关系开始进入质变期，这种质变可以概括为美国对华政策由接触调整为"规锁"（Confinement），即规范中国行为，锁定中国经济增长空间和水平，把中国的发展方向和增长极限控制在无力威胁或挑战美国世界主导权的范围以内。② 我们认为，中美关系的战略走向尚有待塑造，避免新冷战应是双方最重要的战略目标。

当前，中美关系站在新的十字路口，旧的共识已经坍塌，但新的政策框架尚未定型。③ 这可能是迅猛崛起的中国和充满衰落焦虑的美国重构双边稳定所必须经历的阶段。我们看到，一方面，尽管美国聚焦中国挑起贸易争端，并在中国台湾等问题上挑战中国的底线，但并未彻底打破中美关系的总体稳定态势，反而在朝鲜问题上仍有着深度的协调，对中国采取了"脱钩"与"挂钩"并行的战略举措。《美国国家安全战略报告》也认为"竞争并不总是意味着敌对，也不一定会导致冲突，美国随时准备在与中俄两国共同关心的领域进行广泛合作"。④ 另一方面，美国政策仍有调整的可能。斯蒂芬·罗奇指出："中美两国在经济上相互依赖，任何一方的改变都会严重影响对方发展。……美国真的打压中国，不仅当今世界最重要经济伙伴关系行将破裂，其他国家也要遭殃。这些隐患正说明中国的关键作用，离开中国，美国的繁荣难以想象。"⑤

---

① 陶文钊：《缓和摩擦、管控竞争：争取中美关系的大体稳定》，《当代世界》2018年第11期。
② 张宇燕、冯维江：《从"接触"到"规锁"：美国对华战略意图及中美博弈的四种前景》，《清华金融评论》2018年第7期。
③ 韦宗友：《中美战略竞争、美国"地位焦虑"与特朗普政府对华战略调整》，《美国研究》2018年第4期。
④ White House, *National Security Strategy of the United States*, December 18, 2017, https://www.whitehouse.gov/wp-content/uploads/2017/12/NSS-Final-12-18-2017-0905.pdf.
⑤ [美]斯蒂芬·罗奇：《特朗普时代的中美潜在冲突：全球化的隐患》，朱琳译，《人民论坛·学术前沿》2017年第14期。

四 中国对美方略的基本框架

当前,世界迎来百年未有之大变局,中美关系重塑既是这一大变局的组成部分,也是推动这一变局的核心力量。对美国而言,中国这样的战略竞争对手未尝遇见,"中国的挑战比苏联的挑战微妙得多"。[1] 对中国而言,在未来相当长一段时间内,美国仍将是世界上最强大的国家,拥有相对于中国的军事、技术、国际制度等众多而全面的优势。即使中国的经济规模在 21 世纪二三十年代超过美国,但与美国的综合国力差距绝非短期所能弥合。辩证地看,有这样的一个超级竞争对手锤炼,对中国实现中华民族伟大复兴的战略目标而言也不仅仅是挑战,它甚至可以变成驱动中国深入改革、砥砺奋进的标杆,让中国更快地发展。[2] 中美进入战略竞争阶段有其历史必然性,我们要保持战略定力,抱持战略远见,不诱于誉,不毁于诽,既不妄自菲薄,更不盲目自大,稳住阵脚,沉着应对。新时代中国对美方略的基本框架包含如下核心要素。

第一,坚持和平发展道路,聚焦经济发展和国家建设,全力提升综合国力,夯实中国全面崛起的物质和精神基础。综合国力是一个国家战略谋划的底气所在。综合国力的强弱既取决于物质因素,又取决于制度、环境、社会、民族精神等非物质因素。一个国家如果没有与经济实力、资源相适应的经济体制、管理体制、社会环境、民族凝聚力等,或者缺乏对国际环境的应变能力,也不能形成强大的综合国力系统。综合国力强调国家实力的整体性和系统性,即经济、科技、军事、政治、文化、外交和国民素质等各方力量的合力所产生的系统效应。综合国力竞争战略强调不同时空范畴内竞争与协作的有机统一。在全球经济一体化、区域经济集团化迅猛发展的今天,除了竞争,还

---

[1] "A Conversation with Henry Kissinger", *The National Interest*, September/October 2015, pp. 12 – 17.
[2] 滕建群:《特朗普"美国第一"安全战略与中美博弈》,《太平洋学报》2018 年第 1 期。

需要合作；竞争中的合作、合作中的竞争早就融为一体，并已成为当代综合国力理论研究和实践发展的新趋势。① 对中国而言，综合国力的全面提升是第一要务，是应对中美战略竞争的根本法宝。综合国力的增强，不仅源于国内市场的发展和培育，还源于全球化条件下战略资源的获得；不仅以硬实力的稳步上升为标示，也必须以软实力的增强为基础，中国必须将提高软实力特别是民族文化的国际影响力作为增强国力的核心之一。我们必须深刻认识到中美综合国力的差距之大和中国进一步发展的艰难所在，强调以经济建设为中心的战略价值，致力于通过全面深化改革和全面对外开放来提高经济增长质量，促进经济发展方式转型，构建中国特色的自主创新体系，并不断提高人均收入水平，进一步改善人类发展指标，使全国人民能够享有更高的物质生活质量、更全面的人类发展、更有保障的人类安全、更优美的生态环境，以全面建成小康社会作为进一步发展的基础，全面增强积极应对外部风险和挑战的能力。

第二，抓住时机全面深化改革，推进全面对外开放。中美经济竞争和战略博弈的加剧，其中不可否认的原因是，我们在一些领域改革尚未完成，特定领域的改革开放相对滞后，中国地方政府和某些政府机构存在违背市场公平竞争原则、违反WTO规则的行为和现象。我们需要正视这些问题的存在，进一步深化国有企业、要素价格市场化、土地制度、金融市场等各方面改革。② 扩大对外开放、推进全面对外开放是中国未来发展的根本驱动力，也是应对国际摩擦的最有效途径。中国要牢牢抓住体制改革这一核心，坚持内外统筹、破立结合，坚决破除一切对外开放的体制机制障碍，推进有利于培育新的比较优势和竞争优势的制度安排，推进包括放宽市场准入、加快自由贸易区建设、扩大内陆沿边开放等在内的体制机制改革，

---

① 门洪华：《构建中国大战略的框架：国家实力、战略观念与国际制度（第二版）》，北京大学出版社 2017 年版，第 78 页。

② 李双双、卢锋：《中美经贸摩擦升级的经济政治逻辑与中美经贸关系前景》，《国际贸易》2018 年第 7 期；张杰：《中美经济竞争的战略内涵、多重博弈特征与应对策略》，《世界经济与政治论坛》2018 年第 3 期。

完善市场准入和监管、产权保护、信用体系等方面的法律制度，着力营造稳定公平透明、法治化、可预期、具有更高开放水平和国际竞争力的营商环境，全面实行准入前国民待遇加负面清单管理制度，落实准入后国民待遇，还要对现行负面清单进行科学合理的评估论证，消除隐形壁垒，解除不正当行业保护。① 积极形成全面对外开放的新格局，在此基础上培育参与国际竞争的新优势，把自由贸易试验区和自由贸易港作为服务业开放的高地，对标发达经济体自由贸易区、国际自由港的规则标准，发挥示范带动效应，促进中国服务业发展和产业结构升级。同时，实现主动吸引外商投资和引导企业对外直接投资的良性互动，促进中国技术进步和创新，加大力度培养中资跨国公司并大力开展对外投资，为中国经济长期向好发展提供内生动力的支撑，促进中国经济实现由外延性增长向内生性增长转变。②

第三，积极推进"一带一路"建设，实现中国国际合作战略创新。推进"一带一路"倡议，对中国国际合作的全面布局和重点把握具有重要意义。与"一带一路"沿线国家建立和保持良好经贸关系，有助于逐步降低中美贸易集中度，分散中国对外贸易的系统性风险，也有助于消除同中美贸易摩擦有着利益牵涉的国家和地区的担忧和疑虑，有效降低国际经贸关系的不确定性。③ 更重要的是，"一带一路"是中国面对错综复杂的国内国际形势，党中央统揽全局、审时度势、多方权衡之后提出的重要发展倡议，被视为中国构建与国际社会命运共同体的战略之梯④，体现了中国对建构开放包容的地区合作机制的思考。"一带一路"首先是一个地区经济概念，以推动各国共同发展为指向，以亚欧大陆经济一体化发展为支撑。"一

---

① 隆国强主编：《构建开放型经济新体制》，广东经济出版社2018年版，第29页。
② 邵玉君：《FDI、OFDI与国内技术进步》，《数量经济技术经济研究》2017年第9期。
③ 邓富华、姜玉梅、王译影：《后危机时代中美贸易摩擦的历史借鉴与政策因应》，《国际贸易》2018年第9期。
④ 邢广程：《海陆两个丝路：通向世界的战略之梯》，《学术前沿》2014年第4期。

带一路"倡议是以亚洲国家为重点，以构建陆上和海上经济合作走廊为形式，以运输通道为纽带，以互联互通为基础，以多元化合作机制为特征，以打造命运共同体为目标的区域合作安排。① 同时，它又表明了中国新的国际定位是全球性大国，不把自身利益局限于亚洲，而是在亚洲、欧洲、非洲等扩展其国际影响力，在全球范围内寻求制度化合作。

第四，坚持和斗相兼、斗而不破的对美战略原则，加强双边战略管控，深化复合相互依赖。中国必须全力防止陷入与美国不断升级且不可避免的对抗的窘局和危险之中。我们必须深刻认识到，对美国这样的霸权国而言，任何合作都是通过斗争得来的，而不是乞求来的，我们一方面要坚决斗争，另一方面要努力寻求合作，致力于维持与美国斗而不破的格局。我们要清醒地认识到中美之间存在的深刻分歧和对抗性因素，认识到美国是能够给中国核心利益带来最大侵扰的国家。基于此，我们必须在事关国家主权和领土完整等核心战略问题上清晰划定中国的战略底线，坚决维护国家核心利益。鉴于中美结构性矛盾的凸显，加强双边战略管控至为关键。与此同时，我们要深刻认识到美国忧虑的来源之所在，对美国善加安抚，努力消除误解与误判。中美之间有着激烈的战略竞争，同时也亟须加强合作。约瑟夫·奈（Joseph S. Nye）2018 年 11 月 7 日发表的题为《美中关系的合作竞争》的文章指出，中国和美国面临的跨国挑战是不可能在没有对方的情况下解决的，气候变化和海平面变化遵循的是物理学规律，而不是政治规律。随着从非法毒品到传染病、恐怖主义各种问题的界限越来越容易渗透，最大的经济体将不得不合作应对这些威胁。美国前总统詹姆斯·厄尔·卡特（James Earl Carter）2018 年 12 月 31 日在《华盛顿邮报》撰文指出，中美两国可在朝鲜半岛核问题、打击恐怖和极端主义、应对气候变化，尤其是促进非洲发展等全球问题上开展合作。鉴于美国对全球和地区事务掌控力的下滑，以及特朗普对国际事务兴趣尚乏的特点，未来美国寻求中国在诸多全球和地区议题上合

---

① 马学礼：《"一带一路"倡议的规则性风险研究》，《亚太经济》2015 年第 6 期。

作的可能性甚大，中国要善于以"挂钩"策略来应对特朗普的"脱钩"做法，争取在双方存在冲突风险的重大战略领域推进协调与合作。当前，特朗普将中美经贸议题与安全议题挂钩、将朝核问题与贸易问题挂钩，这是中国可以善加利用的机会。[1] 同时，我们也要在诸多低政治领域继续深化合作，正如美国前国防部长威廉·科恩（William A. Cohen）所指出的："中美双方在很多领域也可以合作共赢，比如商业、学术和教育交流。在环境保护、清洁能源使用、国家社会安全、医疗体系构建等方面，中美两国可以开展更广泛的合作。"[2]

第五，在经贸问题上要稳住阵脚，善于通过合作和妥协来化解冲突，同时要继续在全球拓展经济合作空间，积极寻求占领战略制高点。鉴于特朗普致力于以经济民族主义方式重振美国经济，中美将更加专注于各自的经济发展和实力提升，两国在国家层面的竞争会更加突出。[3] 美国的贸易政策取向是以美国利益优先，而不是简单的贸易平衡；中国的贸易政策取向注重的是从贸易大国转变为贸易强国，并希望以此来改变现有的包括贸易在内的不平等的国际经济秩序。所以，中美贸易冲突的政策协调空间非常有限，[4] 中美经贸摩擦必然是战略持久战。中国一方面应以深化改革、扩大开放和创新驱动等为路径积极应对中美贸易冲突，解决好中美经贸关系发展不平衡、不充分的问题，不断扩大共同利益与合作空间，重新筑牢中美关系总体稳定的经济基础。[5] 另一方面要深入研究全球经济合作布局，深刻认识到中国经济权力空间从周边国家向东欧、西亚、东亚、东南亚、大洋洲和非洲拓展，中美经济博弈的焦点集中在欧洲沿海地区、南亚沿海地区、中东等，并向拉丁美洲东海岸地区延伸，中国要适度加大对这些

---

[1] 左希迎：《特朗普政府亚太安全战略的调整》，《世界经济与政治》2017年第5期。

[2] ［美］威廉·科恩：《世界变化格局中的中美关系》，王烁译，《南开学报》（哲学社会科学版）2016年第3期。

[3] 吴心伯：《特朗普执政与中美关系走向》，《国际问题研究》2017年第2期。

[4] 易宪容：《中美贸易冲突的理论反思及未来展望》，《人民论坛·学术前沿》2018年第16期。

[5] 李文：《中美贸易摩擦尖锐化的深层客观原因》，《人民论坛·学术前沿》2018年第16期；赵明昊：《特朗普执政与中美关系的战略转型》，《美国研究》2018年第5期。

地区的投入，积极寻求占领战略制高点。①

第六，在安全问题上要善于守拙，防止东亚和印太地区冲突频现。中美之间的安全竞争是地区性的，而非全球性的，焦点在于东亚主导权。美国担心中国将美国排挤出东亚，力图引进更多地区力量制衡和围堵中国，印太战略应运而生。东亚是中美利益重叠最多、共同利益体现最充分的地区，也是两国最容易产生冲突的地区。在重塑东亚战略格局上，中美两国均具有较强的主动性。中国应明确表明无意采取排挤美国的亚洲版"门罗主义"，欢迎美国的地区存在和为地区和平发展做出努力，同时督促美方采取客观公允的态度推动有关国家采取实际行动，为维护地区和平、稳定、繁荣发挥积极作用。习近平主席提出"中美两国的共同朋友圈"的概念，②我们建议对此进行专题研究，推动中美在印太地区开展开放合作，吸引各国加入其中，一道为地区和平、稳定和繁荣做出贡献。就像美国学者兰德尔·施韦勒（Randall Schweller）指出的，"如果中美双方都保持审慎，那么地区国家间将会建立起一种稳定的地区均势——这种均势嵌套在一个更加稳定的中美两极体系之中，不同于之前的美苏关系，它不是一场根植于马克思列宁主义的思想原则与西式民主资本主义之间的零和战争"。③当前，中美关系的各种分歧中最危险的是两国在西太平洋的竞争，④对此我们要高度警惕，积极稳妥地推动中美两军交流，加强危机管控机制建设，避免军事误判和直接碰撞。

第七，共同推进新型全球化，抓住机遇推进国家利益的全球布局。全球化发展进入新的阶段，国际规范和国际规则成为大国竞合的核心内容，面对全球化转型，当前出现了美国所带领的西方和中国所引领的发展中大国之争的苗头。当前，美国似乎厌倦了"领导"世界，或将从世

---

① 杨文龙、杜德斌、马亚华：《经济权力视角下中美战略均势的地理透视》，《地理研究》2017年第10期。

② 《习近平同美国总统特朗普共同会见记者》，《人民日报》2017年11月10日第2版。

③ [美] 兰德尔·施韦勒：《新古典现实主义与中美关系的未来》，马骦译，《国际政治科学》2018年第3期。

④ 陶文钊：《管控好中美在西太平洋的竞争》，《美国研究》2014年第6期。

界事务中抽身，有人鼓动中国填补空白，取而代之并发挥领导作用。对此，我们必须高度警惕、慎重对待。实际上，全球化转型的方向之争已经将矛头指向中国，[①] 我们必须致力于寻求共识和妥协，在应对国际恐怖主义、核武器及其他先进技术的扩散、失败国家、气候变化等共同威胁上开放合作，与美国共同协商推进新型全球化，实现共同进化，防止形成战略对抗的局面。与此同时，我们看到，特朗普在多边领域与全世界为敌，这不啻是对中国发挥建设性作用的邀请，我们要在全球治理和自由贸易等方面发挥积极作用，推进中国全球利益的制度化。

第八，积极推进总体稳定、均衡发展的大国关系框架建设，形成平衡和制衡美国战略对冲的稳定态势。大国关系是中国外交战略不变的关注重点，而总体稳定、均衡发展的大国关系是中国新时代国际战略布局的重要内容。当前，国际形势变化巨大，导致大国关系急剧调整。在中美战略竞争趋于激烈之际，我们更要处理好与其他既有大国和发展中大国的关系，致力于通过增进互信、聚同化异、避免对抗、互利合作维护国际体系的和平转型，增强相互信任、相互尊重，追求合作共赢，建立合作共赢的新模式，健全风险管理机制，为国际关系发展输入正能量。我们要清醒地认识到，美国必然会加强与其既有盟国的战略互动，进而组建针对中国的"菜单式联盟"，甚或采取战略胁迫方式组合围堵中国的团团伙伙。我们要沉着应对、见招拆招，以全球伙伴关系网络应对同盟关系。与此同时，我们也要看到，在看待中美贸易摩擦时，日本、印度等国并没有按照现实主义的逻辑，根据与美国关系的亲疏远近重新安排与中国的经贸关系，[②] 中日关系反而在硝烟弥漫的中美贸易冲突中回暖。现实表明，在世界深入转型的今天，各国均有其深入的战略考虑，我们应该抓住这一深入变动的契机，推动均衡发展的大国关系框架建设，致力于促成世界稳定转型的战略格局，以此平衡和制衡美国的战略对冲。

---

① 徐坚：《美国对华政策调整与中美关系的三大风险》，《国际问题研究》2018年第4期。
② 钟飞腾：《超越霸权之争：中美贸易战的政治经济学逻辑》，《外交评论》2018年第6期。

第十一讲　化竞争为协调的新时代中日关系

处理好中日关系是考验中国外交智慧的一项重大议题。对中国来说，日本的重要性不言而喻。作为对中国今昔均有重大影响的邻国，无论是双方合作、竞争还是冲突都有着重大的双边和多边影响，中日关系的好坏不仅关乎双方核心利益，而且直接影响到东亚地区的和平与稳定，甚至也是世界形势发展变化的重要影响因子。① 进入21世纪的中日关系跌宕起伏，尤其是随着经贸实力和综合国力的逆转，两国发展战略和国际战略均出现重大调整，两国关系的演变不仅深刻影响着国内政治社会生活，而且溢出到地区和全球层面，成为世人最关注的双边关系之一。

在习近平主席的亲自运筹和指挥下，2014年11月两国达成"四点原则共识"，双边关系开始止跌，经2018年两国总理互访重回正常轨道，提出化竞争为协调的新时代愿景，并在第三方市场等领域拓展合作空间。2014—2019年，习近平主席先后9次与日本首相安倍晋三在中国、日本和数个多边国际会议上会晤，在2019年6月参加大阪G20峰会期间与安倍就构建契合新时代要求的中日关系达成重要共识，为中日关系发展进一步指明了方向。以此为基础，中日关系实现了"实质性的回归"。② 日方邀请习近平对日本进行国事访问，得到

---

① 武寅：《日本对华政策与中日关系》，《日本学刊》2019年第S1期。
② 日本贸易振兴机构海外调查部中国课课长天野真也（Shinya Amano），访谈时间：2019年4月12日中午，日本东京。

中方的积极回应，双方为此保持着善意沟通。在应对新冠肺炎疫情冲击中，双方展现出积极的合作姿态，两国各级政府和民间守望相助，相互支持，共同谱写了"山川异域，风月同天"的中日人文交流新篇章。中日关系总体保持改善发展势头，务实合作稳步发展。

另一方面，中日关系尚未达到高层次战略互惠的水平，化竞争为协调的新时代中日关系既是目标亦为期许，因为双边关系面对着历史认识、安全困境、战略互信缺失等各种难题，中日关系的问题仍在深层。① 面向未来，如何在新形势下处理老问题，如何化竞争为协调，构建新时代牢固的战略互惠关系，仍是摆在两国决策者面前的重大议题。有鉴于此，我们需要深入研究的是，中日关系为什么确定化竞争为协调的主线，中日关系如何化竞争为协调，可否以此为主线重建战略互惠关系，推动双边关系发展迈上新台阶。

一　中日关系走进新时代

进入21世纪，中日两强并立日趋明朗，双边政治关系以僵硬对峙开局，"政冷经热"一时间成为描述中日关系的核心话语，如何塑造双边关系渐次成为两国深入思考的重大议题。② 2010年钓鱼岛争端导致中日"政冷经凉"，两国敌对态势明显，双边关系发展到接近"全面崩溃""坏到不能再坏"的状态。③ 两国关系进入战略相持阶段，战略对冲激烈。中日在钓鱼岛、历史认识等问题上尖锐对垒，日本各界对华反应不一，普通民众对中国未来走向充满忧虑，担心中日必有一战；经济界对中日关系现状忧心如焚，期望安倍政府不再采取敌对态度，也期望中国采取大度措施；日本政界人士深刻认识到中日关系恶化的负面影响，希望有所改变和突破。中国各界深刻认识到，中日关系恶化一方面是日本主动挑衅所致，在钓鱼岛等核心利益上中国绝不可让

---

① 张蕴岭：《百年大变局下的中日关系》，《亚太安全与海洋研究》2019年第1期。
② 门洪华：《日本变局与中日关系的走向》，《世界经济与政治》2016年第1期。
③ 冯昭奎：《中日关系的辩证解析》，《日本学刊》2015年第1期。

第十一讲 化竞争为协调的新时代中日关系

步,另一方面这种情势也同时损伤着中国自身的利益实现。有鉴于此,有条件地稳定和逐步改善中日关系成为中日两国各界的共识。[①]

进入 2014 年,中日都相对明确地表达了促进双边关系稳定的期望,尤其是安倍数次通过国际场合喊话,希望开启首脑交流。几经波折之后,中日关系在政治、安全、经济等领域均出现和缓迹象,防止恶性冲突的底线开始铸就。经过紧张的外交磋商和多种途径的接触与探讨,2014 年 11 月 7 日,中日双方在北京达成如下"四点原则共识":双方确认将遵守中日四个政治文件的各项原则和精神,继续发展中日战略互惠关系;双方本着"正视历史、面向未来"的精神,就克服影响两国关系的政治障碍达成一些共识;双方认识到围绕钓鱼岛等东海海域近年来出现的紧张局势存在不同主张,同意通过对话磋商防止局势恶化,建立危机管控机制,避免发生不测事态;双方同意利用各种多双边渠道逐步重启政治、外交和安全对话,努力构建政治互信。"四点原则共识"的达成,为中日关系逐步恢复正常打开了希望之窗。以此为基础,习近平与安倍 2014 年 11 月 10 日在亚太经合组织领导人非正式会议期间、2015 年 4 月 22 日在亚非领导人会议期间两次会面,就加强对话沟通、增信释疑交换意见。习近平强调,中国愿意同日方努力将中日第四个政治文件中关于"中日互为合作伙伴、互不构成威胁"的共识转化为广泛的社会共识。安倍承诺,日方愿意落实"四点原则共识",积极推进两国各领域的交往与对话,增进两国人民相互理解,继续坚持包括"村山谈话"在内以往历届政府在历史问题上的认识,日本决心继续走和平发展道路。2015 年 8 月 14 日,安倍在纪念战后七十年的特别谈话中,公开使用"侵略""殖民地统治""道歉"等词句,在形式上表现出日本愿意反省战争的姿态。2015 年 9 月 3 日,习近平在纪念中国人民抗日战争暨世界反法西斯战争胜利 70 周年大会上发表讲话,强调中国将始终坚持走和平发展道路,无论发展到哪一步,中国都永远不称霸、永远不搞扩张,永远不会把自身经历过的悲惨遭遇强加给其他民族。2015 年 11

[①] 门洪华:《中国公共外交与对日方略》,《日本学刊》2016 年第 6 期。

月1日，第六次中日韩领导人会议在韩国首尔举行，国务院总理李克强参加并应邀与安倍会见，安倍表示愿坚定不移地按照四个政治文件的原则，沿着建立双边战略互惠关系的基本思路，进一步改善和发展双边关系。

2016年，"中日关系新时代"这一术语开始进入人们的视野。4月25日，日本外相岸田文雄（Fumio Kishida）在访华前夕，在"读卖国际经济研讨会"上发表《日本最重要的双边关系之一的日中关系》的主题演讲，提出构建"新时代日中关系"的设想。他指出，在国际社会的力量平衡中，日本、中国各自立场发生变化，开启了两国对地区及世界的和平与繁荣承担起重大责任的时代，实现新时代日中关系，需要扩大合作、应对课题与忧虑、培育国民间相互理解与信赖关系。[①] 这在一定程度上标志着日本对华新战略的开始。2017年是中日关系新时代的起点，尤其是党的十九大顺利召开为中日关系的稳定与发展提供了坚实的中国国内基础，安倍赢得日本众议院选举也使得其调整对华关系获得稳定的国内支持。2017年年初，日本外相岸田文雄表示"中国的和平发展对日本和世界而言，均是机遇";[②] 5月，日本自民党干事长二阶俊博（Toshihiro Nikai）作为首相特使参加"一带一路"国际合作高峰论坛，向习近平主席转交安倍亲笔信，表示对中日合作充满期待；8月初，搁置8年半之久的"中日执政党交流机制"重启，两国执政党代表探讨合作的可能方向；9月底，安倍在解散众议院当天赶赴中国驻日使馆国庆招待会并发表讲话，显示出改善中日关系的积极姿态；[③] 11月，习近平与安倍在越南岘港会晤，强调希望日方以更多实际行动和具体政策体现中日互为合作伙伴、互不构成威胁的战略共识；安倍表示积极推动两国战略互惠关系继续向前发展，提出2018年访华的建议，并邀请习近平在2018年内回访日本。以此为基础，中日关系开始走向稳定。

---

① 杨伯江：《构建中日新型国家关系：双轮驱动下的合作共赢》，《世界政治与经济》2016年第9期。
② 岸田文雄：「「変化の年」を展望する」、『外交』、Vol. 41、2017年1月。
③ 孙文竹：《安倍外交调整动向及未来中日关系》，《和平与发展》2018年第1期。

第十一讲 化竞争为协调的新时代中日关系

2018年,中日关系重回正常轨道,开启化竞争为协调的新时代。1月22日,安倍在日本第196届国会发表施政演说,明确表示与中国发展稳定的友好关系。5月8—11日,李克强总理出席中日韩首脑会谈并正式访问日本,明确提出深化中日关系,直接促成两国在第三方市场合作上的共识。李克强会晤日本天皇,出席《中日和平友好条约》缔结40周年纪念活动暨访日招待会并发表演讲,标志着中日高层互访机制正式恢复。李克强指出,这次访日使中日关系回到了正常化,今后也会有新的、长期稳定、健全的发展。安倍就此接受媒体采访表示,"日中关系已经完全回到了正常轨道"。[1] 10月25—27日,安倍正式访问中国。安倍提出中日双方化竞争为协调,互为合作伙伴而互不构成威胁,共同维护多边自由贸易体制,得到中方的肯定和赞赏。安倍访问期间,双方签署了政治、创新、金融、海关、体育等领域10余项政府间合作协议,建立共同开拓第三方市场合作机制并签署52项合作项目,达成规模达2000亿元人民币的双边本币互换协议,打造了推进务实合作的诸多新支柱,着力推动务实协调与双赢合作,为新时代中日关系奠定了基础。两国总理互访表明,中日关系实现了止跌企稳,回归到理性务实的发展轨道。

2019年,中日关系改善势头明显,落实化竞争为协调、规划建立牢固战略互惠关系成为双方共同的预期目标。2019年6月,习近平出席G20大阪峰会期间与安倍会晤,就构建契合新时代要求的中日关系达成重要共识,为两国关系发展进一步指明了方向,安倍再次当面邀请习近平主席访问日本。2019年12月,安倍来华出席中日韩领导人会议,与习近平、李克强分别会晤,双方一致表示要推动中日关系迈上新台阶。在中日高层交往的引领之下,两国务实合作深入发展,人文交流日益密切,尤其是在应对新冠肺炎疫情中,双方谱写了新时代的佳话。日本外相茂木敏充(Toshimitsu Motegi)是第一个向

---

[1] 「首相対中改善に自信　完全に正常な軌道に戻った」、『産経新聞』2018年9月2日;王珊、孟晓旭:《安倍执政后期日本政治走势与中日关系》,《现代国际关系》2019年第2期。

中方致电慰问的外国外长；自民党干事长二阶俊博在拜访中国驻日本大使孔铉佑时表示，"日方愿举全国之力，不遗余力地向中方提供一切帮助。我相信，只要日中两国团结合作，就没有办不成的事。"①孔铉佑就此指出："日本政府对中国抗疫举措给予充分理解并提供了真诚支持和援助"，"两国民意的积极互动，成为增进双方民众友好感情的全新纽带和推动中日关系进一步改善发展的磅礴力量。"② 2020年2月28日，中共中央政治局委员、中央外事工作委员会办公室主任杨洁篪赴日本主持中日第八次高级别政治对话，并与安倍首相会见，双方确认了保持密切沟通、确保双边关系保持良好势头的重要性。③ 疫情期间，双方保持着积极沟通。7月29日，国务委员兼外长王毅同日本外相茂木敏充通电话指出，双方要积极规划和推进下阶段及"后疫情"时代交往合作，共同应对各类全球和区域性挑战，为两国关系发展不断注入新动力；茂木敏充表示日方愿同中方保持各层级对话沟通，在做好疫情防控的同时，积极推进人员往来，促进经贸投资合作，支持加快完成RCEP签署。④ 8月18日，中国驻日大使孔铉佑会见日本防卫大臣河野太郎，孔大使表示中方愿一如既往推动中日防务部门各层级对话，不断深化互信，构建建设性中日安全关系；河野表示日方愿继续同中方切实加强各层级防务交流合作，增进相互理解，妥善管控分歧，推动两国关系持续发展。⑤ 双方频繁互动和积

---

① 《日本执政两党干事长：举全国之力与中方共同抗击疫情》，中华人民共和国驻日大使馆，2020年2月7日，http：//www.china-embassy.or.jp/chn/sgxxs/t1741989.htm。

② 《中方愿与日方加强合作携手抗疫——访中国驻日本大使孔铉佑》，新华网，2020年2月23日，http：//www.xinhuanet.com/2020-02/23/c_1125614339.htm；《切实守护公民健康安全，努力推动中日携手抗疫——驻日本大使孔铉佑接受我驻日媒体联合书面采访》，中华人民共和国驻日大使馆，2020年2月23日，http：//www.china-embassy.or.jp/chn/sgxxs/t1748498.htm。

③ 《日本首相安倍晋三会见杨洁篪》，中华人民共和国驻日大使馆，http：//www.chinaembassy.or.jp/chn/rdt/t1751128.htm。

④ 《王毅同日本外相茂木敏充通电话》，中华人民共和国驻日大使馆，2020年7月29日，http：//www.china-embassy.or.jp/chn/zrgx/t1801996.htm。

⑤ 《驻日本大使孔铉佑会见日本防卫大臣河野太郎》中华人民共和国驻日大使馆，2020年8月18日，http：//www.china-embassy.or.jp/chn/sgxxs/t1807335.htm。

极合作结出硕果，2020年上半年中日经贸合作经受住了新冠肺炎疫情冲击的严峻考验，保持了2019年同期水平，颇为难得和不易。

二 新时代中国对日战略指针

习近平高度重视稳定和发展中日关系。2009年12月访日前夕，习近平接受媒体联合采访时就指出，中国政府始终从战略的高度和长远的角度，坚持奉行中日友好政策。① 中日关系因日本"购岛"恶化以来，中国政府保持了足够的克制，表示重视发展中日关系的方针没有变，愿意在中日四个政治文件确定的原则和精神基础上继续发展中日关系。② 党的十八大以来，习近平亲自运筹外交工作的顶层设计和战略谋划，指导确立起中国特色大国外交理论的基本框架，并主导推动中国国际战略的全面展开，从根本上回应了国际社会对中国与地区和世界关系走向的普遍关切。在此基础上，新时代中国对日战略观渐次成型，在指导对日外交实践中得以检验，为中日关系新时代的到来提供了思想指引。

习近平从稳定双边关系、维护地区和平稳定、共同维护开放型世界经济出发应对来自日本的挑战，既提出中日友好合作愿景，也为中日关系划清底线，推动确立"四点原则共识"，实现中日关系止跌止损。以此为基础，中国奉行坚持原则决不让步和留有余地灵活应对的立场，推动中日关系在遵守四个政治文件、恪守"四点原则共识"前提下的稳定与发展，在政治、经济、安全、人文交流、地区与全球等领域形成了新时代对日战略新指针。

在政治上，中国领导人强调遵守四个政治文件和恪守"四点原则共识"的前提性。2013年1月25日，习近平会见来访的日本公明党党首山口那津男时指出，中日四个政治文件是中日关系的压舱石，应

---

① 《习近平接受日韩驻京媒体联合采访》，《人民日报》2009年12月13日第1版。
② 《杨洁篪在十二届全国人大一次会议举行的记者会上 就中国外交政策和对外关系答中外记者问》，《人民日报》2013年3月10日第3版。

坚持遵守，在新形势下，我们要像两国老一辈领导人那样体现出国家责任、政治智慧和历史担当，推动中日关系克服困难、继续向前发展。① 2014年11月10日，习近平会见安倍时指出，中日关系出现严重困难的是非曲直是清楚的，双方就处理和改善中日关系发表"四点原则共识"，日本只有信守中日双边政治文件和"村山谈话"等历届政府作出的承诺，才能同亚洲邻国发展面向未来的友好关系。② 2017年7月9日，习近平在德国汉堡会见安倍时指出，中日邦交正常化以来，双方先后达成四个政治文件和"四点原则共识"，在涉及两国关系政治基础的重大问题上，不能打任何折扣，更不能有一丝倒退，只有这样，中日关系才能不偏离轨道，不放慢速度。③ 2018年5月4日，习近平应约同安倍通电话指出，双方要重温中日和平友好条约精神，恪守四个政治文件各项原则，落实"四点原则共识"，信守承诺，按规矩办事，管控好矛盾和分歧，确保中日关系重回正轨并得到新的发展。④

中日政治关系与历史认识密切相关，中国领导人强调，日本应以慎重态度严肃对待和妥善处理历史问题，认真记取历史教训，坚持走和平发展道路。牢记历史并不是要延续仇恨，而是要以史为鉴、面向未来。⑤ 2015年4月22日，习近平在印度尼西亚雅加达会见安倍时指出，历史问题是事关中日关系政治基础的重大原则问题，希望日方认真对待亚洲邻国的关切，对外发出正视历史的积极信息。⑥ 2018年9月12日，习近平在俄罗斯符拉迪沃斯托克会见安倍时强调，日方要妥善处理好历史、中国台湾等敏感问题，积极营造良好气氛。⑦

---

① 《习近平会见日本公明党党首山口那津男》，《人民日报》2013年1月26日第1版。
② 《习近平分别会见韩国总统、越南国家主席、文莱苏丹、马来西亚总理、巴布亚新几内亚总理和日本首相》，《人民日报》2014年11月11日第2版。
③ 《习近平会见日本首相安倍晋三》，《人民日报》2017年7月9日第2版。
④ 《习近平应约同日本首相安倍晋三通电话》，《人民日报》2018年5月5日第1版。
⑤ 习近平：《在纪念中国人民抗日战争暨世界反法西斯战争胜利69周年座谈会上的讲话》，《人民日报》2014年9月4日第2版。
⑥ 《习近平会见日本首相安倍晋三》，《人民日报》2015年4月23日第2版。
⑦ 《习近平会见日本首相安倍晋三》，《人民日报》2018年9月13日第1版。

第十一讲 化竞争为协调的新时代中日关系

习近平重视通过党际关系交流加强政治对话。2009 年 12 月 15 日，习近平在日本东京会见日本政党主要负责人，高度评价日本各党为推动中日关系发展做出的积极努力和贡献，强调政党交流是两国关系重要组成部分。① 2017 年 12 月 28 日，习近平会见出席中日执政党交流机制第七次会议的日方代表，积极评价中日执政党交流机制为推动双边关系发展所发挥的作用，希望双方加强党际交往，深化沟通合作，为中日关系改善发展发挥引领作用。② 与此同时，习近平重视地方政府之间的交流合作，认为加强地方政府交流合作，在政治上可以增强互信，在经济上是对战略互惠关系的重要补充。③

在中日关系重回正常轨道的基础上，中国领导人强调从战略高度认识和规划双边政治关系。2018 年 10 月 26 日，习近平会见来访的安倍时指出，双方要坚持和平友好大方向，持续深化互利合作，推动中日关系在重回正轨基础上得到新的发展，准确把握对方的发展和战略意图，切实贯彻践行"互为合作伙伴，互不构成威胁"的政治共识，加强正面互动，增进政治互信。④

管控好安全问题是实现中日关系稳定的重要基石。2013 年 1 月 25 日，习近平会见来访的山口那津男时指出，要保持中日关系长期健康稳定发展，必须着眼大局、把握方向，及时妥善处理好两国间存在的敏感问题，中方在钓鱼岛问题上的立场是一贯和明确的，日方应正视历史和现实，以实际行动，同中方共同努力，通过对话磋商找到妥善管控和解决问题的有效办法。⑤ 2016 年 9 月 5 日，习近平会见出席杭州 G20 领导人峰会的安倍时指出，中日双方应该根据"四点原则共识"精神，通过对话磋商加强沟通，妥善处理东海问题，共同维护东

---

① 《习近平会见日本政党主要负责人》，《人民日报》2009 年 12 月 16 日第 2 版。
② 《习近平会见出席中日执政党交流机制第七次会议的日方代表》，《人民日报》2017 年 12 月 29 日第 1 版。
③ 武心波、高梓菁：《新时代中国对日外交"新视角"——简评习近平"对日外交思想"》，《东北亚论坛》2018 年第 6 期。
④ 《习近平会见日本首相安倍晋三》，《人民日报》2018 年 10 月 27 日第 1 版。
⑤ 《习近平会见日本公明党党首山口那津男》，《人民日报》2013 年 1 月 26 日第 1 版。

海和平稳定。① 2018年10月26日，习近平在会见正式访华的安倍时指出，要开展更加积极的安全互动，构建建设性的双边安全关系，共同走和平发展道路，维护地区和平稳定；要重信守诺，按照中日四个政治文件和双方已达成的共识行事，建设性地处理矛盾分歧，维护好中日关系健康发展的政治基础。② 2019年8月20日，国务委员兼外交部部长王毅会见来访的日本外相河野太郎时强调，双方应加强风险防控，建设性处理矛盾分歧，为两国关系不断改善发展共同做出努力。③

中国领导人一贯重视中日民间交流，强调国之交在于民相亲。在中日关系处于紧张时刻，社会人文交流起到了关键性的稳定和推动作用，中日世代友好的基础性价值得到更大重视。2015年5月23日，习近平出席中日友好交流大会指出，只要中日两国人民真诚友好、以德为邻，就一定能实现世代友好，中日友好的根基在民间，中日关系前途掌握在两国人民手里，越是两国关系发展不顺时，越需要两国各界人士积极作为，越需要双方加强民间交流，为两国关系改善发展创造条件和环境。④ 2017年7月9日，习近平在德国汉堡会见安倍时指出，双方可以在文化、教育、媒体、地方、青少年等领域开展广泛交流，夯实两国关系社会和民意基础。⑤ 2019年6月26日，习近平给"熊猫杯"征文大赛获奖的日本青年复信指出，两国友好的根基在民间，两国人民友好的未来寄望于青年一代，希望中日两国青年加强交流互鉴、增进相互理解、发展长久友谊，为开创两国关系更加美好的明天做出积极贡献。⑥

经济是中日关系稳定与发展的重要压舱石，推动以共同体利益为

---

① 《习近平会见日本首相安倍晋三》，《人民日报》2016年9月6日第2版。
② 《习近平会见日本首相安倍晋三》，《人民日报》2018年10月27日第1版。
③ 《王毅会见日本外相河野太郎》，中国外交部网站，https://www.fmprc.gov.cn/web/wjbz_673089/xghd_673097/t1690256.shtml。
④ 《习近平出席中日友好交流大会并发表重要讲话》，《人民日报》2015年5月24日第1版。
⑤ 《习近平会见日本首相安倍晋三》，《人民日报》2017年7月9日第2版。
⑥ 《习近平给"熊猫杯"征文大赛获奖的日本青年复信》，《人民日报》2019年6月27日第1版。

第十一讲 化竞争为协调的新时代中日关系

基础、以共同发展为导向的中日经济合作体现了中国领导人的思想创新,与日方积极探讨在"一带一路"建设框架内的合作、推动第三方市场合作就是现实的硕果。2017年5月16日,习近平会见参加"一带一路"高峰论坛的自民党干事长二阶俊博时指出,中日两国在推进经济全球化、推进贸易自由化等方面有着共同利益。"一带一路"倡议可以成为中日两国实现互利合作、共同发展的新平台和"试验田",欢迎日方同中方探讨在"一带一路"建设框架内开展合作。① 2018年10月25—27日,安倍正式访华,中日签署多项合作备忘录,共同举办第一届中日第三方市场合作论坛,中日经济合作迎来新的里程碑。习近平在会见安倍时指出,中国改革正在不断深化,开放的大门将越开越大,这将为中国与包括日本在内的世界各国扩展合作提供更多机遇。中日要开展更加紧密的国际合作,拓展共同利益,推动区域经济一体化,共同应对全球性挑战,维护多边主义,坚持自由贸易,推动建设开放型世界经济。② 2018年11月30日,习近平在阿根廷布宜诺斯艾利斯会见安倍时指出,欢迎日方继续参与中国改革开放进程,共享中国发展新机遇,双方要充分发挥互补优势,拓展合作广度和深度。③ 2019年4月14日,中日举行第五次经济高层对话,王毅指出双方应继续以两国领导人重要共识为指引,把握中国实施高水平开放和高质量发展、日本寻求持续性经济增长的有利契机,共同努力构建符合新时代需要的中日经济关系。④

中日经济关系不仅仅关乎双方,还对地区和全球产生巨大的溢出效应。早在2011年7月4日,习近平主席会见日本外相松本刚明时就指出,两国在维护和促进亚洲乃至世界和平与发展方面肩负重要责任,在国际地区事务中存在广泛的共同利益。⑤ 2015年4月22日,习近平在

---

① 《习近平会见日本自民党干事长二阶俊博》,《人民日报》2017年5月17日第2版。
② 《习近平会见日本首相安倍晋三》,《人民日报》2018年10月27日第1版。
③ 《习近平会见日本首相安倍晋三》,《人民日报》2018年12月2日第2版。
④ 《中日举行第五次经济高层对话》,中国外交部网站,https://www.fmprc.gov.cn/web/wjbz_673089/xghd_673097/t1654243.shtml。
⑤ 《习近平会见日本外相松本刚明》,《人民日报》2011年7月5日第1版。

印尼雅加达会见安倍时指出,希望日本同中国一道沿着和平发展的道路走下去,共同为国际和地区和平、稳定、繁荣作出更大贡献,两国领导人要为此承担起应尽的责任。① 2018年9月12日,习近平在俄罗斯符拉迪沃斯托克会见安倍时指出,中日双方应共同推进区域一体化进程,建设和平、稳定、繁荣的亚洲,双方要坚定维护多边主义,维护自由贸易体制和世界贸易组织规则,推动建设开放型世界经济。②

在中日关系重回正常轨道之际,如何在回到原点、不忘初心、重温诺言、与时俱进的基础上重塑中日关系,③ 成为中国领导人密切关注的重大外交议题。2019年6月27日,习近平在日本大阪会见安倍时指出,中日在政治上要始终恪守中日四个政治文件确立的各项原则,践行中日"互为合作伙伴、互不构成威胁"的政治共识,增进互信,推动中日关系始终沿着和平、友好、合作的正确轨道持续向前发展;经济上要深化经贸、投资、第三方市场、科技创新等广泛领域合作,打造新的合作增长点,积极引领区域经济一体化;人文交流上要拉紧人文纽带,加强两国青少年交流,促进两国民众相知相亲;安全上要通过对话协商建设性管控矛盾分歧,加强外交和安全领域对话,构建建设性双边安全关系;在领土与历史问题上希望日方恪守迄今共识和承诺,妥善处理好历史等敏感问题,共同维护东海和平稳定。④ 这一系统表述是应对中日紧张关系的经验总结,也被视为指导新时代中日关系的重要指针。

三 安倍治下的日本对华战略取向

2012年12月安倍第二次上台执政之际,日本面对经济不景气、人口老龄化、国民悲观情绪充斥、政治右倾化加剧的国内情势,面对发展中大国群体崛起、亚洲和全球格局加速转变的国际情势,承受着

---

① 《习近平会见日本首相安倍晋三》,《人民日报》2015年4月23日第2版。
② 《习近平会见日本首相安倍晋三》,《人民日报》2018年9月13日第1版。
③ 《王毅会见日本自民党干事长二阶俊博》,中国外交部网站,https://www.fmprc.gov.cn/web/wjbz673089/xghd_673097/t1589984.shtml。
④ 《习近平会见日本首相安倍晋三》,《人民日报》2019年6月28日第1版。

第十一讲 化竞争为协调的新时代中日关系

发展困境和外交困局的双重压力,前景充满变数。安倍对内推动政治经济社会改革,对外实行战略性外交,形成了富有特色的大战略框架。其主要路径是,以提升日本大国地位为核心目标,将其途径从侧重于经济转向政治、安全层面,在巩固美日同盟的同时,致力于摆脱战后体制的约束,积极推动修改宪法,谋求军队合法化和解禁集体自卫权,实现海外派兵,在地区秩序建构上扮演更独立的角色。因此,安倍在国内推动以修宪为核心指向的政治改革,加快政治右倾化进程,致力于摆脱战后体制,与此同时启动"安倍经济学",致力于通过经济刺激政策摆脱多年的经济低迷。日本所谋求的大国地位面临理论上要摆脱日美同盟,现实中要强化日美同盟的逻辑悖论。对此,日本的化解之道是通过两重置换实现的:首先,将双边层面中的"美主日从"关系置换为世界范围内的"美主日辅"关系,实现日美关系从"依附型"到"合谋型"的转换;其次,从摆脱日美同盟置换成行使集体自卫权,以配合美国在地区乃至全球的战略布局为路径,发挥更大的战略作用。[1] 这一路径决定了,中国必然是日本竞争和斗争的对象。安倍利用美国战略东移和"中国威胁论"在日本泛滥的双重机遇,强化美日同盟,与美国刻意进行战略协调,着力推动中美战略竞争,并在中国周边寻求合谋者,利用中国尚未全面崛起的空档攫取关键性利益的意图昭然。[2] 有鉴于此,安倍在国际上大力推动战略性外交,先后提出积极和平主义,俯瞰地球仪外交、自由开放的印太战略、主张型外交等名目,与澳大利亚、法国、英国等多国建立"外交与安全磋商机制(2+2)",以凸显日本在国际政治舞台的地位和影响。[3] 与此相关,在国际安全事务上,日本不满足于对其地区利益进行防御性维护,而是期望扩大在南海的安全利益,积极发展与越南、澳大利亚、印度等的安全合作关系、提出构建亚太"民主安全菱

---

[1] 蔡亮:《安倍解禁集体自卫权的战略意图、路径及对中日关系的影响》,《东北亚论坛》2014年第6期。
[2] 门洪华:《日本变局与中日关系的走向》,《世界经济与政治》2016年第1期。
[3] 王珊、孟晓旭:《安倍执政后期日本政治走势与中日关系》,《现代国际关系》2019年第2期。

形"构想,这不仅是对日美同盟的补充和强化,更蕴含着未来摆脱对美安全依赖、实现自主防卫、构建日本主导下的安全合作网络的意图。① 在国际经济层面,日本大力推行和升级其FTA战略,在美国退出跨太平洋伙伴关系协定(TPP)之际,毅然抓住机会主导达成全面与进步跨太平洋伙伴关系协定(CPTPP)框架协议,并推动与欧盟签署日欧经济伙伴关系协定,使日本对外贸易的FTA覆盖率达到70%;日本与欧盟联手推出WTO改革方案,渐显执世界贸易牛耳之势。② 纵观安倍外交的演变轨迹,摆脱战后体制、与中国战略进行博弈的意图颇为明显。进入2018年,在特朗普单边主义冲击和中美开始战略竞争的态势下,安倍调整单方面倚重美日同盟的外交格局,适度在中美日三边之间推动某种新平衡,推动形成日美同盟与日中协调并存的新格局。因此,日本在安全议题上继续配合美国战略布局的同时,提出"新时代公正规则的制定者和领导者"的新定位,③ 致力于在国际贸易领域发挥引领作用,推动中日经济关系化竞争为协调。

上述安倍大战略演变的轨迹表明,中国在日本外交的战略地位颇为凸显。安倍政权延续了既有的"接触"与"防范"并重的日本对华战略框架,④ 并呈现出从降低"接触"、加大"防范"、加剧"对冲"到密切"接触"、保持"防范"的演变,尽管对华积极性和建设性有所提高,但经济上深化接触、安全上实施防范仍将是安倍对华战略的基本底色。我们认为,安倍治下的日本对华战略基本趋向是:

第一,承认中国重要,在推动对华关系改善的同时,对中国采取"两面下注"的策略。中日目前形成东亚两强局面,"一山二虎论"

---

① 包霞琴、黄贝:《日本南海政策中的"对冲战略"及其评估——以安倍内阁的对话政策为视角》,《日本学刊》2017年第3期。
② 张玉来:《全球价值链重塑与东亚——中日合作的空间与潜力》,《东北亚论坛》2019年第3期。
③ 日本内阁府网站「安倍内阁总理大臣年头记者会见」,http://www.kantei.go.jp/JP/98_ABE/STATEMENT/2019/0104KAIKEN.HTML。
④ 吴怀中:《日本对华大战略简析——以"接触"与"防范"为核心概念》,《日本学刊》2012年第5期。

第十一讲 化竞争为协调的新时代中日关系

持续发酵，堪称世界上最为复杂的双边关系之一。中日关系既高度相互依赖，又在诸多领域竞争加深。在经济和贸易领域，双方相互依赖不断加深，互利共赢的基础雄厚，经贸合作的深化给两国企业和国民带来了实实在在的利益。中日之间缔结了300对以上友好城市，两国人员往来年均数百万之多，各层次往来频繁。然而，在政治和安全领域，中日彼此存在根深蒂固的不信任，钓鱼岛问题和东海争端固化了政治争端。中日之间存在着复杂而深刻的历史和现实冲突点、爆发点，历史纠葛、领土争议、经济竞争、战略分歧、利益冲突、尊严挑战等层层叠加。① 有鉴于此，"中国威胁论"在日本颇有市场，制衡中国崛起是自然而然的战略趋向，而防范和牵制更是日本常规的安全策略选择。② 例如，近年来日本在东南亚大力推行价值观外交，体现出针对中国的安全战略考量。③ 另外，日本视中日关系为最重要的双边关系之一，④ 将中国崛起视为深化中日合作的机会，安倍一直隔空喊话声称战略互惠关系是两国之利，宣称"中国和平发展是巨大机遇"，需求从中国和平发展中谋取更大利益。在经历遏制中国崛起未果、美国特朗普单边主义肆虐之后，日本着重调整对华战略布局，强调对华关系改善的必要性，力促实现两国首脑会晤，选择在一定条件下接受"一带一路"倡议，为日本经济界创造机会。⑤

第二，利用美日同盟，加强与东南亚所涉国家的关系，与中国继续东亚竞争，并致力于打造孤立中国的地区海洋秩序。日本深刻认识到，单单依靠自身力量无法制衡中国，必须与美国联手同中国打交

---

① 肖晞：《日本的战略趋向与中国的应对》，《国际观察》2014年第2期。
② 王栋：《国际关系中的对冲行为研究——以亚太国家为例》，《世界经济与政治》2018年第10期。
③ 邱静：《两次安倍内阁的"价值观外交"》，《外交评论》2014年第3期；[英]克里斯托弗·休斯：《"怨恨的现实主义"与日本制衡中国崛起》，张晨译，《国际政治科学》2016年第4期；王金辉、周永生：《简析安倍政府国际秩序构想及实质》，《日本学刊》2017年第3期。
④ 日本武田药业株式会社董事长、日本经济同友会前会长长谷川闲史（Yasuchika Hasegawa），访谈时间：2019年4月11日上午，日本东京。
⑤ [日]川岛真：《中日关系走向与世界秩序的变迁》，《东北亚论坛》2019年第2期。

道，故而以强化日美同盟为战略支点，意图借势强化日美军事合作，并拉美国入局共同制衡中国。日本认为印度、澳大利亚、越南等中国周边国家有类似想法，积极拉拢这些周边国家为战略依托，并促成以日美同盟为核心制衡中国态势的松散联盟，以南海利益为抓手，与中国在东南亚开展新竞争。2013 年伊始，安倍及其内阁成员就纷纷出访东南亚各国，展开所谓的战略性外交，意在制衡中国。① 在东海局势持续紧张的同时，日本又在南海问题上与美国联手参与所谓"南海仲裁案"，企图借菲律宾之手打压中国。日本还与其他国家在中国周边频繁地进行各种联合军演，如日美联合军演、日美韩联合军演、日美印联合军演等。② 安倍渲染中国在南海的"扩张"和对地区稳定带来的"威胁"，挑拨东南亚国家与中国之间的关系推动扩大与东南亚国家在海洋安全问题上的合作。③ 与此同时，安倍推行"俯瞰地球仪外交"，推行包含制衡中国意图的"积极和平主义"。日本的地缘战略思维以遏制中国在东亚大陆、西太平洋、印度洋的影响力为出发点，不断提高与印度、澳大利亚、东南亚和南亚各国的合作水平，强调各国都要遵守自由、开放、规则的国际海洋秩序，将自身定位为"海洋法治"的捍卫者，④ 力图以此为基础谋求日本的战略自主权。特朗普上台之后调整美国的东亚战略、退出 TPP，"一位难以理解同盟国重要性的美国总统的出现，对日本无疑是一种巨大打击"。⑤ 随后，日本淡化其"借船出海"战略，在与俄罗斯、欧盟、中国的关系上刻意拉开与美国的距离，并积极主动改善对华关系，⑥ 甚至在国

---

① 刘江永：《安倍再度执政后的中日关系展望》，《东北亚论坛》2013 年第 2 期。
② 武寅：《论中日新型国家关系：形成背景、基本特点与核心理念》，《日本学刊》2018 年第 4 期。
③ 包霞琴、黄贝：《浅析安倍内阁的东南亚安全外交》，《国际观察》2014 年第 6 期。
④ 郑义炜：《日本"印太战略"评析——战略不利地位的恐惧与对华遏制偏执》，《世界经济与政治论坛》2018 年第 6 期；张继业：《日本海上通道安保政策的强化及其影响》，《国际问题研究》2018 年第 6 期。
⑤ ［日］松田康博：《如何解读安倍政府的安保政策》，张瑞婷译，《亚太安全与海洋研究》2020 年第 1 期。
⑥ 樊小菊：《应对中日关系的新形势与老问题——实现中日关系"完全正常化"的思考》，《现代国际关系》2018 年第 10 期。

际贸易领域出现"联华御美"的迹象。① 但这些变化并不表明安倍政权放弃了与中国竞争东亚的目标,巩固美日同盟、强化东亚影响力仍是其不变的战略倾向。

第三,保持双轨并行思路,在逐步淡化政经分离的战略取向同时,推行安全与经济分离的新思路。日本长期推行政经分离的对华策略,但在中国崛起的强力冲击之下,"中国威胁论"在日本泛滥成灾,"中国机遇论"被迫褪色,日本对华制衡战略延伸到经济领域,导致双边贸易额下降、日本对华投资下降,呈现出政冷经凉的局面,双边经济关系未能发挥压舱石作用。有鉴于此,安倍调整对华战略,逐步演化出政治上改善中日关系、经济上深化合作协调、安全上保持防范牵制的新思路。经济与安全的分离趋势在中日关系中日渐显现,这必然使得中日关系的结构性紧张态势难以消弭。② 尤其是美国对华恶性竞争加剧之际,中日关系必然承受较大冲击,其抗压性受到重大挑战。

四 新时代中日关系的基础、困境与挑战

中日关系堪称世界上最具复合性的双边关系,其互动不仅关乎彼此,而且对东亚和全球都有着重要影响。③ 历史遗产、领土争端、战略不信任的存在导致了两国之间的复合安全困境,大国关系的动荡影响着中日关系的前景;而紧密的经济合作、共同面对的世界变局表明双方存在着相互依赖。当前,中日关系向好,两国相互期待,但结构性问题依然存在,战略互信仍然缺乏,两国关系未来仍具不稳定性和不确定性的特征。有鉴于此,全面梳理中日关系发展的基础条件,理

---

① 王竞超:《中日第三方市场合作:日本的考量与阻力》,《国际问题研究》2019年第3期。
② 朱锋:《中日相互认知的现状、问题与对策——兼议中日关系的未来发展》,《日本学刊》2018年第1期;时殷弘:《中国的东北亚难题:中日、中韩和中朝关系的战略安全形势》,《国际安全研究》2018年第1期。
③ 门洪华:《构筑中日共同利益的战略框架》,《教学与研究》2007年第10期。

性剖析其面临的困境与挑战，才能做到有针对性的思考和应对，为筑牢战略互惠的根基，实现化竞争为协调的目标提供认识基础。

中日对和平发展道路的秉持是两国关系稳定发展的关键前提。第二次世界大战结束以来，日本走上和平发展道路，和平主义被视为其在国际社会发挥建设性作用的底色。中国和平发展道路的选择在一定程度上消弭了"中国威胁论"在日本的全面扩散，习近平新时代中国特色社会主义思想对中国发展前景和路径的阐述巩固了日本对中国和平发展道路的信心，正如日本前首相福田康夫（Yasuo Fukuda）2019年4月12日接受笔者访谈时指出的，习近平总书记在党的十九大报告中强调中国不搞霸权和构建人类命运共同体，表明中国不单单考虑自己，而是寻求与其他国家共同发展，走国际协调路线。① 在此基础上，尽管中日关系波折不断，但都没有超出"斗而不破"的底线，其中仍蕴藏着推动中日关系低谷转圜的内在条件与可能，两国在处理自身利益与双边关系矛盾时不失理性和正面的选择，② 而"中国机遇论"也一直发挥着重要的引领作用。

邦交正常化以来的中日四个政治文件既是双边关系的基础，也是未来双边关系稳定发展的根本政治条件。1972年的《中日联合声明》标志着中日关系正常化，解决了中日关系中的诸多敏感问题；1978年的《中日和平友好条约》标志着中日关系由普通的国家关系上升为友好国家关系的层次，"共同反霸"条款界定了中日关系的战略性；1998年的《中日关于建立致力于和平与发展的友好合作伙伴关系的联合宣言》全面总结了两国国家交往中的经验教训，提出了中日关系发展的新方向；2008年的《中日关于全面推进战略互惠关系的联合声明》对中日关系的发展进行了明确具体的规划，强调全面推进中日战略互惠关系，提出了"互为合作伙伴，互不构成威胁"的互信基础。中国一直强调上述四个政治文件凝聚了中日两国的政治共

---

① 日本前首相福田康夫，访谈时间：2019年4月12日下午，日本东京。
② 武寅：《论中日新型国家关系：形成背景、基本特点与核心理念》，《日本学刊》2018年第4期。

第十一讲 化竞争为协调的新时代中日关系

识,"是双边关系健康发展必须牢牢坚持的指针和遵循"。① 2014年11月双方达成的"四点原则共识"载明,双方确认遵守中日四个政治文件的各项原则和精神,继续发展中日战略互惠关系。安倍本人对与中国合作比较积极,中国上述观点得到安倍的建设性回应。②

密不可分的经济联系对中日关系稳定发展起着决定性作用。③ 中国改革开放以来,日本一直把中国作为重要的经济合作对象,视中国为日本的发展机会。日本经济研究中心亚洲部主任研究员北原基彦（Mitohiko Kitahara）认为,日本一直在经济上秉持"中国机遇论":1978—2000年,日本视中国为"世界工厂",投资中国;2000—2018年视中国为"世界市场",积极出口中国,并扩大产品在中国的生产和销售;现在视中国为"世界银行",扩大中日合作的领域,把中日的利益追求从中国大陆走向世界,尤其是开展"一带一路"上的合作。④ 日本经济同友会前会长、日本武田药业株式会社董事长长谷川闲史（Yasuchika Hasegawa）强调,尽管中日之间仍存在争议,但双边经济的相互补充作用依然很强。⑤ 中日经济早已形成"你中有我、我中有你"的格局,近年来中日经贸和投资合作均呈稳步增长态势,目前日本是中国第四大贸易伙伴,中国是日本第二大贸易伙伴（仅次于美国）、第一大出口目的国,日本是唯一对华直接投资总额超过千亿美元的国家,中国继续作为日本企业海外投资的第一意愿国,而中国对日直接投资发展潜力巨大。2020年上半年,新冠疫情肆虐,全球经济受挫,国际经济联系深受影响,但中日经贸合作保持了与去年同期水平,从中看见中日经济合作基础之牢固。当前,中国正在深化

---

① 《在纪念中日和平友好条约缔结四十周年招待会上的演讲》,《人民日报》2018年5月12日第2版。
② 东洋学园大学朱建荣教授,访谈时间:2019年4月12日下午,日本东京。
③ 外交部亚洲司参赞、前驻日本使馆公使衔参赞薛剑,访谈时间:2019年3月3日,中国北京。
④ 日本经济研究中心亚洲部主任研究员北原基彦,访谈时间:2019年4月12日上午,东京。
⑤ 日本武田药业株式会社董事长、日本经济同友会前会长长谷川闲史,访谈时间:2019年4月11日上午。

经济结构改革，致力于满足人民日益增长的美好生活需求，日本产品能够很好地满足中国人民的需要，[1] 日本在节能环保、医疗养老等构成中国经济发展瓶颈制约的领域处于领先地位，[2] 中国期待推动上述领域的双边合作，同时双方在乡村建设、现代农业、食品安全等领域的合作空间也非常广阔。就像李克强总理指出的，中国是一个巨大的世界性市场，欢迎日本企业抓住中国新一轮对外开放的契机，来中国投资兴业。[3]

双方在国际领域的合作同样广阔，第三方市场合作就是显征。开展第三方市场合作标志着日本在较大程度上认可了"一带一路"倡议引领的区域合作新模式，有利于两国关系健康稳定发展。[4] 在日本专家看来，"一带一路"是一个天才的发明和伟大的创意，[5] 在第三方市场运用两国互补关系取得成果是中日经济伙伴关系发展的新阶段。[6] 与此同时，在塑造新型全球化、应对地区合作加速调整的进程中，中日在地区一体化机制建设中的合作受到对方和其他参与方的普遍期待，无论是中国加入日本主导的"全面与进步跨太平洋伙伴关系协定"（CPTPP）还是日本参加中国引领的亚投行，以及两国都已参与其中的"区域全面经济伙伴关系"（RCEP）谈判和中日韩FTA谈判，两国均感受到合作推进的动力与前景。随着日本经济复兴及其国际经济布局的强势展开，[7] 中日两国在维护多边主义和自由贸易上的共同利益增加，

---

[1] 日本外务省亚太局审议官石川浩司（Hiroshi Ishikawa），访谈时间：2019年4月10日上午，东京。

[2] 吴寄南：《保持高度战略定力 推进中日关系转圜》，《现代日本经济》2018年第5期。

[3] 《李克强与日本首相安倍晋三共同出席首届中日第三方市场合作论坛并致辞》，《人民日报》2018年10月27日第2版。

[4] 王竞超：《中日第三方市场合作：日本的考量与阻力》，《国际问题研究》2019年第3期。

[5] 东京大学公共政策大学院院长高原明生（Akio Takahara）教授，访谈时间：2019年4月10日下午。

[6] 《世界经济秩序的确立与新型创新的推动：日中合作新方向》，日中经济学会，2018年9月。

[7] 复旦大学国际问题研究院：《中日关系2018：回归常轨 踯躅前行》，2019年2月，第14页。

第十一讲 化竞争为协调的新时代中日关系

在信息产业、生命科学等世界前沿领域展现出更多携手开拓的机会。

与此同时，中日之间依旧存在着不容回避的结构性矛盾、安全困境和战略互信的缺失，严峻的挑战并未伴随着中日关系转暖而消失。可以说，潜在的历史问题、现实的利益冲突和未来战略对冲因素相互交织，① 挑战和考验并未远离中日关系。中日之间最大的困境来自安全领域，这是日本民众关注的核心问题。② 安全问题直接来自领土领海争端，即钓鱼岛归属问题和东海划界问题。中国人民解放军和日本自卫队的直接对峙是此前未曾出现过的，③ 对中日关系的影响将是长期而显在的。领土领海争端又与历史认识问题、台湾问题联系在一起，实现两国的沟通、控制局势并把关系稳定下来极其不易，④ 遑论回到战略互惠关系的原点进而实现发展。日本 2019 年版《防卫白皮书》明确把中国定义为日本面临的最大威胁，表明中日关系中的结构性制约依旧顽固，日本政府在国家安全、地缘战略等诸多问题上的对华排斥依旧在继续。它深刻表明，当前中日关系是否能够持续改善，最重要的还是能否管控好安全领域问题，必须确保其不会出现反复。与此同时，中日之间的安全困境不仅与领土领海争端联系在一起，还体现为日本对中国崛起的强烈戒备和疑虑。日本继续推动与中国在东亚事务上的主导权之争，在强化美日同盟的同时，热衷拉拢印度、澳大利亚、越南等国加强安全合作以牵制中国，渲染炒作南海议题，热衷于推动海洋上的与华对抗态势。因此，尽管中日海上联络机制和东海共同开发的对话业已开启，但海洋上的紧张状态仍在持续。⑤ 或如时殷弘所指出的，在双边关系的改善同时依旧存在战略、军事上的竞争与对峙，中日关系的结构性紧张态势将长期存在。⑥ 如何确保不因

---

① 门洪华：《日本变局与中国关系的走向》，《世界政治与经济》2016 年第 1 期。
② 东京大学公共政策大学院院长高原明生教授，访谈时间：2019 年 4 月 10 日下午。
③ 日本前驻华大使、宫本亚洲研究所代表宫本雄二（Yuji Miyamoto），访谈时间：2019 年 4 月 11 日下午。
④ 日本外务省亚太局审议官石川浩司，访谈时间：2019 年 4 月 10 日上午。
⑤ [日]川岛真：《中日关系走向与世界秩序的变迁》，《东北亚论坛》2019 年第 2 期。
⑥ 时殷弘：《中国的东北难题：中日、中韩和中朝关系的战略安全形势》，《国际安全研究》2018 年第 1 期。

局部矛盾激化冲击双边关系的整体，实现行稳致远和可持续发展，是中日关系的关键所在。

信任问题仍是中日合作的主要障碍。① 我们期望，务实合作、民间交往能使两国之间的相互认知更为深入、战略预期更为准确，从而帮助减少乃至消除两国之间互信的缺乏。② 但现实在于，中日关系虽在改善，但两国之间的误解和不了解太多了，③ 当前日本民众的心态还未真正转过来，尽管理性上希望发展与中国的关系，但感情上仍然不愿意接受中国，他们对来自中国威胁的感受超过了我们的想象。④ 由于媒体的宣传，日本民众眼中看到的是骄傲的中国、可怕的中国、看不起日本的中国。⑤ 安倍的对华外交正是在这种"虽然不喜欢中国，但是中日关系很重要"的国内舆论基础上展开的。⑥ 日本民众对中国印象不好或相对不好的比例依旧较高，其主流民意存在的对华消极看法依旧普遍存在。⑦ 中日世代友好的民意基础不稳，是双边关系面临最为棘手的挑战。

不可否认的是，美国对中日关系向好的挑战必然是严峻的。作为域外大国，美国操控亚太局势、干扰中日关系的意愿强烈。美日同盟一方面是日本的重要战略依靠，另一方面也是对日本战略自主性的重大牵制。日美同盟框架为日本的对外政治和安全政策设定了明显的边界和方向，⑧ 对中日关系改善的进度和幅度有着重大的影响。日本当

---

① 日本武田药业株式会社董事长、日本经济同友会前会长长谷川闲史，访谈时间：2019年4月11日上午。
② 杨伯江：《构建中日新型国家关系：双轮驱动下的合作共赢》，《世界政治与经济》2016年第9期。
③ 日本前驻华大使、宫本亚洲研究所代表宫本雄二，访谈时间：2019年4月11日下午。
④ 日本东洋学园大学朱建荣教授，访谈时间：2019年4月12日下午。
⑤ 日本前驻华大使、宫本亚洲研究所代表宫本雄二，访谈时间：2019年4月11日下午。
⑥ ［日］川岛真：《中日关系走向与世界秩序的变迁》，《东北亚论坛》2019年第2期。
⑦ 宁曙光：《从中日关系舆论调查结果看如何加强对日民众工作——基于日本精英和公众对华认知差异的分析》，《对外传播》2018年第12期。
⑧ 刘洪宇、吴兵：《两面下注：新形势下日本对华政策的变化》，《战略决策研究》2019年第1期。

然希望在中美之间左右逢源，但在现实中却难躲左右为难的境地。当前，美国在经济上对日本在经贸政策上施压，推进单边主义和保护主义，客观上赋予中日联合抗击美国压力的共同利益。中美关系的境况对发展中日关系是契机，中美关系紧张让中国周边国家和地区松了一口气，中国和周边国家的关系都有所缓和。① 与此同时，日本也需要拓展回旋空间，增加对美交涉筹码，改善对华关系、深化中日合作无疑是日本的明智选择，日本政府积极推进与中国的第三方市场合作，以此表明在事关国家重大利益的问题上不再惟美国马首是瞻。但在特朗普加紧推进中美战略竞争的背景下，日本单独改善对华关系的阻力甚大。福田康夫指出，中美贸易摩擦令日本不安，世界经济第一大国与第二大国处理好关系，作为邻国的日本处境会比较好，② 可谓一语道破日本处境。进入2020年，中美之间战略竞争加剧，双边关系波折不断，给中日关系发展带来了新的敏感性因素，如何筑牢中日战略互惠关系成为必须深入探讨的重大议题。

五　筑牢中日战略互惠关系的思考

2018年以来，中日关系重回正常轨道、重现积极势头。经过几年的外交折冲和会晤接触，两国领导人在发展中日战略关系上达成共识，强调两国遵守四个政治文件确立的原则，坚持和平友好大方向，落实互为合作伙伴、互不构成威胁的共识，持续深化互利合作，推动双边关系新发展。面向未来，日本提出化竞争为协调的新时代中日关系定位，中国提出了"构建更加成熟稳健、务实进取的中日关系"的构想。③ 但客观而言，在两国关系总体转暖的同时，原本存在的老问题并未得到根本解决，合作与竞争并行是当前中日关系的主要特

---

① 东京大学松田康博（Yasuhiro Matsuda）教授，访谈时间：2019年3月3日，北京。
② 日本前首相福田康夫，访谈时间：2019年4月12日下午。
③ 《王毅会见日本外相河野太郎》，中国外交部网站，https://www.fmprc.gov.cn/web/wjbz_673089/xghd_673097/t1607481.shtml。

征。① 如何结成牢固的战略互惠关系，仍是面临双方面临的核心难题。

在此背景之下，中日双方均强调双方高层保持密切沟通的重要性，而签署中日第五个政治文件成为日本各界探讨的重要议题，中国各界对此也颇为关注。日本外务省亚太局审议官石川浩司（Hiroshi Ishikawa）接受笔者访谈时明确提出，盼望两国形成一个新的建设性文件。② 日本国际协力机构（Japan International Cooperation Agency）理事长北冈伸一（Shinichi Kitaoka）指出，中日双方应当签署第五个政治文件并赋予其更大意义，"它可以对未来发挥很大作用。"③ 2017年5月17日，从北京"一带一路"国际合作高峰论坛回国的日本自民党干事长二阶俊博在接受《每日新闻》采访时表示，"提升中日两国新关系的第五个政治文件问世的时机即将到来，……从现在开始准备中日第五个政治文件一点也不为时尚早"。④ 他认为，中日第五个政治文件应明确中日关系新时代的内容，表达对自由贸易和多边主义的支持，并载明深化第三方市场合作的考虑和设计。中国社科院张蕴岭研究员指出，"有关中日发表第五个政治文件……如果要发表，离不开两条：一是和平与友好，二是面向未来的战略协同与合作"。⑤ 笔者认为，中日之间探讨和签署第五个政治文件的时机正在到来，值得深入研究。中日第五个政治文件既是对前四个政治文件的继承，更应是四个政治文件的创新性发展，体现中日双方在新时代的战略思考，展现同时面临重大战略机遇与挑战的中日两国新时代的未来诉求与战略导向，体现推进人类命运共同体在两国之间、东亚、亚太乃至全球的实现形式。以下，笔者将以未来中日第五个政治文件的探讨为统领，深入剖析中日如何在政治、经济、安全、人文交流、国际事务等五个领域化竞争为协调，实现双边关系的稳定发展，进一步筑牢中

---

① 姜跃春：《世界经济新变局与中日合作新空间》，《日本问题研究》2019年第1期。
② 日本外务省亚太局审议官石川浩司，访谈时间：2019年4月10日上午。
③ ［日］北冈伸一：《世界变局下的日中关系》，《日本学刊》2019年第4期。
④ 《安倍致习主席亲笔信：希望在"一带一路"倡议上加深合作》，参见http://news.youth.cn/jsxw/201705/t20170518_9803512.htm。
⑤ 张蕴岭：《新时代的中国与日本相处之道》，《世界知识》2020年第6期。

第十一讲　化竞争为协调的新时代中日关系

日战略互惠关系的根基。

第一，在政治和外交领域，两国坚决落实互为合作伙伴、互不构成威胁的共识，在培育战略信任上各尽其责，为结成牢固而互惠的合作关系而努力。首先，要重申坚持四个政治文件所确立的各项原则，明确为双边关系健康发展必须牢牢坚持的指针和遵循，坚持中日友好合作的初心；其次，要深入落实两国互不构成威胁的共识，加强互为合作伙伴的战略意识。为此，双方必须全面稳定中日关系，为共同强化合作关系做出努力。长谷川闲史认为："不动员所有领域、因素，维持和发展中日关系，就容易使双方关系倒退、对立，中日之间要确立这样的底线认识：作为友好邻邦，通过共同努力，我们能够比冲突情景下所得更多。"① 与此同时，在世界面临百年未有之大变局之际，应思考和研究双方利益汇合点，建立基于双边、面向地区和全球的共同利益合作框架，并通过追求共同利益实现中日关系的持续发展。② 当然，战略信任的培育需要时日，我们要冷静认识到，中日之间的认知差异和争议客观存在，我们不需要回避，而更需要的是直接面对和采取建设性应对措施，从大局出发处理好、管控好两国间悬而未决的敏感问题和矛盾分歧，推动两国关系沿着正确轨道不断向前发展。③ 最后，建立和完善中日领导人定期互访机制，并以此为核心推进双边多层级、多领域对话协调机制建设，形成多层次推进中日关系稳定发展的局面。

第二，在经济领域，要推动国家发展战略和国际经济战略协调，深化务实合作，牢牢把握合作双赢这条主线，实现中日经济关系的升级发展。经济合作是中日关系的压舱石和推进器，中日两国产业结构互补性很强，应抓住两国进行产业升级和经济结构改革的机遇，加强双边发展战略协调，积极吸收对方投资，扩大相互投资，深化经济相

---

① 日本武田药业株式会社董事长、日本经济同友会前会长长谷川闲史，访谈时间：2019年4月11日上午。
② 门洪华：《构筑中日共同利益的战略框架》，《教学与研究》2007年第10期；[日] 川岛真：《中日关系走向与世界秩序的变迁》，《东北亚论坛》2019年第2期。
③ 程永华：《中日关系将迎重要里程碑》，《北京日报》2020年1月15日第16版。

互依赖。与此同时，第三方市场合作是深化互利合作的试验田和新平台，创新及新兴产业合作是扩大互利合作的新动能。① 中日双方要抓住良好契机，深入拓展第三方市场、金融、创新、奥运经济等领域的互利合作。当前，"一带一路"建设和第三方市场合作是中日国际经济战略协调和扩大对外合作的新焦点，两国可以充分发挥各自的比较优势，深化在基础设施建设、物流、节能环保、金融等领域的合作，积极化竞争为协调，避免恶性竞争，联袂开拓东南亚、非洲、中亚乃至欧洲等区域的第三方市场，为"一带一路"沿线国家提供物美价廉的公共产品。② 与此同时，双方还可以在高新技术开发与应用方面展开合作，充分发挥日本擅长发明新技术和开发新产品、中国资金雄厚和擅长拓展市场的各自优势，③ 致力于构建新工业革命伙伴关系，推动双边关系发展。④

第三，在安全领域，双方要对领土争端善加管控，防止出现恶性冲突，同时重申《中日和平友好条约》的反霸条款，在此基础上妥善应对两国存在的安全困境。进入21世纪以来，历史认识、领土领海争端等问题严重制约了中日关系的整体发展。日本前驻华大使宫本雄二（Yuji Miyamoto）指出，中日在安全保障方面关系紧张，但这不应该影响双边关系，在处理具体问题时必须有大格局，大的目标绝对不能动摇，这样领土问题的处理就会容易。⑤ 这一观点颇为务实，值得赞赏。笔者认为，必须要适当管控安保分歧，防止相关争端冲击并导致双边关系的全面倒退。为此，双方应加强危机管理机制、沟通与互信机制的建设，如尽快将防务部门的对话提升到副部长级别、适时重启舰队互访和防长互访，加强相互了解，及时管控和妥善解决两国存在的分

---

① 宁吉喆：《加强交流合作　促进中日经贸关系长期健康平稳发展》，《宏观经济管理》2018年第12期。
② 张季风：《全球变局下的中日经济关系新趋势》，《东北亚论坛》2019年第4期。
③ 日本武田药业株式会社董事长、日本经济同友会前会长长谷川闲史，访谈时间：2019年4月11日上午。
④ 陆忠伟：《协调与合作并举，中日关系方能行稳致远》，《解放日报》2018年11月20日第8版。
⑤ 日本前驻华大使、宫本亚洲研究所代表宫本雄二，2019年4月11日下午。

歧矛盾。① 与此同时，我们认为，共同反对霸权主义对中日双方而言，既是延续战略协调的方式，也是加强战略互信的路径，建议双方重申"任何一方都不应在亚洲和太平洋地区或其他任何地区谋求霸权，并反对任何其他国家或国家集团建立这种霸权的努力"的条款，致力于共同维护地区安全与稳定。此外，双方亦可在打击海盗、抗灾救灾等非传统安全领域加强合作，积累战略协调的经验，培育战略信任。

第四，在人文交流领域，两国要合力推进民间互动，深化人文交流，加深相互理解，夯实两国战略互惠关系的社会基础。近来在抗击新冠病毒疫情上的合作推进了中日民间交流互动，积极改善日本民众对华负面认知。习近平主席正式访问日本，必将深化中日人文交流。我们建议，习近平主席走到日本民众中去，与普通民众的直接交流会实质性地拉近心理距离，产生巨大的连带效应。日本东京大学高原明生教授认为，推动中日民众的相互认知，很赞同中国所讲的以史为鉴、面向未来，这里的"史"包括战争的历史，也包括中日之间悠久交流的历史。他指出，日本要加强对孩子的教育，告诉他们为什么日本发动了残酷的战争，现在虽然有所教育，但分量与中国相比还不够；对中国的年轻一代，要加强对日本战后历史的了解；只有共同努力面向未来，才能开创未来。② 在此基础上，中日双方要大力开展公共外交，进一步推动两国学术交流和智库对话，开展多层次、多渠道和高密度的交流，厚植民间友好基础。

第五，在国际事务上，双方要展现负责任大国姿态，深入挖掘在国际事务上的利益契合点，逐步形成应对地区和全球难题的双边战略协调。中日双方自有其国际视野，应对百年变局，在地区和全球范围内进行合作与竞争必是其战略趋向。有鉴于此，双方在国际事务上化竞争为协调就变得愈发重要。当前国际事务上最大的变局来源于美国战略异动带来的地区和全球震荡。③ 在中美关系矛盾凸显的情况下，

---

① 孙文竹：《安倍外交调整动向及未来中日关系》，《和平与发展》2018 年第 1 期；吴寄南等：《中日关系在新的历史起点上如何行稳致远》，《边界与海洋研究》2019 年第 4 期。
② 东京大学公共政策大学院院长高原明生教授，访谈时间：2019 年 4 月 10 日下午。
③ 门洪华：《新时代的中国对美方略》，《当代世界与社会主义》2019 年第 1 期。

中日能够从大局认知出发，推动对话、协商，推进开放与合作，这对双边关系、地区及至世界都是福音。[1] 面对美国引发和带动的单边主义、保护主义逆流，两国在反对贸易保护主义、捍卫多边主义和自由贸易体制、推动开放型世界经济等方面不仅拥有共同利益，也凝聚出战略共识，开始携手应对全球性挑战，共同推动新型全球化朝着开放、包容、均衡、普惠和共赢的方向发展。这一国际战略协调日渐突出，成为两国关系发展的新增长点。其间，"一带一路"成为两国开展务实合作的新平台，中日通过第三方市场合作落实共赢主义，在提供公共产品（public goods）上开展合作成为双方战略合作的新动向。[2] 当然，这些合作也包含了共同为其他国家和地区提供公共产品与援助的内容，例如中日在2020年4月决定合力向医疗体系薄弱的非洲国家提供抗疫支持。此外，双方可以在加强中日韩自由贸易协定谈判、区域全面伙伴关系协定、亚太自由贸易区建设上开展务实合作的同时，应在推进制度化合作上展现魄力与决断，如日本应申请加入亚洲基础设施投资银行（AIIB），中国也可以适时开展加入CPTPP的谈判。[3] 笔者认为，这可以作为第五个政治文件的新合作点，建议中日双方尽早开展相关的正式磋商。

---

[1] 张蕴岭：《百年大变局下的中日关系》，《亚太安全与海洋研究》2019年第1期。
[2] 日本外务省亚太局审议官石川浩司，访谈时间：2019年4月10日上午；野村资本市场研究所高级研究员关志雄（C. H. Kwan），访谈时间：2019年4月11日中午。
[3] 日本佳能全球战略研究所研究总监濑口清之（Kiyoyuki Seguchi），访谈时间：2019年4月11日上午。

第十二讲　中国的世界理想及其实现维度

世界理想是时代进步的强大动力，是大国崛起的重要理念支撑，更可能引导大国崛起之后的战略指向。既有大国崛起研究，多讨论经济、安全、地缘等因素，讨论软实力因素不多，涉及世界理想的讨论则颇为匮乏。

《诗经·大雅》曰："周虽旧邦，其命维新。"中国素有世界理想，天下思想一脉不绝，和谐世界承继在前，人类命运共同体创新其后。习近平主席所倡导的人类命运共同体堪称中国世界理想的精准表达，深刻体现了中华文化传统与马克思主义世界历史理论的结合，值得我们深入研究。

一　大国崛起与世界理想

理想是人类主体对现实客体和主体自身的超越性反映，以预见的方式超前地反映现实的未来，这种未来不是现实自然发展的未来结果，而是以现实发展的可能性为前提，经人选择，并将要用人的能力去创造的未来结果。[①] 理想是对未来的合理想象，是源于现实又高于现实的一种意识形式。理想一旦形成，就会成为鼓舞人们不断前进和

[①] 薛守琼：《理想本质的哲学思考》，《福建师范大学学报》（哲学社会科学版）1989年第4期。

奋斗的巨大精神力量。① 理想和思想观念密切联系在一起，是意志和想象的结合体，其历史作用"绝不亚于科学技术的力量"。②

　　国家素有理想支撑。例如，传统中国的理想是国家理想（"大一统"）、社会理想（"大同"）、世界理想（"天下"）的结合，这是支撑中国五千年文明一线不绝最核心的思想力量。国家崛起背后的重要理念支撑是国家理想，崛起成为世界上的重要国家更需要世界理想的指引，其中使命意识的重要性不言而喻。所谓的使命意识，从国家层面来说，是指特定国家将自身存在的意义、价值与目的和某种神圣的事业联系在一起，形成某种宏大或神圣的"叙事"，从而产生出一种带有极度自豪、自信甚至不无自负色彩的对自我之认识。这种特定的自我认识一经形成，便成为国家得以自强不息的精神支柱，令举国上下时刻听从神圣事业之呼召，并以献身这种神圣事业为志业。③ 这种使命意识有的国家与生俱来，如中国的天下理想与美国的"天定命运观"；有的则是在迅猛崛起过程中锤炼出来，如英国的"自由帝国论"。

　　世界理想的实现需要现实的土壤，古罗马和古代中国的努力所造就的并非世界帝国，而是分别在地中海地区和东亚地区形成了"治下的和平"。世界理想的真正实现是与世界历史的开创分不开的，亦与大国崛起之后的战略作为密切相关，其中秩序构想及其实现具有指标意义。换言之，世界理想只有放在世界历史中才有实现的可能。

　　马克思的世界历史理论第一次理清了"世界历史"的概念，认为世界史并不是过去一直存在的。④ 马克思的"世界历史"特指16世纪以来建立在大工业和各民族普遍交往基础上日益形成一个整体的世

---

① 俞朝卿、窦炎国：《关于理想的哲学思考》，《国内哲学动态》1985年第10期。
② 任东来：《大国崛起的制度框架和思想传统——以美国为例的讨论》，《战略与管理》2004年第4期。
③ 岳炜、张铭、赵燕：《国家崛起、使命意识与时代呼召》，《东岳论丛》2017年第11期。
④ 《马克思恩格斯选集》（第2卷），人民出版社2012年版，第710页。

第十二讲　中国的世界理想及其实现维度

界历史，它强调的是各民族之间相互作用、相互依存的整体性联系以及人的发展和最终解放。[1] 马克思从一开始就是把"人的全面发展"放在全球视野中思考，与世界历史联系在一起，认为单个人的发展、单个国家中的任何个人的发展，必须跟世界上一切人的全面发展联系在一起，因为"每个人的自由发展是一切人的自由发展的条件"。[2] 马克思和恩格斯从生产力发展中揭示"世界历史"的客观性，强调生产和交往两种人类基本活动形式的重要性，指出"只有随着生产力的这种普遍发展，人们的普遍交往才能建立起来"。[3] 普遍交往的现实意味着世界历史的形成，它是世界历史的直接实现形式和表现形式，而世界历史形成的条件则是以大工业为标志的生产力与普遍交往的统一，"各个相互影响的活动范围在这个发展进程中越是扩大，各民族的原始封闭状态由于日益完善的生产方式、交往以及因交往而自然形成的不同民族之间的分工消灭得越是彻底，历史也就越是成为世界历史"。[4] 生产力的普遍发展和各民族之间的普遍交往是打破封闭的民族和国家壁垒，使世界联结为一个整体，造就世界市场、世界民族，使历史向世界历史转变的动力。马克思由此指出："历史向世界历史的转变，不是'自我意识'、世界精神或者某个形而上学幽灵的某种纯粹的抽象行动，而是完全物质的、可以通过经验证明的行动。"[5] 在此基础上，马克思剖析共同体的表现形式，认为经过人与人之间的"虚幻的共同体"、资本的"抽象共同体"和资本主义社会的"虚幻共同体"等形式，最终走向"自由人联合体"这一真正共同体，而建立"自由人联合体"是马克思共同体思想的最终目标。[6]

---

[1] 胡健：《马克思世界历史理论视野下的全球治理》，《世界经济与政治》2012 第 11 期；赵士发：《世界历史与和谐发展——马克思世界历史理论的当代研究》，人民出版社 2006 年版，第 117 页。
[2] 《马克思恩格斯选集》（第 1 卷），人民出版社 2012 年版，第 422 页。
[3] 同上书，第 166 页。
[4] 同上书，第 68 页。
[5] 同上书，第 169 页。
[6] 梁树发：《从源头上理解马克思的世界历史理论——读〈德意志意识形态〉》，《浙江学刊》2003 年第 1 期。

马克思世界历史理论及其共同体思想对我们认识大国世界理想的价值及其实现路径具有重要指导意义,尤其对比较分析中西世界理想提供了哲学指引。

综上所述,我们认为,大国崛起是国内外多种因素复合作用的结果,物质因素(包括地缘、经济实力、军事实力等)固然扮演着基础性、关键性的作用,但观念和理想的作用亦不可或缺。大国其兴也勃焉,其亡也忽焉,世界理想或是造就大国并护持其地位的重要支撑力量。

二 西方大国世界理想的实现路径

霸权像人类一样古老,[1] 其主要目标就是通过秩序建设实现其治下的和平。[2] 霸权的更替亦然带来震动,就像亨利·基辛格指出的,"似乎是某种自然法则起着决定性作用,每一个世纪都会出现一个有实力、有意志且有智识与道德动力的强国,依其价值观来塑造整个国际体系"。[3] 罗马霸权、英国霸权与美国霸权,或被称为"罗马治下的和平"(Pax Romana)、"英国治下的和平"(Pax Britannica)和"美国治下的和平"(Pax Americana),是西方历史上的三个霸权形态,只有这三者有着强烈的世界理想,具有追求霸权治下之和平的积极意愿和战略实践,[4] 在其霸权所涉领域和地域建立了相对和平与安全的国际秩序。[5] 三者均有帝国的形态和心态,即自视为普世秩序的

---

[1] [美] 兹比格纽·布热津斯基:《大棋局:美国的首要地位及其地缘战略》,中国国际问题研究所译,上海人民出版社1998年版,第4页。
[2] 门洪华:《霸权之翼:美国国际制度战略研究》,北京大学出版社2005年版,第146页。
[3] Henry Kissinger, *Diplomacy*, New York: Simon & Schuster, 1994, p. 17.
[4] 伊曼纽尔·沃勒斯坦强调,将荷兰、英国与美国进行比较,可以更好地探索霸权兴衰的轨迹。参见:Immanuel Wallerstein, "Three Hegemonies", in Patrick Karl O'Brien and Armand Clesse, eds., *Two Hegemonies: Britain 1846 – 1914 and the United States 1941 – 2001*, Burlington: Ashgate Publishing Company, 2002, pp. 357 – 361。
[5] Joseph S. Nye, Jr., *Bound to Lead: The Changing Nature of American Power*, New York: Basic Books, 1990, p. 50.

第十二讲 中国的世界理想及其实现维度

建构者，肩负推动人类发展的使命。①

罗马是西方的第一个世界霸权，堪称是农耕文明时代的军事征服霸权，也是一个以陆地为根基、陆海兼有的霸权。公元前2世纪，罗马在世界文明中独领风骚、傲视群雄。300年间，罗马将自己的邻邦逐一击败，成为意大利的霸主，书写了一段辉煌的对外征服史。②罗马以城邦国家之身成就了广袤帝国之体，任何一个古代城邦都难望其项背。罗马无论从帝国的疆域范围还是延续时间上都在古代世界首屈一指。③在其鼎盛期，罗马帝国横跨亚、非、欧三大洲，其最大边界东起亚美尼亚、美索不达米亚，南抵撒哈拉大沙漠，西至不列颠，北至莱茵河、多瑙河。"在罗马人的心中，罗马帝国在本质上、在概念上都是全世界性的。"④然而，罗马帝国并不是全球性的，与此同时在世界其他地区还存在其他不相连通的帝国，如波斯帝国、中华帝国等。但在时人的观念中，罗马就是世界的中心与总和，几乎就等于他们的世界。⑤这与中国的天下理想所宣扬的"溥天之下，莫非王土；率土之滨，莫非王臣"堪称异曲同工之妙。

长期征战的罗马人征服辉煌的希腊文明，导致的是军事征服者被征服，希腊哲学、艺术、学术胜利进军罗马，改造了这个军事民族的性情，二者的结合造就了适合新世界帝国的法律、政府机构和组织，形成了为此后基督教强化的世界理想：世界性国家是人类共同的家乡和普世和平的保障。这一理想曾长期支配着西欧世界，是其对外征服的重要原动力。然而，罗马实现其世界理想的途径是野蛮的征服，以

---

① 门洪华：《西方三大霸权的战略比较——兼论美国制度霸权的基本特征》，《当代世界与社会主义》2006年第2期。
② [美] A. H. 比斯利：《罗马共和国的衰落：从格拉古兄弟党争、苏拉独裁到马略改革》，黄苏敏译，中国画报出版社2019年版，第3页。
③ 王悦：《罗马帝国成因的是是非非》，《读书》2017年第4期。
④ [英] 罗素：《西方哲学史》，马元德译，商务印书馆1986年版，第355页；夏洞奇：《地上之国总是无常：奥古斯丁论"罗马帝国"》，《历史研究》2007年第6期。
⑤ R. A. Markus, *Saeculum: History and Society in the Theology of St. Augustine*, Cambridge: Cambridge University Press, 1988, p. 26；夏洞奇：《地上之国总是无常：奥古斯丁论"罗马帝国"》，《历史研究》2007年第6期。

战争为手段拓展霸权。这又与中国依靠文化传播和贸易优惠往来为主线形成了鲜明的对照,二者的战略路径选择显然存在巨大差异。罗马帝国建构的主导思想是原始的现实主义,采取铁血政策和军事征服,它所提供给被征服者的最大恩泽是公民身份。① 罗马帝国以建立对征服地区的直接统治为目标,采取轴心—轮辐统治方式,通过控制交叉资源对边远地区施展影响力,因此道路建设和造船发达方便了帝国中心与边远地区的资源和影响力流动。罗马人采取的统治体制是,在被征服地区长期驻扎大批军队,实行军事统治;同时派人帮助同化被征服的人民,鼓励他们接纳罗马的身份和生活方式,将同化视为比胁迫更有效的控制方式。当然,训练有素的罗马军团构成了巨大的威慑。② 在罗马时代,霸权开始与帝国相关,并与帝国主义并列。③ 尽管不时采取结盟战略解决自己帝国扩张或维持中的临时难题,但武力征服、军事对抗是罗马建立和维持霸权的一贯战略。罗马采取这样的战略,不仅与当时的历史条件有关,罗马并不存在真正的对手和应该认真对付的大国恐怕也是这一战略选择的部分根源。当然,与这一战略选择相关的穷兵黩武、军队堕落、文化衰败、政治分裂、财政枯竭等国内原因最终导致了帝国的败落,而蛮族入侵给了罗马帝国最后一击。

英国是西方世界真正的第一个世界霸权,是从传统农耕经济向现代工业文明时代急速转变中建构的殖民地霸权、海洋霸权。在其鼎盛时期,英帝国覆盖了北美洲的大部分地区、加勒比海广大地区、非洲撒哈拉沙漠以南、整个印度次大陆和澳大利亚、东南亚和太平洋地区,甚至一度控制中东的大部分地区。英帝国统治下的人口和陆地面积甚至超过了法国、德国、葡萄牙、荷兰、西班牙、意大利、奥匈帝国、丹麦、俄罗斯、土耳其、中国和美国的总和,总人口达3.45亿,

---

① Immanuel Wallerstein, "Three Hegemonies", in Patrick Karl O'Brien and Armand Clesse, eds., *Two Hegemonies: Britain 1846–1914 and the United States 1941–2001*, Burlington: Ashgate Publishing Company, 2002, pp. 357–361.

② Charles A. Kupchan, *The End of American Era: U. S. Foreign Policy and the Geopolitics of the Twenty-First Century*, Vintage, 2003, pp. 125–127.

③ Richard Ned Lebow and Robert Kelly, "Thucydides and Hegemony: Athens and the United States", *Review of International Studies*, Vol. 27, No. 4, 2001, pp. 593–609.

第十二讲　中国的世界理想及其实现维度

陆地面积是其本土的 96 倍,[①] 被称为"日不落帝国"。但是,"英国治下的和平"时代并不为英国霸权所独有:1815—1853 年是英国和俄罗斯共有的时代,1853—1871 是欧洲均势的时代,1871—1914 年是英国与德国共享的时代。在其发展过程中,英国霸权逐步形成了"自由帝国"的世界理想。所谓"自由帝国",即强调自由、正义、宪政精神的向外扩展,以普世性价值观濡化殖民地,通过构建合理的治理机制来维护帝国秩序,并以审慎原则行事。[②] 英国的主导思想是自由贸易帝国主义。19 世纪 50 年代,亚当·斯密经济自由的理想变成了现实,英国不仅取得了世界经济的霸主地位,而且将自由贸易的原则推行到欧洲其他国家及其殖民地,英国利用经济霸权向世界各地自由推销产品、获得原料,从而成为一个世界性国家。英国通过贸易、法律、文化等无形的力量把整个殖民帝国连成一片,这样既可以减少英国对殖民地承担正式责任应付的费用,又可以推进自由主义所倡导的商业原则。自由贸易提供了以商品替换武器、以商人替换士兵、以蒸汽船和游艇更换海军、以工业家更换贵族的机会,英帝国为世界提供了全新的政治发展模式,[③] 从而构成了其建立霸权的主导理念。当然,对于英国这样的以商业利益为目标的国家而言,现实主义也是其基本的战略理念底蕴。英国建立霸权的前提条件是欧洲均势的形成和维持、皇家海军成为海洋的主宰。早在 18 世纪末,英国就摒弃了先前征服欧洲的计划,维持欧陆均势、集中精力进行海外扩张成为其战略选择。[④] 为此,英国以防止任何国家控制欧陆为目标,在 16、17 世纪与法国等国抗衡西班牙,18、19 世纪初联合普鲁士等国

[①] [美] 罗伯特·A. 帕斯特编:《世纪之旅:七大国百年外交风云》,胡利平、杨韵琴译,上海世纪出版集团 2001 年版,第 3 页。

[②] 周洁玲、谈火生:《殖民地与大英帝国的价值困境:柏克的"自由帝国"思想》,《西南大学学报》(社会科学版) 2017 年第 5 期。

[③] Anthony Howe, "Free-Trade Cosmopolitanism in Britain, 1846 – 1914", in Patrick Karl O'Brien and Armand Clesse, eds., *Two Hegemonies: Britain 1846 – 1914 and the United States 1941 – 2001*, Burlington: Ashgate Publishing Company, 2002, p.69.

[④] [英] 安格斯·麦迪森:《世界经济千年史》,伍晓鹰、许宪春译,北京大学出版社 2003 年版,第 84 页。

抗衡法国，19世纪末和20世纪上半叶联合法国等国抗衡德国，并长期信奉一旦干预就要动用绝对优势兵力的思想。① 英国对外扩张的基础条件就是确立海上霸权。大英帝国的对外扩张总纲领就是：控制海洋，控制世界贸易，控制世界财富。② 以海权为基础，英国超脱任何欧陆国家的挑战，在欧洲均势之中扮演制衡者的角色，并将自由经济的规范（自由贸易、金本位制、资本和人员的自由流动）作为利益协调的基础原则，从而建立了第一个国际性的自由经济秩序。③ 这一经济秩序具有多边主义的特征，但英国并没有将之制度化，只是推动了国际金融体系的初步建设。在安全问题上，英国有着强大的海军力量和易于防卫的岛国位置，尚无建立长期多边同盟的需要，因此，英国的安全同盟多是临时性的利益结盟，只有在其霸权衰落之后才与日本确立了固定同盟关系。在对外扩张战略上，英国采取的一般性模式是以军事扩张开道，随即实行直接的政治、经济和文化统治，最终建立全面的控制权。与此同时，英国在尚未建立殖民地的地区寻求建立军事基地，寻求控制联结印度洋的战略要地，还派军队驻守在地中海、苏伊士运河、波斯湾等地。但在殖民地的管理上，英国没有按照其国内政治安排来构造世界政治的意图，很少有将自己的国内治理理念推向世界的冲动，这与日后的美国霸权形成了鲜明的对比。

美国是第一个全球性、全面性的霸权，更是一个陆海统筹的世界霸权。立国迄今，美国人一直把自己的国家看作一个独特的文明体，自视为"整个世界的山巅之城"，④ 是"自由的灯塔、民主的堡垒"，⑤ 把自己当作"上帝的选民"。美国不仅要成为其他民族仿效的

---

① Henry Kissinger, *Diplomacy*, New York: Simon & Schuster, 1994, p. 89.
② 韩翔:《世界海战史》，海洋出版社1994年版，第22页。
③ Robert Latham, "History, Theory, and International Order: Some Lessons From the Nineteenth Century", pp. 419 – 443.
④ [美] 丹尼尔·布尔斯廷:《美国人：开拓历程》，美国大使馆新闻文化处1987年版，第3页。
⑤ [美] 比尔·克林顿:《希望与历史之间》，金灿荣等译，海南出版社1997年版，第116页。

第十二讲 中国的世界理想及其实现维度

优于他人的国内民主生活的灯塔，而且还要成为在道德上优于他人的国际行为的楷模。① 美国人坚信自己的"天定命运"是"向一切人传播自由和社会正义，把人类从罪恶之路引导向人间'新的耶路撒冷'"，按照上帝的意旨变革和复兴文明，用自己的文化价值观念统一西方，重塑世界。其逻辑结论大致是，美国式民主优于他国，世界的命运应交由美国来安排，其他国家应该"认同民主、自由市场、有限政府、政教分离、人权、个人主义、法治等西方价值观，并把这些价值观念纳入他们的体制"。② 这在行动上被称为"输出民主"（to export democracy）。输出民主是一个宽泛的概念。从狭义上讲，它是指美国要求其他国家对美国民主制度的被动接受；从广义上讲，它是指美国将其文化价值观传播给其他国家。③ 美国对构建世界新秩序情有独钟，美国国玺上的铭言"Novus Ordo Seclorum"的含义就是"时代的新秩序"（a new order of the ages）。这里的"新秩序"，不仅是指美国革命确立的以人民主权、共和制、联邦制、分权制衡以及公民基本权利保障为内容的市民社会的政治秩序，也包括国际政治秩序。④ 美国霸权的主导思想是新自由主义。对一个霸权国家而言，新自由主义保持了自由主义追求对外贸易、市场开放的心态，又强调了国际规则的重要性，从而将世界秩序、国际制度作为追求霸权的主要路径。堪为佐证的是，美国继承了英国所捍卫的自由主义经济原则，强调国际市场的开放性，同时又将英国维系国际金融秩序的金本位制进一步发展为布雷顿森林体系，进而改革为牙买加体系，以把握国际经济的发展趋势。美国的全球体系设计还主要反映了美国的国内经验，其中最主要的一点就是美国社会及其政治制度的多元性特点。⑤ 当然，美

---

① Arthur Schlesinger, *The Cycles of American History*, Boston: Praeger Inc., 1986, p. 54.
② Samuel Huntington, "The West: Unique, Not Universal", *Foreign Affairs*, Nov./Dec., 1996, p. 40.
③ 门洪华：《美国"输出民主"战略浅析》，《国际政治研究》1999 年第 1 期。
④ 王立新：《美国的世界秩序观与东亚国际体系的演变（1900—1945）》，《东南亚研究》2003 年第 4 期。
⑤ ［美］兹比格纽·布热津斯基：《大棋局：美国的首要地位及其地缘战略》，中国国际问题研究所译，上海人民出版社 1998 年版，第 33 页。

国霸权的主导思想中不乏极端自私自利和不吝于军事干涉的现实主义基底。美国建立霸权的主要途径是，在世界政治经济的各个问题领域建立国际制度，同时在重要的地缘政治领域建立固定的同盟关系，将这些制度安排相关联，从而建立了以美国为核心的国际制度体系。相比罗马霸权和英国霸权，美国没有依靠领土征服、控制他国政府、掠夺资源等纯武力方式，而是强调理念的征服力量，[1] 主要采取国家合作、经济控制、强制推行民主和军事遏制等制度手段来获取绝对收益，建立美国式的政治、经济、文化模式占主导的世界秩序。[2]

三　古代中国的世界理想及其实现维度

"自古不谋万世者，不足谋一时。"[3] 谋万世，需要世界理想。中国的天下思想就是有史以来最早的世界理想。天下思想形成于先秦时期，在《易经》《诗经》《尚书》《论语》《孟子》《大学》《中庸》等儒家经典中，"天下"既是指人文与自然交会的空间，也是指中国与四方的总合。[4] "天下"是一个无远弗届的同心圆，一层一层地开花，推向未开化地域，中国自诩为文明中心，遂建构了中国与四邻的朝贡制，以及与内部边区的赐封、羁縻、土司诸种制度。[5] 许纪霖认为，天下主义的实质乃在于普世的价值和文化，相信各个民族可以有各自的历史，但最终都会百川归海。[6] 以传统中国的天下体系为基准，

---

[1]　Albert Weiberg, *Manifest Destiny: A Study of Nationalist Expansionism in American History*, Chicago, 1935, p. 240.

[2]　关于美国霸权特征的分析，可参考门洪华《国际机制与美国霸权》，《美国研究》2001 年第 1 期；门洪华《权力转移、问题转移与范式转移——关于霸权解释模式的探索》，《美国研究》2005 年第 3 期。

[3]　（清）陈澹然：《寤言二迁都建藩议》。

[4]　陈尚胜：《中国传统对外关系研究刍议》，《安徽史学》2008 年第 1 期。

[5]　许倬云：《我者与他者：中国历史上的内外分际》，生活·读书·新知三联书店2010 年版，第 20 页。

[6]　许纪霖：《天下主义/夷夏之辨及其在近代的变异》，《华东师范大学学报（哲学社会科学版）》2012 年第 6 期。

第十二讲　中国的世界理想及其实现维度

中西方的传统国际关系呈现截然不同的特征。[①]

古代中国拥有自成体系的悠久历史文明，在东亚地区形成了自成一体的帝国体系，中国所设计的儒家社会政治秩序体现出"普天之下，莫非王土；率土之滨，莫非王臣"的天下统一格局。[②] 这就是所谓的朝贡体系、天朝礼治体系、华夷体系，或可称之为"中华治下的和平"（Pax Sinitica）。[③] 这种天下一统的格局构成所谓的朝贡秩序，"完成了同心圆式的分成等级的世界体制"。[④] 作为东亚古代秩序的重要形式，[⑤]朝贡秩序把中国文化看作规范现实存在的唯一法则，中国皇帝的恩德教化四海，所谓华夏中心、四方夷狄[⑥]。中国周边邻国向中国定期派遣朝贡使表示恭顺之意，向中国皇帝称臣纳贡，成为中国的藩属；中国对接受"诰谕"的各国王授予金银印章，发给勘合符，册封其为本国国王，[⑦] 提供政治承认、优惠贸易和文化引领。朝贡秩序所倡导的，是域外诸邦对中华帝国以小事大，慕德向化，梯山航海，克修职贡；中华帝国对各国则是抚驭万邦，一视同仁，导以礼义、变其夷习。无疑，这是儒家学说在处理中华帝国对外关系所能构建的理念原则和理想框架。这个框架所要达到的境界是：域外诸藩国，如群星参斗，葵花向阳一般，围绕着中华帝国运转、进步。在这一向心、垂直体系之下，

[①] 赵汀阳：《天下体系：世界制度哲学导论》，中国人民大学出版社2011年版，第13页。
[②] 门洪华：《大国崛起与国际秩序》，《国际政治研究》2004年第2期；门洪华：《东亚秩序论：地区变动、力量博弈与中国战略》，上海人民出版社2015年版，第54页。
[③] Andrey Kurth and Patrick M. Cronin, "The Realistic Engagement of China", *Washington Quarterly*, Vol. 19, No. 1, 1996, pp. 141–169.
[④] [美]费正清编：《剑桥中国晚清史（1800—1911）》（下卷），中国社会科学出版社1985年版，第37页。
[⑤] 黄枝连指出，"在19世纪以前，即西方文化、西方国家、西方殖民帝国主义兴起之前，这里有一个突出的区域秩序，是以中国封建王朝（所谓'天朝'）为中心而以礼仪、礼义、礼治及礼治主义为其运作方式；对中国和它的周边国家（地区）之间、周边国家之间的双边和多边关系，起着维系与稳定的作用，故称之为'天朝礼治体系'"。参见黄枝连《亚洲的华夏秩序：中国与亚洲国家关系形态论》，中国人民大学出版社1992年版；《东亚的礼仪世界：中国封建王朝与朝鲜半岛关系形态论》，中国人民大学出版社1994年版。
[⑥] 孟子称，"吾闻用夏变夷者，未闻变于夷者"。
[⑦] [日]山本吉宣主编：《国际政治理论》，王志安译，上海三联书店1993年版，第46页。

庶几共享太平之福，维持一种中华和平模式的国际和平局面。① 可以说，朝贡秩序是一种以软实力为前矛、硬实力为后盾的秩序设计，既是体现国家、王朝间利益的对外关系，更多的是藩属对宗主国归顺和敬意，也是外交和通商上相辅相成的国际秩序，更具有文化普遍主义的外形。这一秩序诉求和现实表现形式与西方霸权秩序形成了极其鲜明的对比，其文化主导性更是深刻体现了东方特色。

朝贡秩序缘起于中国的王道思想与政治实践。费正清指出，"自古以来，中国的优势地位并非仅仅因为物力超群，更在于其文化的先进性。中国在道德、文学、艺术、生活方式方面所达到的成就使所有的蛮夷无法长久抵御其诱惑力。在与中国的交往中，蛮夷逐渐倾慕和认可中国的优越而成为中国人"。② 周边民族与国家心仪中华文化，"欲慕华风而利岁赐"。③ 以儒家思想为核心的中华古典文明呈放射状散播周边各族各国，成为东亚文明的核心，儒家思想在相当长的时间里成为东北亚多数国家占统治地位的文化观念。④ 中国在尊重其他民族存在的过程中，逐渐形成了波及整个东亚地区的带有国际性的文化圈，东南亚的广大地区也被"中国化"。⑤ 朝贡秩序缘起于德政安边的传统王道思想，是中华理性政治秩序的自然扩展，其背后隐含着一种超越民族、种族畛域的包容性的天下概念。在实践上，朝贡秩序观起源于上三代的畿服制。《周礼·春官》："春见曰朝"；《尚书·禹贡》曰："禹别九州岛，随山浚川，任土作贡。"⑥ 畿服制是古代中国邦国关系体制，又是一种分封制，其要义是，都城畿辅之地及战略要地由天子直

---

① 何芳川：《"华夷秩序"论》，《北京大学学报》（哲学社会科学版）1998年第6期。
② John Fairbank, "Tributary Trade and China's Relations with the West", *Far East Quarterly*, Vo. 1, 1942.
③ （元）马端临：《文献通考》，浙江古籍出版社1988年版，第325卷。
④ 于桂芬：《西风东渐——中日摄取西方文化的比较研究》，商务印书馆2001年版，第18—19页。
⑤ ［韩］车河淳：《对全球化和区域主义的历史考察》，文春美译，《世界历史》2005年第3期。
⑥ 贡者，"从下献上之称，谓以所出之谷，是其土地所生异物，献其所有，谓之厥贡"。参见《尚书正义》，中华书局1980年版，第6卷。

第十二讲 中国的世界理想及其实现维度

接统治，其余则分封给各位诸侯，并根据与诸侯的距离和亲疏关系，对诸侯予以册封，形成一种爵位不同、地位不等的尊卑秩序。① 其背后支撑的则是华夷观念，而华夷之别主要是以文化为分野，而不是以血缘关系为区别，即"中夏夷狄之名，不藉其地与其类，惟其道而已矣。故春秋之法，中国而用夷礼则夷之，夷而进入中国则中国之。"② 华夷思想为历代王朝所继承，落实到实践上，就是朝贡制度的确立和朝贡秩序的建构。朝贡既是政治上臣服隶属的标志，也是经济方面一种特殊的赋税形式或交换关系，③ 所谓"厚其委积而不计其供输，假之荣名而不责以烦缛"。④ 亦因如此，历史上的"中国"是一个外延未严格限定的实体和概念，没有主权、疆界的概念。⑤ 费正清因此指出，中国的朝贡体系是世界体系，而不是国际体系或国家间体系。⑥

朝贡秩序可追溯到先秦时代中原地区华夏先民优势地位的确立和畿辅制的实施。汉代实施郡国体制，华夏成为稳定的族体，对外通过郡国体制的延伸，将东亚大部分地区纳入同一成熟国家的统治之下，开始建立中国皇帝对周边诸夷进行册封、诸夷称臣入贡的朝贡体系。此后，在儒学的影响下，厚往薄来、怀柔远人和以小事大、安邦定国，逐步成为中国与东亚其他国家之间交往中的共识。滨下武志认为，"以中国为核心的与亚洲全境密切联系存在的朝贡关系，是亚洲而且只有亚洲才具有的唯一的历史体系，必须从这一视角出发，再反复思考才能够推导出亚洲史的内在联系"。⑦ 朝贡秩序的基本特征是，

---

① 薛小荣：《华夷秩序与中国古代国防》，《人文杂志》2004 年第 3 期。
② 参见陈潮《传统的华夷国际秩序与中韩宗藩关系》，载复旦大学韩国研究中心编《韩国研究论丛（第二辑）》，上海人民出版社 1996 年版，第 209—246 页。
③ 马大正等：《中国边疆经略史》，中州古籍出版社 2000 年版，第 123 页。
④ （元）脱脱等：《宋史》，中华书局 1977 年版，第 485 卷。
⑤ 罗志田：《先秦的五服制与古代中国的天下观》，《学人》第十辑，江苏文艺出版社 1996 年版，第 395 页；许倬云：《中国文化与世界文化》，贵州人民出版社 1999 年版，第 42 页。
⑥ John Fairbank, *The Chinese World Order: Traditional China's Foreign Relations*, Cambridge: Harvard University Press, 1968, "Preface".
⑦ ［日］滨下武志：《近代中国的国际契机——朝贡贸易体系与近代亚洲贸易圈》，朱荫贵、欧阳菲译，中国社会科学出版社 1999 年版，第 30 页。

中国不干预各国内部事务，中国对各国交往实施厚往薄来原则，中国负责维护各国的国家安全。① 朝贡体系提供了如下地区公共物品：中国为"天下"提供安全保障，地区内部的纠纷大部分不用诉诸武力解决；朝贡体系所保护的交易实行"无关税"特别恩典，为外部世界提供了商业机会；朝贡秩序也是一种文化与贸易交流体制，尤其是在天朝和属国之间实行优惠贸易制度，贸易交流互换对于弱者更加有利可图。② 显然，这一特征与英美霸权存在着本质性的差异，也表明中国素无商业帝国主义的概念。

毋庸讳言，朝贡秩序具有以中国为中心而以他国为藩属的不平等成分，是一种等级关系的制度化形式，③ 但它在本质上是非强制的，并非建立在强权和领土扩张的基础上，④ "作为宗主国的中华帝国与作为藩属国的朝贡国的关系，虽是统治与被统治的关系，但宗主国原则上并不干涉藩属国的内政"，⑤ 其不平等性主要表现在朝贡表文和一套烦琐的朝贡礼仪之中，重名不重实。相比而言，无论是罗马霸权、英国霸权还是美国霸权，其聚焦"重实"、强制的特征颇为明确。王铁崖由此指出："这个制度的功能在皇帝看来主要是维护中国作为'中央国家'的安全和不可侵犯性。在贡国方面，它们获得的利益更多。它们的统治者由于皇帝的册封，使它们的统治合法化，因而它们的威信在人民的面前提高了。它们受到帝国的保护而防止外国的侵略，而且还可以在遭受自然灾害时请求援助。由于朝贡，贡国从皇帝那里得到丰盛的赠品，更重要的是，它被允许与中国进行有利的贸易。对于贡国，朝贡有真正的经济价值，对于中国来说则是使贡国

---

① 何芳川：《"华夷秩序"论》，《北京大学学报》（哲学社会科学版）1998年第6期。
② ［美］彼得·卡赞斯坦：《地区构成的世界：美国帝权中的亚洲和欧洲》，秦亚青、魏玲译，北京大学出版社2007年版，第97页。
③ ［美］吉尔伯特·罗兹曼主编：《中国的现代化》，国家社会科学基金"比较现代化"课题组译，江苏人民出版社2003年版，第24页。
④ David Shambaugh, "China Engages Asia: Reshaping the Regional Order", *International Security*, Vol. 29, No. 3, Winter 2004/2005, pp. 66 - 99.
⑤ ［日］信夫清三郎：《日本政治史》（第一卷），周启乾译，上海译文出版社1982年版，第7—8页。

处于服从地位的一种手段。"① 费正清指出，朝贡制度既像一个处理贸易、外交关系的机构在起作用，又像一种断言儒教秩序之普遍性的宗教仪式在起作用，"国际"甚或"邦际"这些名词对于这种关系都不恰当。我们宁可称之为中国的世界秩序。②

四　中国新世界理想的形成

16、17世纪，欧洲大陆形成以主权、国际法、势力均衡为特征的地区秩序，并致力于向亚洲拓殖。从16世纪初开始，西方殖民势力不断东进，从蚕食朝贡秩序的边缘地带开始，逐步深入到中国沿海。19世纪四五十年代，西方殖民者发动两次鸦片战争，直接打击了朝贡秩序的核心——大清帝国，使中央王国开始沦为西方列强的半殖民地，朝贡秩序开始从根本上瓦解，中国陷入百年屈辱史。19世纪下半叶，西方列强开始在中国疆域内划分势力范围，中国开始沦为半殖民地。而日本在明治维新后迅速成为侵华急先锋，1871年吞并琉球，1874年入侵台湾，1894年挑起甲午战争，1895年迫使清廷承认朝鲜独立，朝贡体系最后一名成员国被划出，历经近两千年的朝贡体系终于寿终正寝，③ 自此东亚朝贡秩序为殖民秩序所取代。1899年美国提出"门户开放"政策，成为东亚事务的积极参与者，随后与日本竞争东亚霸权，20世纪40年代日本致力于构建"大东亚共荣圈"。④ 到第二次世界大战结束前后，世界秩序和东亚秩序均发生了急剧的变化。美国填补了日本和欧洲殖民帝国瓦解留下的霸权空间，一跃成为亚太的新主宰。⑤ 战后初期，美国的全球战略以联合

---

① 王铁崖：《中国与国际法——历史与当代》，《中国国际法年刊》1991年，第18—19页。
② 陶文钊编选：《费正清集》，天津人民出版社1991年版，第4—5页。
③ 何芳川：《"华夷秩序"论》，《北京大学学报》（哲学社会科学版）1998年第6期。
④ 门洪华：《东亚秩序论：地区变动、力量博弈与中国战略》，上海人民出版社2015年版，第61—71页。
⑤ 罗荣渠：《东亚跨世纪的变革与重新崛起——深入探讨东亚现代化进程中的历史经验》，《北京大学学报》（哲学社会科学版）1995年第1期。

国、国际货币基金组织和世界银行为平台,以欧洲为中心,政治上美国提出遏制苏联的杜鲁门主义;经济上美国提出了旨在复兴西欧的马歇尔计划;军事上积极组建北大西洋公约组织。但美国并未忽视亚洲,而是重点在亚洲遏制共产主义力量的扩展。美国先是力图通过扶植蒋介石亲美政权来确保自己在东亚的优势地位,随着蒋介石的失败,又把战略重点从扶蒋转移到扶植日本。中华人民共和国成立后,美国提出"多米诺骨牌理论",积极利用双边主义发展同亚洲国家的特殊关系,通过双边军事同盟建立遏制中国、苏联的战略包围圈。[1]

在上述国际背景下,中华人民共和国的成立必然是影响和改变世界进程的重大历史事件。止跌起升的中国迎来了一个真正的大时代,进入"千年未有之大变局"的转折年代。[2] 20世纪前半叶,中国尚处于不稳定的国际体系的底层,所求者首先是恢复19世纪失去的独立与主权;中华人民共和国成立后,尤其是1978年改革开放以来,中国迎来历史性的崛起,国富民强、中华民族的伟大复兴成为现实的期望,中国主动开启了融入国际体系的进程,并逐步成为国际体系一个负责任的、建设性的、可预期的塑造者。中国崛起与世界转型相约而行,这种历史性重合既给人类发展带来了空前的机遇,也给世界带来了巨大的震动。随着中国全面融入国际社会,中国对世界的观念在改变、战略在调整。中国摆脱了曾有的意识形态冲动,放弃了国际体系挑战者的角色,从争取参与到有限参与,从有限参与转向全面参与,并开始在全球治理等领域发挥引领性作用。在这个过程中,中国新的世界理想逐步形成。

毛泽东同志是最早提出新世界理想的中国领导人。他把中国对人类有较大的贡献作为中华民族应当自觉承担的责任,并指出实现这种

---

[1] G. John Ikenberry, ed., *America Unrivaled: The Future of the Balance of Power*, Ithaca: Cornell University Press, 2002, pp. 192–195.

[2] 胡鞍钢、王绍光、周建明主编:《第二次转型:国家制度建设》,清华大学出版社2003年版,第363—369页。

第十二讲 中国的世界理想及其实现维度

责任的路径是建设一个强大的社会主义工业国。[1] 与之相匹配的，是中国在外交上提出的求同存异方针，倡导并秉持和平共处五项原则，积极推动与亚非拉国家的深入联合，国际统一战线思想逐步形成。在建国大典上，毛泽东主席庄严宣布"中国人民从此站起来了"，拉开了中国社会主义现代化改造和建设的序幕。1956年9月15日，他在中国共产党第八次全国代表大会上发表开幕致辞指出，"把马克思列宁主义的理论和中国革命的实践密切地联系起来，这是我们党的一贯的思想原则"，[2] 并进而提出向世界各国人民学习和实现民族复兴的设想。党的八大通过的《中国共产党党章》提出，中国共产党的任务就是使中国具有强大的现代化的工业、现代化的农业、现代化的交通运输业和现代化的国防，把中国建设成为一个伟大的、富强的、先进的社会主义国家。1956年11月12日，毛泽东同志发表《纪念孙中山先生》的文章，指出"进到二十一世纪的时候，中国的面目更要大变。中国将变为一个强大的社会主义工业国。中国应当这样。因为中国是一个具有九百六十万平方公里土地和六万万人口的国家，中国应当对于人类有较大的贡献"。[3]

毛泽东同志密切关注世界动向，先后提出"中间地带论"和"三个世界理论"，把重视做两极之外的"中间地带"的工作、团结和争取大多数国家作为中国最坚定的战略方向。1974年2月，毛泽东同志提出了"三个世界"的划分："美国、苏联是第一世界。中间派，日本、欧洲、加拿大，是第二世界。咱们是第三世界。"[4] 当年4月，邓小平同志在第六届特别联大详细阐述了这一战略思想，引起了世界的高度关注。1975年1月，周恩来在《政府工作报告》中将这一战略思想概括为："我们要联合国际上一切可以联合

---

[1] 胡鞍钢、李萍：《习近平构建人类命运共同体思想与中国方案》，《新疆师范大学学报》（哲学社会科学版）2018年第5期。
[2] 《毛泽东文集》（第7卷），人民出版社1999年版，第116页。
[3] 毛泽东：《纪念孙中山先生》，《毛泽东文集》（第7卷），人民出版社1999年版，第156—157页。
[4] 中华人民共和国外交部、中共中央文献研究室编：《毛泽东外交文选》，中央文献出版社·世界知识出版社1994年版，第600页。

的力量，反对殖民主义、帝国主义特别是超级大国的霸权主义。我们愿意在和平共处五项原则基础上同一切国家建立和发展关系。"①三个世界的划分，代表了中国建立以反霸为核心的国际统一战线的深远考虑，以经济军事力量而不是意识形态或国家的阶级属性作为依据，成为实现其世界理想的现实战略。可以说，"三个世界"是现实世界。

邓小平同志继承和发展了马克思的世界历史理论，创造性地提出中国特色社会主义的全新思想，推动中国抓住全球化浪潮在世界进行利益、实力与影响力的布展。邓小平同志强调，中国是维护世界和平与发展的坚定力量，"中国发展得越强大，世界和平越靠得住。"② 他多次指出"中国在国际上有特殊的重要性，关系到国际局势的稳定与安全。"③ 他还强调指出，中国首先要做好中国自己的事情，把中国发展好、建设好，显示出中国社会主义制度的优越性，这样才能更多地尽国际主义义务，为人类做出更大的贡献。④

邓小平同志密切关注世界格局的变革，提出时代主题从战争与革命转为和平与发展。1985年3月4日，邓小平在会见日本代表团时指出，"现在世界上真正大的问题，带全球性的战略问题，一个是和平问题，一个是经济问题或者说发展问题。"⑤ 1988年12月21日，邓小平在会见来访的印度总理拉吉夫·甘地时指出，"当前世界上主要有两个问题，一个是和平问题，一个是发展问题。……应当把发展问题提到全人类的高度来认识，要从这个高度去观察问题和解决问题。只有这样，才会明了发展问题既是发展中国家自己的责任，也是发达国家的责任"。⑥ 和平与发展时代主题的提出，是重新认识中国与世界互动关系的转折点。邓小平继承和发展了毛泽东的"三个世界理

---

① 王泰平编：《中华人民共和国外交史（第三卷）1970—1978》，世界知识出版社1999年版，第8页。
② 《邓小平文选》（第3卷），人民出版社1993年版，第104页。
③ 同上书，第82、360页。
④ 刘秋华：《邓小平国际战略思想论要》，《党的文献》2007年第2期。
⑤ 《邓小平文选》（第3卷），人民出版社1993年版，第105页。
⑥ 同上书，第281—282页。

第十二讲 中国的世界理想及其实现维度

论",倡导和平发展的时代主题思想,并据此提出"东西南北问题",积极推动南北对话和南南合作,以发展为导向的国际统一战线初现端倪。随着国际形势的发展和中国实力的增强,推动建立国际政治经济新秩序成为邓小平关注的战略重点,1988年,邓小平明确提出国际新秩序"应当用和平共处五项原则作为指导国际关系的原则",[①] 这是对世界前景的理论概括。

在此基础上,邓小平提出并主导实施改革开放战略。邓小平集全党智慧,毕一生之功,制定了中国分三步走基本实现现代化的发展战略,确定了改革开放的全面部署,[②] 为造就中国全面开放的繁荣时代奠定了坚实的基础。邓小平的丰功伟绩得到了国内外的高度颂扬。傅高义指出,邓小平1978年上台时,毛泽东已经完成了国家统一,建立了强大的统治体系,引入了现代工业——这些都是邓小平可以利用的优势。但是如果缺少一个强有力的、能够将国家团结起来并为它提供战略方向的领导人,中国在1978年具备的所有有利条件,仍不足以让这个巨大而混乱的文明转变为现代国家。邓小平1992年退出政治舞台时,完成了一项过去150年里中国所有领导人都没有完成的使命:他和他的同事们找到了一条富民强国的道路。在达成这个目标的过程中,邓小平引领了中国的根本转型,不论在它与世界的关系方面,还是它本身的治理结构和社会。[③] 2014年8月,习近平总书记在纪念邓小平诞辰110周年座谈会上指出:"正是由于有邓小平同志的卓越领导,正是由于有邓小平同志大力倡导和全力推进的改革开放,中国特色社会主义才能欣欣向荣,中国人民才能过上小康生活,中华民族和中华人民共和国才能以新的姿态屹立于世界东方。邓小平同志的贡献,不仅改变了中国人民的历史命运,而且改变了世界的历史进程。……邓小平同志之所以能够为祖国和人民建立彪炳史册的功勋,

---

[①] 《邓小平文选》(第3卷),人民出版社1993年版,第283页。
[②] 江泽民:《在邓小平同志追悼大会上的悼词》(1997年2月25日),载《江泽民文选》(第1卷),人民出版社2006年版,第632页。
[③] [美]傅高义:《邓小平时代》,冯克利译,生活·读书·新知三联书店2013年版,第29、641页。

就在于他看清了世界和中国的发展大势,深刻了解中国人民和中华民族的深沉愿望,把握住中国发展的历史规律,紧紧依靠党和人民建立了前所未有的历史性伟业。"①

以江泽民同志为核心的中国共产党第三代领导集体形成之时,正值世界格局演变处于重要转折关头,苏联和东欧国家发生剧变,导致两极格局解体、冷战结束;冷战结束后,国际力量严重失衡,唯一超级大国美国力图建立单极世界,西方国家将推行和平演变政策的重点转向中国。在历史发展的重要时刻,以江泽民同志为核心的党中央审时度势、处变不惊、沉着冷静,正确地分析新出现的复杂国际环境,深化邓小平关于和平与发展是当代世界两大问题的思想,推动中国全面融入世界,成长为世界上一支举足轻重的经济力量和战略力量。在此基础上,江泽民同志提出了在中国特色社会主义道路上实现中华民族伟大复兴的命题。

江泽民同志坚持和深化邓小平的时代主题观,强调世界主题、时代主题既指和平与发展是当代世界"带有全球性、战略性"的"两大问题",又指维护和平、促进发展已成为当代世界的主要内容和时代发展的具体特征。与此同时,江泽民高度关注冷战后国际形势的发展,认为影响和平与发展的不确定因素在增加,"中国是维护地区与世界和平的积极因素和坚定力量。……中国对内一心一意致力于社会主义现代化建设,对外坚持奉行独立自主的和平外交政策,我们内外政策的根本原则决不会改变"。②在此基础上,江泽民同志致力于塑造冷战后新的中国外交关系格局,聚焦国际政治经济新秩序建设,提出并积极落实新安全观,推动与主要大国的战略伙伴关系建设,并把融入东亚一体化进程作为根本性的战略任务看待,从而实现了中国地区战略与全球战略并行不悖的宏大格局。在此战略布局之下,中国抓住加入WTO的战略机遇,积极实施"走出去"战略,形成了完整意

---

① 习近平:《在纪念邓小平同志诞辰110周年座谈会上的讲话》,《人民日报》2014年8月21日第2版。

② 《江泽民论有中国特色社会主义(专题摘编)》,中央文献出版社2002年版,第531页。

第十二讲 中国的世界理想及其实现维度

义上的对外开放。① 与此同时,中国推动"负责任大国"的理念建构,倡导世界文明多样性和国际关系民主化理念,提出并推动共同利益理论逐步生根,为在国际社会中积极有所作为打下了坚实的物质基础和理念基础。

进入21世纪,中国同世界的关系发生历史性变化。中国的前途命运日益紧密地同世界的前途命运联系在一起。一个发展起来的中国,一个对世界日益产生重大影响的中国,将以什么样的姿态和方式面对这个世界,是各国关心的问题。以此为基础,以胡锦涛同志为总书记的党中央带领中国以稳健而创新的战略姿态在世界舞台上拓展,并提出了"和谐世界"理念。"和谐世界"建构以和平发展道路为基础,以科学发展观与和谐社会为国内支撑条件、以新秩序观和互利共赢开放战略为国际支撑条件,从而推动和谐哲学成为以胡锦涛同志为总书记的中央领导集体的执政理念。

中国在2005年12月发表《中国的和平发展道路》白皮书,明确提出了和平发展道路的主张,强调"走和平发展道路,就是要把中国国内发展与对外开放统一起来,把中国的发展与世界的发展联系起来,把中国人民的根本利益与世界人民的共同利益结合起来"。② 和平发展道路的精髓是争取和平的国际环境来发展自己,又以自己的发展促进世界的和平。③ 在此基础上,胡锦涛同志将和谐社会这一传统理想引申到国际问题的处理上,明确提出了和谐世界、和谐亚洲、和谐地区的概念,强调和谐社会与和谐世界互为条件。和谐世界的提法代表了中国国际战略的理想意识,和谐是一种承诺,既是对中国国内的承诺,也是对整个世界的承诺。这种承诺演化为责任,成为中国政府"负责任大国"的自我战略约束。它意味着,中国领导人明确意识到了中国发展给国际社会带来的影响,将和谐世界作为结合对内和

---

① 门洪华:《中国对外开放战略(1978—2018年)》,上海人民出版社2018年版,第三章。
② 中华人民共和国国务院新闻办公室:《中国的和平发展道路》,http://www.gov.cn/zwgk/2005-12/22/content_134060.htm。
③ 杨洁篪:《改革开放以来的中国外交》,《求是》2008年第18期。

谐、对外合作的战略中间点。"和谐世界"理念是人类命运共同体思想最直接的理论资源和思想动力，①标志着以合作共赢为核心的国际统一战线思想开始形成。

在上述世界理念基础上，习近平总书记创新地提出和丰富了"人类命运共同体"的战略内涵，推动中国新世界理想的最终形成。习近平总书记对人类命运共同体的深刻论述，展现了中国的思想高度和未来志向，体现了推动中国与世界良性互动的哲学思考。党的十八大报告强调，人类只有一个地球，各国共处一个世界，要倡导人类命运共同体意识。2013年3月，习近平主席在莫斯科国际关系学院发表演讲指出："这个世界，各国相互联系、相互依存的程度空前加深，人类生活在同一个地球村里，生活在历史和现实交汇的同一个时空里，越来越成为你中有我、我中有你的命运共同体。"② 2015年3月的博鳌亚洲论坛以"亚洲新未来：迈向命运共同体"为主题，习近平主席发表《迈向命运共同体，开创亚洲新未来》的演讲，阐释命运共同体的四大内涵：各国相互尊重、平等相待；合作共赢、共同发展；实现共同、综合、合作、可持续的安全；不同文明兼容并蓄、交流互鉴。③ 2016年9月28日，习近平主席出席第70届联合国大会一般性辩论并发表演讲，提出同心打造人类命运共同体的路径：建立平等相待、互商互谅的伙伴关系；营造公道正义、共建共享的安全格局；谋求开放创新、包容互惠的发展前景；促进和而不同、兼收并蓄的文明交流；构筑尊崇自然、绿色发展的生态体系。④ 2017年1月18日，习近平主席在日内瓦万国宫出席"共商共筑人类命运共同体"高级别会议，发表题为《共同构建人类命运共同体》的主旨演讲，主张共同推进构建人类命运共同体伟大进程，坚持对话协商、共建共享、

---

① 王岩、殷文贵：《"人类命运共同体"理念生成的四重逻辑》，《西南民族大学学报》（人文社科版）2018年第8期。
② 《习近平谈治国理政》（第一卷），外文出版社2018年版，第272页。
③ 《迈向命运共同体　开创亚洲新未来》，《人民日报》2015年3月29日第2版。
④ 习近平：《携手构建合作共赢新伙伴　同心打造人类命运共同体——在第七十届联合国大会一般性辩论时的讲话》，《人民日报》2015年9月29日第2版。

第十二讲 中国的世界理想及其实现维度

合作共赢、交流互鉴、绿色低碳，建设一个持久和平、普遍安全、共同繁荣、开放包容、清洁美丽的世界。[1] 习近平总书记在党的十九大报告中指出，构建人类命运共同体，建设持久和平、普遍安全、共同繁荣、开放包容、清洁美丽的世界。[2] 构建人类命运共同体，是党中央在洞察国际形势和世界格局演变大趋势的基础上，对人类社会发展进步大潮流的前瞻性思考，与构建新型国际关系的主张一脉相承、互为补充。[3] 党的十九大对进入新时代的中国外交进行了顶层设计，集中概括为推动构建新型国际关系，推动构建人类命运共同体。可以说，人类命运共同体是建国七十余年来中国世界理想的集大成者，所关涉的持久和平、普遍安全、共同繁荣、开放包容、清洁美丽的五个世界是理想世界的集中表达。

五 构建人类命运共同体的路径探索

人类命运共同体的思想甫一提出，立刻引起国际社会的高度关注，被视为新时代世界理想和超越霸权的战略构想。人类命运共同体以反思近代以来的现代化发展过程为前提，强调在新的时代条件下要克服过去的征服型文明、建构相互合作的新文明，[4] 是超越霸权的世界理想，与西方三大霸权的诉求形成了鲜明的对照。正如习近平总书记深刻指出的，"要跟上时代前进步伐，就不能身体已进入21世纪，而脑袋还停留在过去，停留在殖民扩张的旧时代里，停留在冷战思维、零和博弈老框框内"。[5] 人类命运共同体思想是新时代马克思主义中国化的最新成果，它一方面顺应了"历史"向"世界历史"转变过程中世界市场不断扩大的趋势，另一方面超越了世界市场形成过

---

[1] 《习近平出席"共商共筑人类命运共同体"高级别会议并发表主旨演讲》，《人民日报》2017年1月20日第2、3版。
[2] 习近平：《决胜全面建成小康社会 夺取新时代中国特色社会主义伟大胜利——在中国共产党第十九次全国代表大会上的报告》，人民出版社2017年版，第58—59页。
[3] 王毅：《中国特色大国外交的全面推进之年》，《国际问题研究》2016年第1期。
[4] 李淑梅：《建构人类命运共同体的时代要求和路径》，《学术研究》2019年第9期。
[5] 《习近平谈治国理政》（第一卷），外文出版社2018年版，第273页。

程中侵略扩张和霸权战争此起彼伏的现状和局限，集中反映了新时代中国积极寻求人类共同利益和共同价值的重大理论与实践创新。

从理论创新的角度看，人类命运共同体思想堪称中华天下传统思想与马克思主义世界历史理论的深入结合，既反映了传统天下观在中国崛起之后的战略复兴与运用，也代表了马克思发展共同体思想在当代条件下的新发展。① 进一步说，人类命运共同体思想使170多年前马克思、恩格斯的世界历史理论和共同体思想在新时代得到了新诠释，最大限度地"压缩"了马克思主义"自由人联合体"这一唯物史观的重大理论与当下世界历史现实的时空距离，实现了唯物史观与现代社会实际的创造性结合，是21世纪中国马克思主义发展的重要理论成果。② 人类命运共同体思想丰富了马克思"真正共同体"思想，为人类从"抽象共同体、虚幻共同体"走向"真正的共同体"找到了逻辑和历史中介。从实践创新的角度看，在社会主义和资本主义两种制度、两种文明、两种价值竞争和博弈的历史时代，人类命运共同体思想致力于贡献人类解决世界难题的中国智慧、中国理念和中国方案，也是致力于克服"修昔底德陷阱"的中国药方。

新的世界境况虽然呼唤着人类命运共同体的建构，但是要把这种可能变为现实，还需要探索建构人类命运共同体的路径，为建构人类命运共同体积极创造条件，从利益共同体到各国共担、大国多担的责任共同体，到共享未来的命运共同体，是合理而切实的路径。各国应该寻求适合本国的特殊发展道路，形成和而不同的世界发展格局，搭建通向人类命运共同体的新平台。正如习近平总书记指出的，"构建人类命运共同体是一个美好的目标，也是需要一代又一代人接力跑才能实现的目标"。③ 我们认为，构建人类命运共同体的实践应聚焦于如下方面。

---

① 张华波、邓淑华：《马克思发展共同体思想对构建人类命运共同体的启示》，《马克思主义研究》2017年第11期。

② 田鹏颖：《历史唯物主义与"人类命运共同体"》，《马克思主义研究》2018年第1期。

③ 《习近平谈治国理政》（第二卷），外文出版社2017年版，第548页。

第十二讲　中国的世界理想及其实现维度

第一，深化战略机遇期思想，主动塑造战略机遇期。从历史维度看，人类社会正处在一个大发展大变革大调整时代，如习近平总书记深刻指出的"百年未有之大变局"。世界多极化、经济全球化、社会信息化、文化多样化深入发展，和平发展的大势日益强劲，变革创新的步伐持续向前。各国之间的联系从来没有像今天这样紧密，世界人民对美好生活的向往从来没有像今天这样强烈，人类战胜困难的手段从来没有像今天这样丰富。从现实维度看，我们正处在一个挑战频发的世界。世界经济增长需要新动力，发展需要更加普惠平衡，贫富差距鸿沟有待弥合。地区热点持续动荡，恐怖主义蔓延肆虐。和平赤字、发展赤字、治理赤字，是摆在全人类面前的严峻挑战。① 世界进入转轨时期，出现了严重的"逆全球化"的潮流。② 在世界经历困境且进入"系统性失调"的时期，中国特色社会主义进入新时代，③ 中国发展给世界带来广泛而深刻的影响，强烈的对比刺激着许多人的战略神经。2017年12月28日习近平在驻外使节工作会议上第一次公开提及"百年未有之大变局"的问题。④ 变局是世界之常态，而习近平总书记"百年未有之大变局"的战略判断则具有特定含义。冷战结束以来，我们长期秉持和平与发展的主题判断，强调世界发生深刻变化、处于大变革大调整之中，密切关注全球变革对中国发展的影响，并以此为基础调整外交战略布局。习近平站在人类历史演进的高度，深刻把握时代风云，做出了"百年未有之大变局"的战略判断。⑤ 早在2014年11月的中央外事工作会议上，习近平就指出："当今世界是一个变革的世界，是一个新机遇新挑战层出不穷的世界，是一个国

---

① 习近平：《携手推进"一带一路"建设（2017年5月14日）》，《习近平谈治国理政》（第二卷），外文出版社2017年版，第508—509页。
② 林毅夫：《一带一路与自贸区：中国新的对外开放倡议与举措》，《北京大学学报》（哲学社会科学版）2017年第1期。
③ 周文：《中国特色社会主义道路拓展了发展中国家走向现代化的途径》，《财经科学》2017年第12期。
④ 张蕴岭：《百年大变局：变什么（下）》，《世界知识》2019年第12期。
⑤ 王毅：《坚持以习近平外交思想为指引　谱写中国特色大国外交新篇章》，《时事报告（党委中心组学习）》2019年第1期。

际体系和国际秩序深度调整的世界，是一个国际力量对比深刻变化并朝着有利于和平与发展方向变化的世界"。他在 2018 年 6 月中央外事工作会议上提出，"当前，我国处在近代以来最好的发展时期，世界处于百年未有之大变局"。① 在 2018 年 11 月亚太经合组织工商领导人峰会上，习近平强调，"当今世界的变局百年未有，变革会催生新的机遇，但变革过程往往充满着风险挑战，人类又一次站在了十字路口"。② 在 2018 年年底召开的中央经济工作会议上，他进一步强调，世界面临百年未有之大变局，变局中危和机同生并存，这给中华民族伟大复兴带来重大机遇。③ 世界经济处于深度调整期，全球治理处于变革期，国际环境新变化蕴含着新机遇。无论是新技术革命的汹涌蓬勃、跨国公司的全球开拓还是发展中世界强烈的发展诉求，都是中国进一步发展的重要机遇，也都是中国推动全面开放的战略机遇。④ 在逆全球化潮流汹涌之下，中国积极推动经济全球化的立场、通过自身努力创造战略机遇的作为得到世界的广泛认可，⑤ 这也是中国拥有战略机遇期的重要条件。世界处于百年未有之大变局，中国处于近代以来最好的时期，中华民族伟大复兴处于关键时期，三者互动必然蕴含并塑造新的挑战与机遇。在此背景下，中国战略机遇期的生成条件从相对稳定型和自发型为主向相对脆弱、更加依赖主动塑造能力的方向转变。⑥ 中国在继续拥有重要战略机遇期的同时，也不可避免地进入了战略挑战期，风险与挑战亦空前绝后。⑦ 有鉴于此，新时代中国战略机遇期的国内外条件和把控方式均发生重大变化，需要我们深入观

---

① 习近平：《坚持以新时代中国特色社会主义外交思想为指导 努力开创中国特色大国外交新局面》，《人民日报》2018 年 6 月 24 日第 1 版。
② 习近平：《同舟共济创造美好未来——在亚太经合组织工商领导人峰会上的主旨演讲》，《人民日报》2018 年 11 月 18 日第 2 版。
③ 《中央经济工作会议在北京举行》，《人民日报》2018 年 12 月 22 日第 1 版。
④ 隆国强主编：《构建开放型经济新体制》，广东经济出版社 2018 年版，第 24—25 页。
⑤ 张幼文：《新时代中国国际地位新特点和世界共同发展新动力》，《世界经济研究》2017 年第 12 期。
⑥ 徐坚：《重新认识战略机遇期》，《国际问题研究》2014 年第 2 期。
⑦ 俞正樑：《中国进入战略挑战期的思考》，《国际观察》2011 年第 6 期。

第十二讲　中国的世界理想及其实现维度

察、密切把握、主动塑造。

第二，推动国家利益全球拓展，合作引领国际治理变革进程。中国正在构建以融入—变革—塑造为核心的和平发展战略框架，如何通过和平、发展、合作、共赢的方式塑造世界的未来，成为中国超越和平崛起、丰富和平发展、规划崛起之后的战略着眼点。人类命运共同体思想是一种崭新的国际秩序构想，秉承老子"以天下观天下"的世界认知，与世界命运与共的现实发展趋势相匹配，与马克思真正共同体的理想前景相契合。全球化正在催生全球治理变革，倡导一种民主的、公正的、透明的和平等的全球治理，是国际社会的道义力量所在。中国应积极参与全球治理，致力于发挥理念引领作用。当前，全球化发展进入新的阶段，国际规范和国际规则成为大国竞合的核心内容，面对全球化转型，出现了美国所带领的西方和中国所引领的发展中大国之争的苗头。[①] 我们必须深刻认识到，全球化符合生产力发展要求，符合各方利益，是大势所趋，故而不存在全球化退场的可能，但面对全球化的双刃剑效应，各国选择的差异性、复杂性在扩大。[②] 有鉴于此，推进新型全球化，中国既要和世界诸大国协调合作，联合进行顶层设计，又要勇于承担起推进新型全球化的历史使命，自觉高举新型全球化大旗，积极推动贸易自由化、投资自由化和服务便利化，以开放促改革，以改革谋发展，以发展赢繁荣。另一方面，我们必须致力于寻求共识和妥协，在应对国际恐怖主义、核武器及其他大规模杀伤性武器技术的扩散、气候变化等共同威胁上开放合作，与美国共同协商推进新型全球化，实现在全球治理转型发展上的联手，防止形成战略对抗的局面。与此同时，美国在多边领域与全世界为敌的做法引动他国战略调整，这不啻是对中国发挥建设性作用的邀请，我们要在全球治理和自由贸易等方面发挥积极作用，推进中国全球利益的制度化。

---

① 门洪华：《新时代的中国对美方略》，《当代世界与社会主义》2019 年第 1 期。
② 黄仁伟：《从全球化、逆全球化到有选择的全球化》，《探索与争鸣》2017 年第 3 期。

第三，专注于东亚战略拓展，打造地区新秩序。英美两个世界大国形成的重要历史经验是，全球布局与地区聚焦并重，致力于夯实地区优势，而欧陆均势的打破是英国霸权销蚀的根本所在。从历史的角度看，没有一个真正的世界大国不是先从自己所在的地区事务中逐渐占主导地位而发展起来的。传统而言，大国地区战略以国家实力为基础，以获取地区主导地位为目标，而在经济全球化和地区一体化并行不悖的趋势之下，大国的地区战略路径转而追求地区共同利益，将开放地区主义作为战略工具，将地区制度建设作为地区合作的主脉络，将地区秩序建设作为地区合作的愿景。[1] 中国当前仍是具有重要全球性影响、以东亚和周边为核心的亚太大国，正在从全球性大国迈向世界大国的征程之中，这一阶段最为关键的是如何确立所在地区的引领国地位，而东亚的关键性地位愈加突出。实际上，如何与周边国家建立命运共同体，应被视为中国国际战略的重中之重。东亚秩序建构与中国战略息息相关。[2] 进入21世纪，中国立足临近地区，致力于促成东亚全面合作的制度框架，加强地缘政治经济的塑造能力。中国促动的东亚合作机制代表了中国外交的新思路，即在自己利益攸关的地区培育和建立共同利益基础之上的平等、合作、互利、互助的地区秩序，在建设性的互动过程中消除长期积累起来的隔阂和积怨，探索并逐步确立国家间关系和国际关系的新准则。中国在地区合作中的积极进取，既促进了地区内国家对中国发展经验和成果的分享，也提高了中国的议程创设能力。中国在地区秩序建设中的努力为国际秩序变革提供了一种可堪借鉴的范式。展望未来，东亚秩序转换加速，地区内外各国均致力于促成有利于自己的东亚秩序架构，地区秩序走向竞争激烈，中国专注东亚战略拓展、完善中国的地区秩序战略框架恰逢其时。

第四，聚焦共建"一带一路"，重塑中国与世界的关系。"一带一路"是中国面对改革开放关键期和国际秩序深度调整期的大谋划，是

---

[1] 门洪华：《十八大以来中国国际战略布局的展开》，《社会科学》2017年第8期。
[2] 肖晞：《冷战后东亚秩序的转型与中美两国的东亚战略》，《吉林大学社会科学学报》2010年第1期。

第十二讲 中国的世界理想及其实现维度

密切结合全球视野、地区重心、国家基石的构想。从某种角度上看，将"一带一路"与美国第二次世界大战后建立世界霸权的"马歇尔计划"进行比较，确实能够体现出中美世界理想实现路径的不同。历史地看，美国依托其深厚的经济基础和广阔的国内市场，从周边和地区拓展开始，通过对外贸易和投资，辅之以政治协调和安全手段，稳步推进，抓住机会进行制度建设，成为利益提供者、合作倡议者、规则制定者。马歇尔计划被视为美国的经典之作，诸多学者将其与"一带一路"倡议相提并论，比较研究甚多。在笔者看来，美国在拉美和东亚的拓展也值得我们深入研究。"一带一路"倡议既以亚洲为重心，尤以陆路和海路并行的方式进行周边合作的拓展，又延伸至欧洲和非洲，从而具有了全球的视野，而美国从拉美到东亚和西欧的霸权之路显然有着重要的启示意义。政策研究界多把"一带一路"视为"中国版的马歇尔计划"。实际上，二者有着根本差别，前者以共同发展为根本属性，以平等互利为原则，以务实合作为导向，以共商共建共享为目标；后者本质上是一项政治与安全战略，美国通过附加条件的援助，开始了与苏联的冷战进程。[①] 马歇尔计划可资借鉴的经验在于，中国可以根据"一带一路"沿线不同地区和国家的经济需要和特点，进行周密的筹划，制定符合其利益诉求和市场需求的计划和政策；根据条件成熟程度，有重点、分阶段地加以推进；在整体计划之下，争取建立双边合作机制以提高合作的成效，同时充分利用现有的多边合作机制和机构。[②] 当然，我们需要汲取的教训是，马歇尔计划通过制度安排、规则制定谋求欧洲事务主导权，这一方案受到欧洲精英的反感和抵制，激发了欧洲的联合自强，促成了日后的美欧战略竞争。与此相对照，中国应坚持推进新型国际关系，以合作共赢为目标，积极促成命运共同体意识的落地生根。

从国际角度看，"一带一路"倡议为中国加快形成陆海统筹、东

[①] 金玲：《"一带一路"：中国的马歇尔计划?》，《国际问题研究》2015年第1期。
[②] 洪邮生、孙灿：《"一带一路"倡议与现行国际体系的变革——一种与"马歇尔计划"比较的视角》，《南京大学学报》2016年第6期。

西互济的全方位国际合作格局指明了方向，为所涉国家加强互利合作、实现共同发展、促进共同繁荣提供了机遇。"一带一路"倡议聚焦东南亚和中亚，贯通亚、欧、非三大洲，为中国开辟了走向更加广阔的国际市场的新路径。① "一带一路"倡议是以亚洲国家为重点，以构建陆上和海上经济合作走廊为形式，以运输通道为纽带，以互联互通为基础，以多元化合作机制为特征，以打造命运共同体为目标的区域合作安排。② 另外，它又表明了中国新的国际定位是全球性大国，不把自身利益局限于亚洲，而是寻求全球范围的区域制度化合作。"一带一路"建设以各国政策与规划的对接实现发展的国际协同，以合作路径与方式的创新推进经济全球化，同时也推动中国开放型发展布局的历史性转型升级。③ 可以说，"一带一路"建设超越了发展合作的传统范畴，上升到国内治理与全球治理的高度，④ 是中国开放与地区合作、全球发展的有机结合，是中国实现新世界理想的重要抓手和核心路径。

第五，以经济手段作为主要战略对外拓展，致力于塑造开放型世界经济。中国秉持经济主义（economism）的理念。所谓经济主义，既包含以经济建设为中心的国内战略安排，亦表明以经济为主要对外手段拓展国家战略利益的国际战略设计。中国应积极参与经济全球化，大力拓展经济战略利益，而经济手段可能是通过与国际社会交往获得双赢局面最重要的手段。⑤ 乔治·莫德尔斯基（George Modelski）指出，世界大国首先是世界经济主导国，即经济规模大、富裕程度高，而且在技术革新条件下主导性产业部门旺盛，积极参与世界经

---

① 胡德坤、邢伟旌：《"一带一路"战略构想对世界历史发展的积极意义》，《武汉大学学报》（人文科学版）2017年第1期。
② 马学礼：《"一带一路"倡议的规则型风险研究》，《亚太经济》2015年第6期。
③ 张幼文：《"一带一路"建设：国际发展协同与全球治理创新》，《毛泽东邓小平理论研究》2017年第5期。
④ 顾春光、翟崑：《"一带一路"贸易投资指数：进展、挑战与展望》，《当代亚太》2017年第6期。
⑤ 门洪华：《构建中国大战略的框架：国家实力、战略观念与国际制度（第二版）》，北京大学出版社2017年版，第300页。

济，是世界经济的增长中心。① 由于经济全球化自身的内在逻辑缺陷，中国正生活在一个人类从未经历过的发展与不稳定并存的时代。在这样的时代，人类发展逻辑的优先点应该是自我实力的增强。国家实力的增强，不仅源于国内市场的发展和培育，还源于全球化条件下战略资源的获得。中国不可能完全依赖国内资源支撑巨大经济规模并实现持续高速增长，满足10多亿人口的物质精神需求。这就决定了中国必须立足国内、面向世界，在更大范围内获取更多的国际资源、国际资本、国际市场和国际技术，实现全球范围内的资源优化配置。正是在此意义上，习近平深刻阐述了维护和发展开放型世界经济的战略思想。他指出，各国经济，相通则共进，相闭则各退，"我们要放眼长远，努力塑造各国发展创新、增长联动、利益融合的世界经济，坚持维护和发展开放型世界经济"。② 他在党的十九大报告中更明确提出，"中国支持多边贸易体制，促进自由贸易区建设，推动建设开放型世界经济"，"要同舟共济，促进贸易和投资自由化便利化，推动经济全球化朝着更加开放、包容、普惠、平衡、共赢的方向发展"。③ 从开放型中国经济到开放型世界经济，中国积极承担世界责任，将其世界理想现实化，为其实现找到了重要共识和可行路径。

第六，强调文明互鉴的战略价值，夯实中国软实力。同样重要的是，国家实力的增强，不仅以硬实力的稳步上升为标示，也必须以软实力的增强为基础，中国须将提高软实力特别是民族文化的国际影响力作为增强国力的核心之一。中国多年来专注硬实力增长，部分忽视软实力提升，二者之间的不匹配已经在相当大程度上损伤了中国潜力的发挥。在国际层面上看，中国在吸引他国追随、改变对方立场，以及在国际事务中提出议题、设置议程、引导舆论等方面总体上处于弱势，尚未掌握国际话语权。软实力建设事关中国如何统筹国内国际两

---

① George Modelski, "The Long Cycle of Global Politics and the Nation-state", *Comparative Studies in Society and History*, Vol. 20, No. 2, 1998, pp. 214–235.
② 《习近平谈治国理政》（第一卷），外文出版社2018年版，第335页。
③ 习近平：《决胜全面建成小康社会 夺取新时代中国特色社会主义伟大胜利——在中国共产党第十九次全国代表大会上的报告》，人民出版社2017年版，第59—60页。

个大局,在国际、国内两个舞台上塑造、展示自己魅力,它不仅要求中国把自己的优秀文化、发展模式和外交理念传播到世界上,争取他国理解和接受,而且更强调中国如何在社会主流价值观的塑造、政府治理能力的提高、公民社会的培育等领域进行富有吸引力的建设与创新,而后者更是基础性的关键议题。习近平关于"人类共同价值"的理念为此开辟了道路。2015年9月,习近平在联合国大会上呼吁世界各国以"和平、发展、公平、正义、民主、自由"为核心价值,以开放包容的精神共同打造人类共同价值。[1] 人类命运共同体思想要求我们积极挖掘人类不同文明发展进程中的各种优秀文明价值,特别是积极吸收各种文明的世界主义思想价值的有益成果,以打造人类命运共同体为政治指引,努力克服自身国家局限,有效应对21世纪人类所面临的全球性危机与挑战。[2] 尤其是,要深刻认识到目前世界各种价值观主要服务于各国的狭隘利益和短期需求,具有浓厚的国家中心主义特征。人类命运共同体既尊重各国的差异性与世界多样性,又超越狭隘的国家利益冲突、意识形态纷争和地缘文明差异,展现了对世界大势的准确把握和对人类命运的深刻思考。[3] 作为推动全球治理体系变革的中国方案,人类命运共同体的价值意蕴实现了对资本主义经济全球化道路的历史超越、对全球治理体系霸权化道路的系统超越以及对西方文化中心主义的辩证超越。[4] 有鉴于此,深刻理解人类命运共同体的文化蕴涵和文明互鉴的战略价值,积极推动中国软实力的提升,将为人类命运共同体的构建提供至为关键的文化基础。

---

[1] 习近平:《携手构建合作共赢新伙伴 同心打造人类命运共同体——在第七十届联合国大会一般性辩论时的讲话》,《人民日报》2015年9月29日第2版。
[2] 刘贞晔:《世界主义思想的基本内涵及其当代价值》,《国际政治研究》2018年第6期。
[3] 杨洁勉:《牢固树立人类命运共同体理念》,《求是》2016年第1期。
[4] 刘同舫:《人类命运共同体的价值超越》,《光明日报》2017年9月23日第7版。